메타버스의 정석
feat. 게더타운

GATHERTOWN

● Metaverse
● Create
● Your
● Space!

이성태
Online

정호진
Online

공저

YD Edition 연두에디션

메타버스의 정석
feat. 게더타운

발행일 2022년 8월 10일 초판 1쇄
지은이 이성태 · 정호진
게더타운 시뮬레이션 유성인
펴낸이 심규남
기 획 이정선
표 지 신현수 | **본 문** 이경은
펴낸곳 연두에디션
주 소 경기도 고양시 일산동구 동국로 32 동국대학교 산학협력관 608호
등 록 2015년 12월 15일 (제2015-000242호)
전 화 031-932-9896
팩 스 070-8220-5528
I S B N 979-11-92187-65-5
정 가 26,000원

이 책에 대한 의견이나 잘못된 내용에 대한 수정정보는 연두에디션 홈페이지나 이메일로 알려주십시오.
독자님의 의견을 충분히 반영하도록 늘 노력하겠습니다.
홈페이지 www.yundu.co.kr

PREFACE

20여 년 전 전자계산학을 공부하면서 석박사 논문의 주제를 가상현실로 작성했던 때가 다시 생각이 납니다. 기존의 틀을 벗어난 연구를 하고 싶어 가상현실을 선택하였고 그것이 인연이 되어 2002년부터 사이버대학에 대한 이해가 전혀 없던 시기에 서울사이버대학교에 임용되어 현재까지 근무하고 있습니다.

2003년 세컨드 라이프(Second Life)가 이슈가 되며 학교나 공공기관에서 가상현실에 대한 관심도가 매우 상승했던 시기도 있었고 시간이 흐르면서 가상현실, 증강현실 콘텐츠가 출시 되고 그것에 맞추어 디바이스도 다양하게 발전되어 왔다고 할 수 있습니다.

그렇게 가상현실은 인간의 세계관과 상관없이 콘텐츠와 디바이스가 중심되어 때론 매우 큰 이슈가 되거나 아니면 사양의 길을 갈 것이라는 논쟁으로 오랜 시간을 보내온 것이 사실입니다.

그러던 중 코로나19로 인하여 온라인 교육의 활성화, 비대면 형태의 사회활동, 기업과 관공서에서 메타버스 공간을 활용한 콘텐츠와 플랫폼이 주목받으면서 적극적인 관심이 유도되고 있었습니다.

대한민국은 메타버스에 대한 이야기가 여러 형태로 대한민국의 이슈가 되었고 메타버스는 허상이며 한계가 있을 것이라는 보도자료와 비판 하는 학자들의 견해들이 나오기도 하였습니다.

그러나 국내외 기업과 교육기관에서는 메타버스 영역(산업, 교육, 광고 등)을 선점하거나 선도적인 역할을 하기 위해 다양한 노력과 방안들을 만들어 내고 있는 것이 사실입니다.

이 책은 각종 메타버스 플랫폼에 대한 분석을 시작으로 교육, 업무, 커뮤니케이션에 가장 적합한 플랫폼이 무엇일까에 대한 고민으로 시작하였습니다. 그리고 글로벌 한 플랫폼은 무엇일까, 메타버스가 곧 특정 플랫폼이라는 인식의 변화를 유도하기 위한 수단으로 2월 초부터 책을 집필하고 시뮬레이션 하기 시작하였습니다. 매일 업무 시간이 끝난 후 늦은 밤까지, 금요일부터 토요일은 밤을 지세워 가며 작성한 원고이지만 머리말을 쓰고 있는 시간에도 업데이트가 되고 있다는 상황을 함께 전하며 이제 스스로 위로 받고자 마지막 원고 교정을 진행 하였습니다.

메타버스 플랫폼은 무수히 많이 존재하지만 어떤 특정 영역이나 개인의 활동, 행사보다는 공공의 이익이나 현실의 세계를 캐릭터가 중심이 아닌 공간을 중심으로 놓고 그것을 통해 현실 세계와 가상 세계가 메타버스 내에 공존하며 교육, 업무, 소통의 세계를 구축하고자 하는 것이 가장 중요하다고 생각합니다.

이 책의 PART 1에서는 메타버스 Prologue, Story, Innovation을 다루었으며 PART 2에서는 게더타운의 기초, PART 3은 게더타운으로 소통하고 활동하기, PART 4에서는 게더타운의 맵 메이커의 내용을 다루었습니다. PART 1의 메타버스에 대한 내용은 이미 많은 도서들을 통해 훌륭한 정보가 제공되기 때문에 기본적인 내용만 서술하였습니다. 그리고 PART 2~4의 내용은 게더타운의 초보자나 제작 경험이 있는 사용자를 위해 각 PART의 Section에서는 게더타운 기능에 대한 상세한 설명을 Join the Gathering을 통해 따라 해보기 형태로 구성하였으니 게더타운 플랫폼을 활용하고자 할 때 참고하시기 바랍니다.

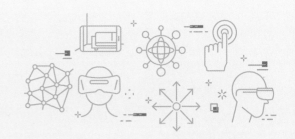

저자들은 앞으로도 다양한 메타버스 플랫폼을 연구하여 현실 세계와 가상 세계에 인간이 공존하는 방법들을 계속해서 찾아내고 업데이트를 할 것입니다.

마지막으로 이 책의 집필에 도움을 주신 모든 분에게 머리 숙여 감사의 마음을 전합니다.

그리고 이 책을 출간하기까지 수고하신 연두에디션 심규남 대표님과 기획파트 이정선 부장님, 본문 편집 이경은님, 표지 디자인 신현수 디자이너님, 게더타운 시뮬레이션을 통해 내용 검증을 해주신 서울사이버대학교 학생처 유성인 팀장님께 감사의 말씀을 전합니다.

2022년 8월

오늘도 현실 세계와 가상 세계에서 선한 영향력으로 모두가 행복하길 기원하며,
서울사이버대학교 미아 캠퍼스에서 이성태·정호진

CONTENTS

CONTENTS
—

CONTENTS
—

CONTENTS

PART 1

메타버스의 이해

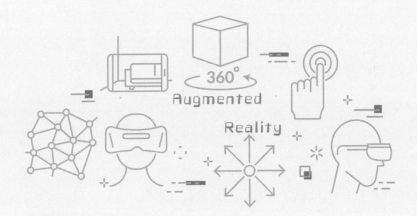

CHAPTER 1

메타버스 Prologue

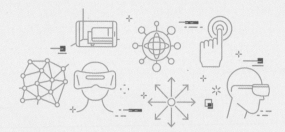

메타버스와 현실 세계, 그리고 인간의 공존

현실 세계(Real World)는 실제로 존재하는 물리적인 세계로 인간의 사회 · 경제 · 문화 활동이 이루어지는 유니버스(Universe)이다. 메타버스(Metaverse)는 '초월, 가공, 추상'을 의미하는 'Meta(메타)'와 세계를 의미하는 Universe(유니버스)의 합성어로 디지털화된 차원(2, 3차원 포함)의 가상 세계를 뜻한다. 현실 세계와 메타버스는 모두 세계관(世界觀, Worldview)이 존재하는데, 이는 인간이 어떤 지식이나 관점을 가지고 세계를 근본적으로 인식하는 틀이라 할 수 있다. 이러한 세계관에는 인간을 중심으로 자연 철학, 즉 근본적이고 실존적이며 규범적인 원리와 함께 인간이 추구하고자 하는 주제, 가치, 감성, 감정, 이성 및 윤리 등이 포함되어 있어야 한다.

그렇다면, 가상현실, 증강현실, 혼합현실도 메타버스일까? 가상현실(假想現實, Virtual Reality, VR)은 컴퓨터 등을 사용하여 어떤 특정한 환경이나 상황을 인공적인 것으로 만든 기술이다. 증강현실(增強現實, Augmented Reality, AR)은 실제로 존재하는 환경에 가상의 사물이나 정보를 합성하여 마치 원래의 환경에 존재하는 사물처럼 보이도록 하는 컴퓨터 그래픽 기법이다. 혼합현실(Mixed Reality, MR)은 가상 세계와 현실 세계를 합쳐서 새로운 환경이나 시각화 등 새로운 정보를 만들어 내는 것을 말한다. 그리고 확장 현실(eXtended Reality, XR)은 VR, AR, MR 등 가상 세계를 구성하는 기술 전체를 일컫는 말이다. 특히, 가상현실의 가상은 '실재하지 않으나 거짓으로 지은 것'을 뜻하고, 현실이란 '실제로 사물이 존재하거나 현상이 펼쳐지는 공간'을 의미한다. 가상현실은 사용자가 실재하는 물리적 공간과 최대한 유사한 경험을 할 수 있는 가상공간을 만들어 내기 위해 현실 공간에서의 물리적 활동 및 명령을 컴퓨터에 입력하고 그것을 다시 3차원의 유사 공간으로 구현한다. 이는 사용자들에게 가상 세계에 더욱 몰입할 수 있게 해준다. 그럼 지금 만들어지고 있는 가상현실에도 세계관이 있다고 보아야 하는지를 물음이 생긴다. 그 이유는 이제는 현실 세계와 메타버스, 그리고 확장 현실을 구별할 수 있어야 하는 시대가 되었기 때문이다. 그동안 인간은 현실 세계와 가상 세계에서 시간, 공간 등을 구분하여 행동한다고 생각했지만 메타버스로 인해 그 기준이 달라지고 있다. 인간이 실제로 존재하고 행동할 수 있는 현실 세계와 디지털화된 가상 세계를 각각 다른 세계로 나누는 것이 아니라 사용자의 시점과 환경에 따라 공존하는 플랫폼의 세계로 메타버스를 정의해야 한다.

가상과 현실이 융합된 공간 즉, 플랫폼에서 인간(캐릭터)과 사물이 상호작용할 수 있으며 경제·사회·문화적 가치를 기술로 창출하는 세계이기 때문이다. 메타버스의 세계와 세계관을 위해 D(Data), N(Network), A.I(Artificial Intelligence)와 XR(eXtended Reality), DT(Digital Twin) 등 ICT 기술을 집약해 새로운 Web 3.0 플랫폼 요소들을 도출하고 요소의 효율적인 융합, 그것을 통한 인간의 행동과 활용을 유도하기 위한 어포던스(Affordance)가 필요하고 만들어져야 하기 때문이다. 현재 로블록스, 마인크래프트, 제페토와 같은 게임 형 메타버스 도구가 존재한다. 2억 명 이상 사용자를 확보한 제페토(ZEPETO - Google Play 앱)는 사진을 찍거나 휴대폰 내 저장된 사진을 불러오면 자동으로 가상의 캐릭터인 제페토가 생성되며, 외형을 마음대로 커스터마이징 할 수 있다. 또 제페토를 생성할 때 부여되는 코드로 팔로우(follow : '무엇을 따라간다', '뒤따른다'라는 의미로 계속 보겠다는 뜻의 유튜브의 '구독' 같은 개념)도 할 수 있다. 이와 같은 소셜 서비스로 이어지면서 가상 세계(메타버스)는 고성능 컴퓨터 및 인터넷망, 또 가볍고 멀티플레이가 가능한 스마트폰 덕분에 가상공간, 아바타, 창작(디지털 오브젝트 저작), 거래(경제 시스템), 활동(공간을 이동하며 다양한 제스처, 표정 등)이 현실에서 소통하는 것과 비슷한 수준으로 가능해지게 되었다. 하지만 현재의 서비스 기반의 메타버스 플랫폼(Tool)에 들어가 행위 하는 것이 앞서 말했던 메타버스의 세계관과는 차이가 있다고 본다. 메타버스는 현실 세계와 다른 것이 아니다. 가상공간이라는 플랫폼에 다양한 저작 도구를 이용해 현실과 같은 상호작용과 소통, 공동작업의 진행 공간으로 활용하되 인간의 적극적인 개입이 중심이 되기 때문에 확장의 개념으로 보아야 할 것이다.

현재의 메타버스는 물리적 현실에서 충족되지 못한 관계성 욕구와 행위가 '메타버스 자아'의 3차원 형태로 디지털화되어 소통하는 형태로 구성 되며 상황과 환경에 따라 활용되는 범주가 다르다. 이 과정에서 발생하게 되는 여러 의미와 사회의 한 축에서의 발전, 그리고 그에 따른 부작용 및 문제점이 생겨날 수 있다. 이를 위해 올바른 메타버스 생태계를 구축하는 것이 필요하다.

무엇보다 그 세계에서 발생하는 문제점을 발견하고 대응하고 해결하기 위해서는 메타버스 기술의 활용에 대한 도전이 필요하다. 우리는 앞으로 메타버스라는 세계 속에서 누구나 만들고 공유하며 경제적 활동까지 할 수 있게 될 것이다. 게더타운(Gather town), 이프랜드(ifland), 제페토(ZEPETO), 가상현실 코스페이시스(CoSpaces), 로블록스(Roblox)등의 메타버스 플랫폼을 직접 사용해보고 구축해보길 권한다. 우리가 지금까지 다양한 형태의 SNS를 경험했듯 메타버스도 새로운 것이 아닌 삶의 확장으로 받아들이며 체험하며 메타버스의 세계를 이해하여 자신만의 세계관을 확립해야 할 것이다.

또, 가상 세계에서 일어날 수 있는 부작용을 선한 영향력의 관점에서 고민해야 한다. 개인 정보 유출, 괴롭힘이나 사이버 폭력, 차별적 언행, 사칭과 명예 훼손, 협박과 자해, 비극적인 현재 사건이나 상황에 관련된 지나치게 폭력적인 내용 등에 대한 구성원들의 함의도 있어야 한다.

끝으로 불확실하고 예측할 수 없는 시대, 위드(with) 코로나를 지향하는 시대, 단계적 일상 회복에 나서는 시대에서 메타버스는 어떻게 인간과 공존하게 될지 기대해 본다. 그리고 예측할 수 있는 범주의 현실과 가상의 세계와 인간이 중심이 되는 세계관을 가진 생태계가 형성되었으면 한다.

현실과 가상의 세계가 공존하며 우리를 지배하는 시대에 필요한 것은?

꿈이 현실인가 현실이 꿈인가? 그사이에 도대체 어떤 구별이 있는 것인가?

심리학자인 마르틴 슈스터는 "인간이 바라보는 현상은 모두 반드시 '그렇게 나타나야' 하고 '그렇게 검증되어야' 한다는 것을 의미하지 않는다. 동일한 행위도 매우 상이하게, 그리고 다양하게 나타날 수 있다."라고 이야기하였다. 우리가 바라볼 수 있는 것들이 다양할 수 있다는 의미이다.

그런데 우리의 세계는 이미 3차원(3D)이 들어가 있지 않으면 존재할 수도 없을 것 같은 모습과 내용들로 만들어져 가고 있다. 요즘 신문 지면에 한참 광고가 나오는 '3DTV'뿐만 아니라, 모바일 기기, 게임기, 학습용 콘텐츠, 인터넷 정보 등 우리의 눈으로 보여지는 모든 것은 2차원(2D)에서 현실과 차별이 없는 3D로 빠르고 완전하게 변해가고 있다. 점차 현실과 가상의 세계를 혼돈 할 수 있는 오감을 만족하는 4D의 시대가 오는 것은 이제 시간문제일 것이다.

기술의 발전에 따라 우리에게 보여지는 모든 것이 다양하고 상상할 수 없는 형태로 제작되고 그것에 따라 입맛이 바뀌는 것은 당연하다. 또한 우리 눈에 보이는 모든 것이 새롭게 보이게 하고 그것을 즐기는 일은 지극히 정상적인 욕구에 해당이 된다. 시대가 변화되었고 다양한 멀티미디어 기기들이 연이어 생산되는 시대에 살고 있기 때문이다. 마음껏 즐기고 변화 속에 함께 하는 것도 변화하려고 노력하는 것도 우리시대 절대적으로 필요한 일이다.

그러나 한편으로 아무런 지표 없이 새로운 것만 바라보게 되면 최초에 인간이 가지고 있는 생각과 마음도 조금씩 변화가 되어 언젠가는 완전하게 탈바꿈 되지 않을까? 그렇게 되면 우리는 생각하는 인간과 생각할 필요 없는 인간이 우리 속에 공존하는 형태로 살아가게 될 것이라 본다. 그래서 자신의 필요 욕구에 따라 On/Off 스위치를 작동해 가면서 적당한 혼란 속에 살게 되지 않을까 하는 염려해 보게 된다.

우리 눈에 보이는 것들은 진실이다. 최소로 보이는 진실이 기술로 인하여 2차원, 3, 4차 원으로 변화하게 되고 다시 돌아 올수 있게 하는 것은 생각하기에 달려 있다는 것이다. 다시 돌아오게 할 수 있는 생각의 연습이 필요할 때가 아닐까 생각 한다. 지금 이 순간 가공 되지 않은 것들에 다시 한번 관심을 가져볼 때이다. 내 주변에서 바라 볼 수 있는 사람, 자연, 생각, 모습, 환경, 책 등 아주 작은 사물 하나하나에 다시 보지 못할 것이라는 정성어린 마음으로 바라보자. 그리고 그 속에서 변하지 않아야 하는 것들을 찾아보고 의미를 부여한 후, 마음에 담아 두자.

남겨진 것들로 하여금 유일하게 생각할 수 있는 사람의 마음이 어떤 기술의 변화가 오더라도 받아들여서 변하지 않아야 하는 생각의 지표가 될 수 있을 것이라 본다. 그런 마음이 있어야 현실과 가상의 세계가 뒤섞여 있는 지금의 우리의 시대와 더 많은 미래의 변화 속에 살아갈 우리 후손들이 인간으로 사람으로 더욱더 번창할 수 있을 것이다. 처음 보여지는 진실을 기억하면 그것이 다양하고 상상할 수 없을 정도로 변하더라도 머리와 마음속에 담겨 있는 잔상은 쉽게 변화하지 않을 것이며 그것이 현실과 가상의 세계를 쉽게 넘나들 수 있는 이 시대를 살아가게 하는 이정표가 될 것이다. 아주 가끔은 우리의 한결같은 마음이 어떤 형태로 남아 있는지 생각해보자.

昔者莊周夢爲胡蝶, 栩栩然胡蝶也, 自喩適志與, 不知周也

장자(莊子)가 꿈에 나비가 되어 즐기는데, 나비가 장자인지 장자가 나비인지 분간하지 못했다.

장자의 호접지몽

2007년의 기고 : 디지로그(Digilog)에서 희망을 보다.

우리가 사는 시대는 양면이 존재하는 사회이다. 음양의 조화를 이야기하듯 모든 것에는 앞서가는 것과 뒤에 따르는 것, 그것이 때론 서로 바뀌어 진행되는 양상, 그것이 진정한 '디지로그'가 아닐까 싶다. 결국 우리의 기술적인 미래에 대한 현실은 예측 가능하지 않으며 이상과 현실은 확연하게 차이가 나게 된다는 사실 하에 현실 세계를 받아들여야 할 것이다.

우리는 블로그나 다양한 디지털 매체 등을 사용하면서 사이버틱하고 멀티미디어 요소들을 효율적으로 다양한 형태의 산출물을 만들어 내는 도구로 아주 유용하게 사용하고 하고 있다는 착각을 한다. 그러나 그것은 메뉴를 잘 읽은 것이다. 메뉴를 잃고 따라하는 것이지 또 다른 기능을 만들어 내고 확장해 창조하는 것이 아니었다는 사실을 알아야 한다. 우리의 환경은 자연스러울 때 아름답다. 내가 하는 행동이 누구나 할 수 있는 것들이면 하나의 문화로서 자리를 잡을 것이다. 너무 선도하려 하지 말고 자연스럽고 여유 있게 몸으로 느껴야 한다. 인간은 새로운 것들을 만들어 내기 좋아한다. 그것은 행복한 삶을 살고자 하기 때문이다. 만약 행복한 삶을 위해 만들어지는 것들을 익히는데 힘이 든다면 잠시 쉬기를 바란다.

아주 잠깐 사이에 새로운 문화로 변형되어 다가 올 것이기 때문이다. 이제 어쩔 수 없는 시대적인 환경이 여러분들의 아날로그적 패러다임을 디지로그적 패러다임 형태로 자연스럽게 전환해 줄 것이다.

무엇이 나를 새롭게 발전하게 할 수 있는 것인지, 어떤 형태의 분석 방법이 나와 조직을 번영하게 할 수 있는지를 알고 있어야 하며 분석된 결과는 즉시 디지털화하여 바로 실천에 옮겨야 한다. 아날로그와 디지털 정보를 매우 짧은 주기로 업그레이드하고 필요 없는 정보는 과감히 삭제하여야 한다.

흘러가는 정보 중에 아무도 도전하지 못하고 있는 정보를 빠르게 분석하고 가공하여 새로운 문화, 문명을 만들고 범용화할 수 있도록 해야 한다.

우리는 좋아하는 것들만 행위 하려고 한다. 그러나 시대는 그렇게 우리를 놔두지 않을 것이다. 어떻게 '나'라는 존재를 현재와 미래의 문명과 통합할 것인가, 그리고 네트워크를 형성할 것인가? 답은 간단하다. 강제가 아니라 스스로 도전해 보고 나서야 한다. 원론적인 정보부터 거시화된 정보까지 얻을 수 있는 루트를 개발해 보자. 결국 그것은 관심과 실천이라는 지극히 평범한 답을 얻게 될 것이다.

디지로그적 시대정신은 없다. 그런 정신을 만들 필요도 범용화되기는 쉽지 않다. 그것은 각자가 만들어 가야하고 매번 수정하며 확장해야 할 것이기 때문이다. 쓸데없는 내용을 자랑하려는 사고와 공유할 수 없는 정보를 생산해 내지 않으려는 마음가짐이 더욱이 요구되는 시대인 것이다.

언젠가 우리의 자손들은 선대에서 이루어 놓은 업적들을 평가할 때 지금 이 글을 읽고 우리는 우리 시대의 업적을 훌륭한 문화유산으로 평가받고 싶어 할 것이다. 그것은 개개인 각자의 이념 차이를 쉽게 넘어설 수 있으며 국제적인 마인드와 그 어느 집단과도 교류를 통한 상호지원과 배려, 힘의 균형을 맞추려는 원만한 자세 등이 기본이 되어야 한다.

그 누구도 현재와 같은 급변하는 시대에 살아간다면 쉽게 새로운 트랜드형 표현을 만들어 내고 창시자가 될 수 있을 것이다. 디지로그에 대한 개념도 고 이어령 교수님은 "단지 내가 개념의 토론을 제안하고 있는 것이다. 디지로그의 개념을 제시하고 토론하며 검증하는 가운데 디지로그는 바뀌며 우리나라 문화의 토양에 디지로그가 있다. 우리 속에 있는 기본을 토론하고 확대하여 살필 필요가 있다."고 말씀하였다.

우리에게는 아주 훌륭하고 잘 가꾸어진 인터넷이라는 환경과 요소들이 잘 갖추어져 있다. 내가 움직이고 있는 모든 순간마다 작게 또는 거대하게 표현되는 모든 것들은 내가 생각하지도 않고 흔하게 보는 것들이 모두 디지로그적인 요소가 풍성하다고 생각하고 받아들여야 한다. 이제 우리는 요즘 공고 컨셉으로 나오는 쇼(Show)로 매일 나를 보여주며 살아야 할지 모른다. 무엇으로 보여 줄 것인가는 이 시대에 살아가는 우리가 각자의 위치에 맞게 보여주면 되는 것이다. 누군가는 또 다른 문화를 끊임없이 만들어내게 될 것이니 말이다.

단, 인간의 감정과 감성이 상호 전달될 수 있는 고유한 문화를 만들어 내고 확장한다면 빠른 변화의 시대에서 의미 있는 선각자가 될 것이다. 우리에게는 선각자가 될 수 있는 피가 흐르고 있기 때문이다.

앨빈 토플러처럼 문명을 차례로 밀려오는 파도처럼 생각하고 있는 사람들에게는 결코 새 문명은 오지 않을지도 모른다. 더 이상 문명은 순서대로 나이와 연령에 맞게 오지 않는다.

이어령 교수는 그의 저서 『디지로그(선언편)』에서 "한국인이야말로 디지털의 공허한 가상현실을 갈비처럼 뜯어 먹을 수 있는 어금니 문화를 지닌 사람들이 아니겠는가, 그래서 사이버의 디지털 공동체와 식문화의 아날로그 공동체를 이어주는 디지로그 파워가 희망의 키워드로 등장하고 있는 것이다."라고 말씀하였지만, 혹자는 디지로그에 대한 비평을 가질 수 있다고 생각한다. 그러나 디지털과 아날로그의 대립하는 두 세계를 균형 있게 조화시켜 통합하는 한국인의 디지로그 파워가 우리의 현실을 이끌어갈 거대한 힘으로 작용할 것이라 믿는다.

2007년 ASIANA AIRLINES vipmagazine 기고 글

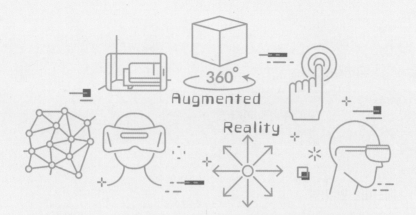

Metaverse

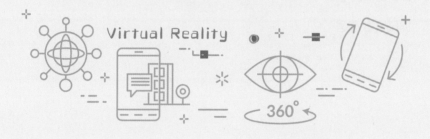

CHAPTER 2

메타버스 Story

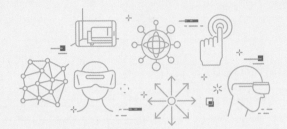

메타버스의 기원

닐 타운 스티븐슨(Neal Town Stephenson, 1959년 10월 31일~)은 사변물(Speculative fiction : 고전적인 가정을 문제로 제시하고 그 문제를 푸는 시도를 담는 장르) 소설로 유명한 미국작가로 메타버스(Metaverse)와 아바타(Avatar) 개념의 창시자이다.

[그림 1] 닐 타운 스티븐슨

1992년 SF 소설 『스노우 크래시(SNOW CRASH)』를 통해 현실 세계에서는 마피아에게 빚진 돈을 갚고자 피자 회사에서 일하며 피자를 배달하는 히로 프로타고니스트(Hiro Protagonise)로 살고, 메타버스(6만 5,536킬로미터 규모의 가상공간) 세계에서는 최고의 전사이사 해커로 활동하는 주인공의 활약상을 이야기하고 있다. 소설 속 등장인물들은 '아바타'를 통해서만 메타버스 공간 내에 들어갈 수 있으며 주인공은 메타버스 안에서 퍼지고 있는 파일(File) 형태의 신종 마약 '스노우 크래시'가 '아바타'를 조종하는 현실 세계 사용자의 뇌를 망가뜨린다는 사실을 알고 배후의 실체를 찾아 나서게 된다는게 줄거리이다.

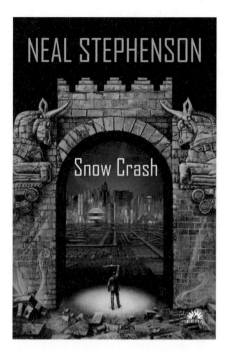

[그림 2] 원서 Snow Crash

《Second Life, 세컨드 라이프》를 개발하고 호스팅하는 린든 랩(Linden Lab)을 설립한 필립 로즈데일(Philip Rosedale)은 소설 『SNOW CRASH(스노우 크래시)』를 읽고 "내가 꿈꾸는 것을 실제로 만들 수 있다는 영감을 얻었다"라고 하였으며 미국의 컴퓨터 GPU를 디자인하는 회사인 NDIVIA(엔디비아) CEO 젠슨 황(Jensen Huang)은 "미래의 메타버스는 현실과 아주 비슷할 것이고, 『SNOW CRASH(스노우 크래시)』에서처럼 인간 아바타와 AI가 그 안에서 같이 지낼 것이다"라고 하였다.

또한 Google(구글) 창립자인 세르게이 브린(Sergey Brin)은 『SNOW CRASH(스노우 크래시)』를 읽고 세계 최초의 영상 지도 서비스인 《Google Earth, 구글 어스》를 개발하는데 영감을 받았다고 하였으며 게임 《Fortnite, 포트나이트》 제작자 Epic Games(에픽 게임즈) CEO Timothy Sweeney(팀 스위니)는 "메타버스는 인터넷의 다음 버전이다." 라고 하였다.

SNOW CRASH(스노우 크래시)』는 〈타임〉 지에서 가장 뛰어난 영문소설 100으로 선정되었으며 메타버스와 아바타를 탄생시키며 세계적인 CEO와 개발자들에게 창조적 영감을 준 SF 장편소설로 평가받고 있다.

Story 2
메타버스의 개념 및 속성

① ▸▸ **· 메타버스의 개념**

메타버스(Metaverse)는 '초월, 상위'를 의미하는 그리스어 'Μετα(메타)'와 경험 세계를 의미하는 Universe(유니버스)의 합성어로 디지털화된 차원(2, 3차원 포함)의 가상 세계를 뜻한다.

메타버스는 인간이 존재하거나 행위 할 수 있는 현실 세계와 디지털화된 가상 세계가 공존하는 세계로 영역을 나누는 것이 아니라 사용자의 시점과 환경에 따라 공존하는 플랫폼이라 정의 할 수 있다.

가상과 현실이 융합된 공간 즉, 플랫폼에서 사람(캐릭터)과 사물이 상호작용할 수 있으며 경제·사회·문화적 가치를 기술로 창출하는 세계로 이해할 수 있다.

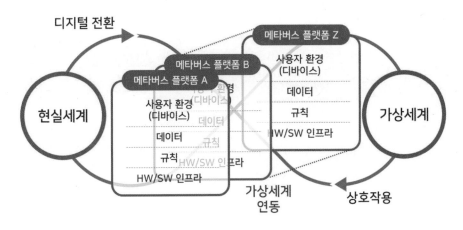

[그림 3] 메타버스 개념의 이해[1]

손강민(2006)은 "메타버스를 모든사람이 아바타를 이용하여 사회, 경제, 문화적 활동을 하게 되는 가상의 세계로", 류철균(2007)은 "실생활과 같이 사회, 경제적 기회가 주어지는 가상현실 공간으로 ASF(Acceleration Studies Foundation, 2007)에서는 물리적 현실과 가상공간의 융합으로 만들어진 다차원 3D 가상공간과 컴퓨팅 인프라로 정의"하고 해석하였다.

김덕진(2021)은 가상과 현실의 융합 또는 연결점, 인터넷 혁명의 반복 또는 다음 세대의 인터넷으로 고선영 외(2021)는 현실의 나를 대리하는 아바타를 통해 일상 활동과 경제생활을 영위하는 3D 기반의 가상 세계로 김상균(2021)은 스마트폰, 컴퓨터, 인터넷 등 디지털 미디어에 담긴 새로운 세상, 디지털화된 지구로 류지헌 (2021)은 컴퓨터 기반의 대리인을 사용한 몰입형 상호작용의 공간으로 이승환 (2021)은 가상과 현실이 상호작용하며 공진화하고 그 속에서 사회, 경제, 문화 활동이 이루어지면서 가치를 창출하는 세상으로 한상열(2021)은 현실과 가상이 상호작용을 통해 공진화되고 새로운 산업, 사회, 문화적 가치를 창출하는 세상으로 정의하였으며 Rev Lebaredian(2021)은 디지털 현실을 불문하고 특정 애플리케이션이나 장소에 얽매이지 않는 플랫폼이라 하였다.

메타버스는 D(Data), N(Network), A.I.(Artificial Intelligence)와 XR(eXtended Reality), DT(Digital Twin) 등 ICT 기술을 집약해 놓은 새로운 Web 3.0 플랫폼의 세계로 발전하게 될 것이다.

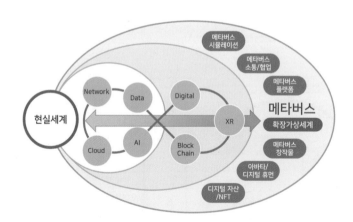

[그림 4] 메타버스 구현 주요 기반기술[2]

---

1 디지털뉴딜 2.0 초연결 신산업 육성 - 메타버스 신산업 선도전략 - 관계부처합동 자료집,(2022.1.21.), 1쪽 재구성.
2 1)의 자료집 5쪽 재구성.

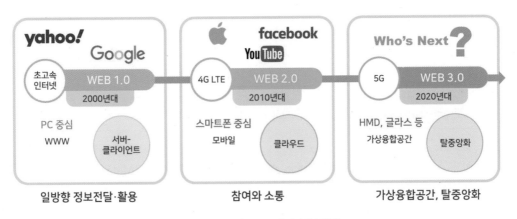

[그림 5] 시대별 ICT 패러다임 변화[3]

② ▸▸ • 메타버스의 속성(특징)

Amazon 前 전략책임자, 매튜 볼(Matthew Ball)은 북미에서 메타버스의 아버지라 불리며 이상적인 메타버스가 완성되기 위한 7가지 속성을 〈표 1〉로 정의하였다.

〈표 1〉 매튜 볼의 메타버스 속성

속성	특징
Persistent (영속성)	이용자 존재 여부와 상관없이 재설정, 일시 정지, 종료 없이 서비스 되어야 함
Synchronous, live (실시간 동기화 및 라이브 환경)	실제 진행되고 있는 경험이며 일관된 방식으로 존재 함
Concurrent participation (개인들의 존재감과 동시 참여 무제한)	누구나 메타버스에 동시에 함께 참여할 수 있어야 함
Fully functioning economy (온전한 경제 시스템)	모든 개인과 사업자가 가치의 창출, 소유, 투자, 판매, 보상 등의 경제 활동이 가능하도록 구현되어야 함
Experience that spans (지속적인 경험)	현실과 가상, 개인적이고 공적인 플랫폼을 아우르는 경험을 제공하여야 함

---

3 1)의 자료집 2쪽 재구성.

속성	특징
Unprecedented interoperability (상호 운용성)	가상 세계의 프로그램과 공간을 아우르는 상호 운용성 제공하여야 함
Wide range of contributors (다양한 기여자가 만들고 운영)	개인 및 단체 등 다양한 기여자에 의해 콘텐츠가 생성되고 경험이 누적되어 운영되어야 함

Meta CEO, 마크 저커버그(Mark Zuckerberg)는 페이스북 사명을 Meta로 변경하며 "메타버스 세계는 오늘날 제공되는 기술과 차원이 다른 몰입도와 높은 경험을 제공한다"는 측면에서 메타버스의 속성을 〈표 2〉로 정의하였다.

〈표 2〉 마크 저커버그의 메타버스 속성

속성	특징
실재감(Presence)	실제 현장에 있는 듯한 느낌
아바타(Avatars)	메타버스에서 자신을 표현하는 수단
개인공간(Home Space)	사진, 영상, 디지털 상품을 보관하는 개인공간
순간이동(Teleporting)	언제든 원할 때 다양한 가상 세계로 이동 가능
상호운용성(Interoperability)	자신의 아바타와 디지털 아이템을 다양한 앱과 경험에 적용 가능
프라이버시/안전(Privacy & Safety)	개인정보보호와 안전은 첫 단계부터 메타버스에 내재
가상재화(Virtual Goods)	사진, 영상, 예술, 음악, 영화, 책, 게임 등 가상 상품
자연스러운 조작 환경(Natural Interface)	자연스럽게 디바이스와 상호작용하는 익숙한 사용 환경

로블록스 CEO 데이비드 바주스키(David Baszucki)의 메타버스는 사용자가 만들 것이고 우리는 안내자라는 영역에서 메타버스 속성을 〈표 3〉으로 정의하였다.

<표 3> 데이비스 바주스키의 메타버스 속성

속성	특징
Identity(정체성)	정체성을 가진 다양한 형태의 아바타가 존재(나)
Friends(친구)	메타버스 내 실제 사람들과 사귈 수 있고, 상호작용이 가능
Immersion(몰입감)	메타버스 안에서 현실과 구분하기 어려울 정도로 실재감 있는 경험으로 몰입
Low Friction(손쉬운 경험전환)	어느 공간이든 쉽고 빠르게 이동하여 즐길 수 있음
Variety(다양성)	사용자들의 흥미를 유발하는 다양한 콘텐츠를 확보, 경험
Anywhere(모든장소)	언제 어디에서나 즐길 수 있는 제한 없는 접속 환경
Economy(경제성)	구성원들이 경제적 이익을 얻고, 이익이 순환하는 경제 시스템
Civility(시민성)	메타버스도 하나의 사회로 기본적인 사회 규범이나 성숙한 시민 의식이 존재

김상균, 신병호(2021)[4]는 메타버스의 5가지 특성을 SPICE 모델로 정의하였는데 인류의 문명은 향신료(SPICE) 전파와 맥을 같이 하고 있다고 하면서 세계를 바꿀 매개가 될 것이라고 〈표 4〉로 정의하였다.

<표 4> 김상균, 신병호의 메타버스 SPICE

속성	특징
Seamlessness(영속성)	메타버스상에서의 경험은 단절되지 않고 연결됨
Presence(실재감)	메타버스 안에서 물리적 접촉 없이도 사회적, 공간적 실재감을 느낄 수 있음
Interoperability(상호운영성)	메타버스 안의 데이터와 정보는 현실 세계와 연동됨
Concurrence(동시성)	다수의 사용자가 하나의 메타버스 안에서 동시 존재하며 활동할 수 있음
Economy Flow(경제흐름)	메타버스는 경제적 흐름이 존재하는 공간임

---

4 김상균·신병호, 『메타버스 새로운 기회_디지털 지구, 경제와 투자의 기준이 바뀐다』, 베가북스, 60~71쪽 표로 재구성, 2021.5

③ ▸▸ ● 메타버스의 고유한 특징 '5C'

고선영 외 3인은 「메타버스의 개념과 발전 방향」[5]에서 기존의 플랫폼 서비스나 VR, AR, MR, XR 등의 실감형 콘텐츠와 차별화되는, 메타버스의 고유한 특징 '5C'를 〈표 5〉와 같이 규정하였다.

<표 5> 메타버스의 특징

특징	설명
Canon (세계관)	• 메타버스의 시공간은 설계자와 참여자들에 구성되며 확장해나감 • 구성된 콘텐츠나 서비스를 설계자가 의도한 목적대로만 소비하는 수동적 사용자가 아니라 같이 즐기고 경험할 수 있는 공간을 구성함 • 구성된 콘텐츠를 취향대로 소비하고 생산하고 확산까지 하는 능동적 사용자의 세계관을 가지며 각자 나름에 세계관을 형성하여 콘텐츠를 생산하며 공유하고 즐김
Creator (창작자)	• 메타버스에서는 누구나 콘텐츠 창작자가 될 수 있는데 메타버스는 디지털 콘텐츠로 구성된 세상이며 그 세계를 누구나 확장할 수 있음 • 참여자가 자발적으로 세계를 구축하는 창작자이자 동시에 이용자가 되는 것임
Currency (디지털 통화)	• 메타버스 안에서는 생산과 소비가 가능하고, 가치를 저장·교환하기 위한 디지털 화폐가 통용됨 • 메타버스의 시장이 본격 성장하고 많은 사람이 경제 활동 영역을 디지털 공간으로 확대하게 되면서 메타버스의 디지털 화폐는 통화로서의 그 영향력을 키워 나갈 것으로 예상함
Continuity (일상의 연장)	• 메타버스는 일상의 연속성을 보장하는데 메타버스에서 친구를 만나고, 쇼핑을 하고, 학교에 가고, 회사에서 회의하는 등의 일상, 여가, 경제 활동이 단발성 행위나 일회성 체험에 그치지 않고 지속적인 인생 여정처럼 진행됨 • 현실의 나와 메타버스의 아바타가 상호 작용한 결과도 일상의 결과로 반영됨
Connectivity (연결)	• 메타버스는 시공간을 연결하고, 서로 다른 메타버스 세계를 연결하고, 사람과 사람(아바타)을 연결하고, 현실과 가상 세계를 연결함 • 시공간을 초월해 지식을 공유하고 정보를 나눌 수 있으며 새로운 세계를 창조 하고 확장해 나갈 수 있음

---

5 고선영, 정한균, 김종인, 신용태, 「메타버스의 개념과 발전 방향」, 정보처리학회지 8 제28권 제1호, 2021. 3, 10~11쪽의 내용 표로 재구성

메타버스의 사례

존 스마트(John Smart)에 의해 설립된 미국 연구단체인 가속연구재단(ASF : Ascceleration Studies Foundation)에서는 2007년 메타버스를 최초로 분류하고 정리한 메타버스 로드맵 서밋(Metaverse Roadmap, 이하 MVR 보고서)을 [그림 6]과 같이 발표하였다.[6]

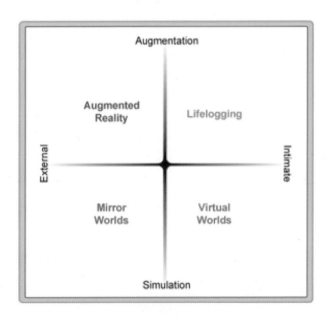

[그림 6] 메타버스의 2개 축과 4개의 시나리오

출처 : https://www.metaverseroadmap.org/overview/

---

6   Metaverse Roadmap(pathway to the 3D web) (JohnSmart, JamaisCascio, JerryPaffendorf, 2006)

증가/증대(Augmentation)

증강현실 (Augmented Reality)	라이프로깅 (Lifelogging)
거울세계 (Mirror World)	가상 세계 (Virtual World)

외적인
(External)

사적인
(Intimate)

시뮬레이션(Simulation)

[그림 7] 메타버스의 4가지 시나리오

ASF에서 정의한 불확실성의 기준(Critical Uncertainties)에서 x축은 external(world-focused, 사용자 밖 세상을 관찰, 외적인 것)과 intimate(identity-focused, 사용자가 적극 개입, 개인적, 사적인 것)으로 구성하였는데 외적인 것은 사용자 주변의 외부 환경으로 바깥 세계에 대한 정보와 통제력을 제공하는 기술로 내적인 것은 개인의 정체성에 대한 것으로 개인의 어떤 사물에 대한 행동 등에 집중하는 것으로 아바타, 개인 프로필 등의 방법으로 사용자의 정체성과 행위성의 표현에 초점을 둔 기술로 정의 하였다.

y축은 Augmentation(증가, 증대)과 Simulation(시뮬레이션)으로 구성하였는데 증가, 증대는 이미 실제 하는 시스템 위에 추가로 어떤 능력, 기능 등을 덧붙이는 것인데, 사용자가 인식하는 물리적 환경 위로 새로운 제어 및 정보 시스템 레이어를 쌓아 올리는 실제 환경 기반 기술이고 시뮬레이션은 실제 환경을 컴퓨터 그래픽으로 모델링하여 완전히 새로운 가상환경을 만들어 제공하는 것으로 이용자 및 객체 간 상호작용의 장소로서 현실을 모방한 가상의 세계를 제공하는 기술로 정의하였다.

증강현실(Augmented Reality, AR)은 사용자를 둘러싼 현실 세계에 있는 아날로그적 물리적 대상인 외부 환경에 디지털 데이터를 겹쳐 보여주는 증강 기술로 실제 현실 세계에 투영함으로써 실재감이 높고 몰입도 유도가 가능한 기술이다.

라이프 로깅(Lifelogging)은 소셜 미디어를 통해 개인의 프로필을 기록하는 공간에서 새로운 신원으로, 디지털 자아가 활동하는 공간으로 변할 것으로 예측하며 사람 또는 사물이 경험하는 일상 정보(이력, 기억, 관찰, 행동 등)를 데이터화하여 자동으로 수집, 기록, 저장하고 묘사한다.

거울 세계(Mirror Worlds)는 외부 환경적인 가상공간으로 현실 세계를 디지털 세상으로 투영, 투사하여 비춘다는 것이자 복사한 것으로 지리적 또는 정보측면으로 정확한 방식으로 매핑(Mapping)하려고 하는 것이다.

가상현실(Virtual Worlds)은 사적인 가상공간으로 실제처럼 느끼게 하기 위해 컴퓨터 그래픽으로 시뮬레이션한 온라인 디지털 가상 세상으로 개인 또는 사물의 자아 또는 행위에 초점이 맞춰져 있다.

Story 4
메타버스의 변화 및 요소

① ▸▸ ● 메타버스의 변화

- JohnSmart, JamaisCascio, JerryPaffendorf에 의하면 메타버스는 [그림 8]과 같은 시나리오를 가진다고 하였다.[7]

증강(Augmentation)

증강 현실(AUGMENTED REALITY)	라이프로깅(LIFELOGGING)
• 현실 세계에 있는 아날로그적 물리적 대상에 디지털 데이터를 겹쳐 보여주는 기술 • 실제 현실 세계에 투영함으로써 실제감이 높고 몰입도 유도 가능	• 사람 또는 사물이 경험하는 일상 정보를 데이터화하여 수집하고 저장, 묘사함.
거울 세상(MIRROR WORLD)	가상 현실(VIRTUAL REALITY)
• 현실 세계를 디지털 세상으로 투영시킴. • 지리적 또는 정보측면으로 정확한 방식으로 매핑하려고 함.	• 실제처럼 느끼게 한 컴퓨터로 시뮬레이션 한 온라인 디지털 가상 세상 • 개인 또는 사물의 자아 또는 행위에 초점이 맞춰져 있음. • 예로 게임, 페이스북 호라이즌 등이 있음.

사용자 밖 세상을 관찰 (External)

사용자가 적극적 개입 (Intimate)

시뮬레이션(Simulation)

[그림 8] 메타버스의 4가지 시나리오 특징

---

7   Metaverse Roadmap(pathway to the 3D web) (JohnSmart, JamaisCascio, JerryPaffendorf, 2006)

- 신동형(2021)은 [그림 8]에서 정의된 메타버스 시나리오는 아바타의 활동 공간으로 확장 현실이 구현되는 공간, 디지털 트윈이 구현되는 공간으로 재정의 중이라고 하였다.[8]

- 라이프 로깅은 소셜 미디어를 통해 개인의 프로필을 기록하는 공간에서 새로운 신원으로, 디지털 자아가 활동하는 공간으로 변할 것으로 예측하였다. 또한 메타버스 2.0에서는 사용자는 콘텐츠 속으로 진입하는 완전한 가상 세계를 구축할 것이라 전망한다.

② ▶▶ ● 메타버스의 변화 요소

(1) 아바타

- 디지털 미는 디지털 공간에서 나의 물리적 한계를 초월하여 활동하는 「나」를 대신하는 「아바타(Avatar, 분신, 分身)」이다. 아바타가 활동하는 디지털 공간이 메타버스의 한 시나리오가 된다.

- 가상 세계에서는 물리적인 한계가 없어 누구나 자신의 육체적 신원을 초월하는 새로운 신원을 창조할 수 있다. 즉, 가상 세계에서 사람은 동물이 될 수 있고, 남자이지만 여자가 될 수도 있다.[9]

- 인간의 상징적(Iconic) 재현을 아바타로 정의하였다. 아바타는 그래픽으로 구현된다는 기술적 특성에 기초하고 있으며, 이용자를 대신하는 것인 동시에 몸의 형상으로 존재하는 가상 신체라 할 수 있다. 기술의 발전에 따라 끊임없이 진화하는 사이버 인격체인 것이다.[10]

---

8   신동형(2021), 변화 너머 2040 디지털 세상을 주도할 기술 전쟁의 시작, 서울 : 메디치미디어.
9   아바타와 가상사회에 대한 고찰(김성우, 2001)
10   Cultures of Technological Embodiment:An Introduction In(Featherstone, M & Burrows, R,1995)

(2) MZ 세대의 소통 채널

이미 게임 속에서는 아바타가 '나'의 새로운 신원으로 활동하고 있었으며, ROBLOX와
제페토의 주 이용자는 10대 Z 세대이다.

(3) 욕망을 반영한 디지털 자아로 분류

가상공간은 육체적·정신적 한계를 초월할 수 있는 공간이므로, 실제와 욕망, 그리고
사람이 관여하거나 관여하지 않는 기준으로 분류가 가능하다.

메타버스 활용

게임 분야는 아바타(캐릭터) 기반의 디지털 공간으로 태생적 메타버스 사례로 게임을 넘어 타 영역과의 접목이 진행 중이다. 아바타는 '게임 + 패션', '소셜 거래', '게임 + 엔터테인먼트', '게임+이벤트'로 디지털 현실은 '게임 + Workout', 디지털 트윈으로 'GAME + EXPERIENCE', 'GAME + TOURISM'에 활용된다.

엔터테인먼트 분야는 스타 아바타와 실제로 만나는 것과 같은 환경이 제공되어 스타와 팬과의 많은 소통과 팬들의 활동이 가능해지게 된다. 아바타는 아바타 기반 가상 오피스와 디지털 현실로 3D와 360 메타버스 환경에서 Communication과 Collaboration 및 가상 오피스가 구현이 가능하고 디지털 트윈으로 아바타 기반 가상 오피스, 다양한 협업 도구, 실제 오프라인 현장 업무 환경과 가장 유사하게 구현할 수 있다.

제조 분야는 XR(확장 현실 : eXtended Reality)을 통해서 원격 모니터링 및 제어를 진행 할 수 있으며 궁극적으로는 디지털 트윈을 통해 자동·자율화를 추구할 수 있다. 아바타 UX 환경을 적용하여, 제조 및 물류 장비들이 디지털 아바타가 되어 작업자들과 쉽게 소통 및 업무가 진행될 수 있으며 XR를 통해서 원격으로 제조 공정을 모니터링 및 제어 할 수 있고 특정 기기의 하드웨어적 제어판이 없더라도, XR 기기를 통해서 소프트웨어적 제어판으로 제어할 수 있다. 디지털 트윈을 통해서 시뮬레이션, 자동화 확대도 가능하다.

금융 분야에서는 업무 및 점포의 가상화, 무인화가 확산 할 것으로 XR을 통해서 현재의 스마트폰 화면과는 다르게 실제 은행 점포에서 은행 업무를 보는 것과 같은 사용 경험을 추구할 수 있다. 디지털 현실은 금융 업무 중 디스플레이가 필요한 컴퓨팅 업무를 XR로 대체할 수 있게 구성하며 디지털 트윈을 통해 금융 업무의 자동화 및 이를 통한 무점포 무인 금융 기관이 확산할 수 있게 한다.

공공분야에서는 XR 공간에서 행정 업무 처리가 가능하게 하며, 공공 데이터를 기반으로 사회 안전 및 효율성을 향상 시킬 수 있다.

XR 공간에 동사무소, 구청 등을 구축하고, 그곳에서 아바타를 통해서 행정 업무를 처리할 수 있으며 이를 통해 실제 공간은 문화·교육 공간으로 활용할 수 있다. 아바타를 통해서 친숙한 공공 서비스 제공이 가능하며 MZ 세대의 마케팅용으로 활용할 수 있다. 디지털트윈을 이용해 실시간 공공 데이터와 연동하여 밀수 등 불법 행위 및 사고 방지에 활용할 수 있다. 디지털 트윈으로 빠른 길로 환자를 이송하고 그 과정에서 환자 치료를 하여 수색과 구조율 향상 등 위기 상황 대처가 가능하고, 자율 주행 및 주차 공간에 대한 시뮬레이션으로 효율적이며 사고 또한 줄일 수 있다.

의료분야에서는 XR를 통해 원격 진료·수술할 수 있으며 유전정보 및 병력을 기반한 디지털 트윈을 활용하여 질병을 예측 및 예방하도록 발전할 것이다. 디지털 트윈에 저장된 정보를 통해서 아바타가 의사와 가상진료와 XR을 통해 현장에 있는 것과 같은 원격 진료·수술 가능하며 실습 및 훈련이 필요한 의료진들이 XR을 통해 실제 현장에서 배우는 것과 같은 환경 제공과 가상 치료가 가능(공포증 등)하다. 다양한 센서 등을 통해 일상생활 속 병환을 야기시키는 인자를 발굴·제거 치료하여 실감나는 정보를 제공받아 성공적인 치료 가능하다.

유통 분야는 아바타를 위한 유통 채널이 만들어질 것이며, XR을 통해 실제와 같은 가상 체험 및 쇼핑이 가능할 것이다. 재고와 연동된 데이터를 기반으로 재고 관리 자동화로 발전될 것이며 디지털 상품을 아바타에게 판매할 수 있다. 가상 피팅룸을 만들어, 고객들이 실제로 입어보지 않고서도 다양한 제품들을 입어볼 수 있으며 가상 제품 시연, 가상 쇼핑몰에서 실제와 같은 경험으로 쇼핑이 가능하다. 재고 자동화(모니터링-주문-채워 넣음-뺌), 실시간 재고 관리, 원격 재고 모니터링도 가능하게 될 것이다.

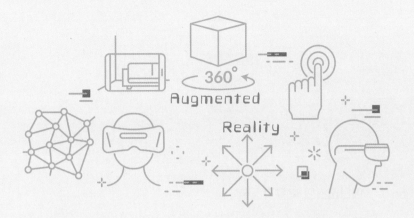

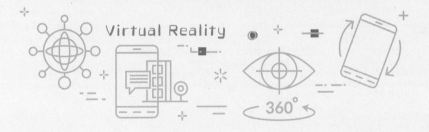

CHAPTER 3

메타버스 Innovation

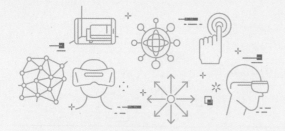

메타버스의 학문적 고찰

1 ▸▸ ● 매튜 볼^{MatthewBall}이 제시한 메타버스의 핵심 구성 요소

메타버스에 대한 명확한 정의가 아직 어렵다고 하지만 메타버스가 갖춰야 하는 특성에 대해서 공감받는 제안은 매튜 볼이 제시한 메타버스를 가능하게 하는 8가지 핵심 요소이다. 매튜 볼은 메타버스가 갖춰야 하는 특성으로 지속성, 동기화와 라이브, 제한 없는 동시 접속, 완전히 작동하는 경제 시스템, 디지털과 물리 세계나 다양한 플랫폼을 넘나드는 경험, 데이터/디지털 자산/콘텐츠의 상호 운용성, 수많은 공헌자에 의해 만들어지고 운영되는 콘텐츠와 경험이 넘쳐흘러야 한다고 했다. 이를 위해서 [그림 1]과 같은 원동력에 해당하는 요소가 필요하다고 제시했다. 〈표 1〉은 매튜 볼의 메타버스 핵심 구성 요소의 특징을 설명한 것이다.

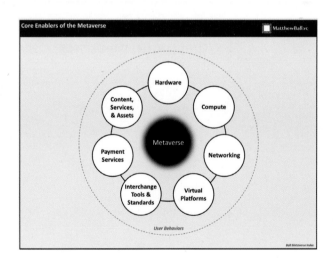

[그림 1] 매튜 볼의 메타버스 핵심 구성 요소
출처 : https://www.matthewball.vc/all/forwardtothemetaverseprimer

<표 1> MatthewBall의 Core Enablers of the Metaverse

핵심 구성 요소	요소의 특징
하드웨어 (Hardware)	메타버스에 접근, 상호작용 또는 개발하는 데 사용되는 물리적 기술 및 장치의 판매 및 지원
네트워킹 (Networking)	백본 제공자, 네트워크, 교환 센터, 이들 사이를 라우팅하는 서비스 및 소비자에게 '라스트 마일' 데이터를 관리하는 서비스에 의한 지속적인 실시간 연결, 고대역폭 및 분산형 데이터 전송 프로비저닝
컴퓨팅 (Compute)	물리 계산, 렌더링, 데이터 조정 및 동기화, 인공 지능, 프로젝션, 모션 캡처 및 번역과 같은 다양하고 까다로운 기능을 지원하는 메타버스를 지원하기 위한 컴퓨팅 성능의 활성화 및 공급
가상 플랫폼 (Virtual Platforms)	사용자와 기업이 다양한 경험을 탐색, 생성, 사교 및 참여할 수 있는 몰입형 디지털 및 종종 3차원 시뮬레이션, 환경 및 세계의 개발 및 운영 그림 그리기, 수업 듣기, 음악 듣기), 경제 활동에 참여
교환 도구 및 표준 (Interchange Tools and Standards)	상호 운용성을 위한 실제 또는 사실상 표준 역할을 하고 메타버스의 생성, 운영 및 지속적인 개선을 가능하게 하는 도구, 프로토콜, 형식, 서비스 및 엔진
지불 (Payments)	비트코인 및 이더와 같은 암호 화폐를 포함한 순수 디지털 통화 및 금융 서비스에 대한 법정화폐 온램프(디지털 통화 교환의 한 형태)를 포함하는 디지털 지불 프로세스, 플랫폼 및 운영 지원
메타버스 콘텐츠, 서비스 및 자산 (Metaverse Content, Services, and Assets)	사용자 데이터 및 ID와 연결된 가상 상품 및 통화와 같은 디지털 자산의 설계/생성, 판매, 재판매, 저장, 보안 보호 및 재무 관리
사용자 행동 (User Behaviors)	메타버스와 직접 관련되거나 메타버스를 가능하게 하거나 원칙과 철학을 반영하는 소비자 및 비즈니스 행동(지출 및 투자, 시간과 관심, 의사 결정 및 능력 포함)에서 관찰할 수 있는 변화

Tuong Nguyen(투옹 응우옌)은 2022년 5월 TechRepublic의 by Guest Contributor in Innovation을 통해 메타버스가 진화하는 방식을 Gartner의 Evolution Spectrum for the Metaverse를 [그림 2]와 같이 분석하여 기고를 하였다.

다양한 메타버스의 정의를 Gartner에서는 "실질적으로 강화된 물리적 현실과 디지털 현실의 융합으로 생성된 집합적 가상 공유 공간"으로 정의하고 있다. 이러한 관점에서 메타버스는 지속적이며 향상된 몰입 경험을 제공하며, 독립적인 생태계 역할을 할 것이라고 하였다. 메타버스는 물리적이고 지속적인 디지털 콘텐츠와 경험의 융합에서 탄생한 집합적이고 공유된 공간으로 작용하는 인터넷 발전의 진화적 단계가 될 것이라는 의미이다.

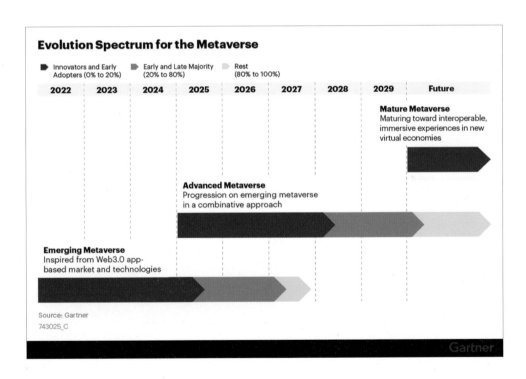

[그림 2] 메타버스 진화 스펙트럼

출처 : https://www.techrepublic.com/article/heres-how-the-metaverse-will-evolve

- 1단계는 소셜 네트워크, 온라인 게임, 전자 상거래, 암호 화폐 및 NFT와 같은 현재 상용 제품 및 서비스로 구성된 단계이다. 2024년까지 지속되는 1단계에서 AR 및 VR 경험과 같은 메타버스 이전 사용 사례를 기반으로 지속 가능하고 수익성 있는 비즈니스를 창출하는 것들로 이루어지게 될 것이라고 하고 있다.

- 2단계는 2024년에서 2027년 사이에 발생할 것으로 예상하였는데 물리적 공간과 디지털 공간을 연결하는 방법과 같은 메타버스 솔루션을 활성화하는 데 필요한 새로운 기술을 요구하게 될 것이다. 물리적 공간에서 디지털 개체의 위치와 방향을 정의하는 기술과 사람, 장소, 사물 및 프로세스를 감지하고 매핑하는 기술과 같이 디지털 콘텐츠를 캡처, 생성 및 통합하여 실제 세계에 오버레이 하는 기술이 포함되는 것이며 이러한 요소 간의 프로세스와 관계를 설정하는 기술도 포함되는 것이다.

- 3단계의 메타버스는 협업 및 다중 소스 경험을 가능하게 하는 기능을 가진 애플리케이션을 보게 될 것인데 디지털 경험 전반에 걸쳐 상호 운용할 수 있는 콘텐츠는 성숙한 메타버스를 도래하게 할 것이라는 예측이다.

Jon Radoff([그림 3])는 [그림 4]와 같이 7개 메타버스 레이어를 구성하였으며 〈표 2〉에 레이어 특징에 대하여 설명하였다.

[그림 3] Jon Radoff

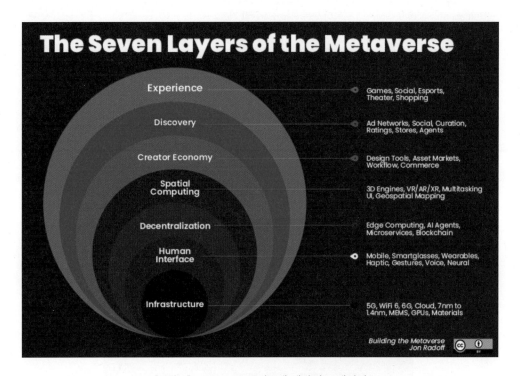

[그림 4] Jon Radoff의 7개 메타버스 레이어

출처 : https://medium.com/building-the-metaverse/the-metaverse-value-chain-afcf9e09e3a7

<표 2> Jon Radoff의 7개 메타버스 레이어 특징

레이어	특징	적용
경험 (Experience)	사용자인 우리가 게임, 사회적 경험, 라이브 음악 등에 실제로 참여 하는 부분	Games, Social, E-sports, Theater, Shopping
발견 (Discovery)	사람들이 메타버스의 경험이 존재한다는 것을 알고 경험을 배우는 방법	Ad Networks, Social, Curation, Ratings, Stores, Agents
창작자 경제 (Creator Economy)	제작자가 메타버스를 구성하기 위해 무언가를 만들고 수익을 창출하는데 도움이 되는 모든 것들	Design Tools, Asset Markets, Workflow, Commerce
공간 컴퓨팅 (Satial Computing)	객체를 가상의 공간으로 가져오고 컴퓨팅 하여 사용자가 상호작용 할 수 있도록 하는 소프트웨어 및 기술	3D Engines, VR/AR/XR, Multitasking, UI, Geospatial Mapping
탈중앙화 (Decentralization)	메타버스 생태계를 더 많은 부분으로 개방적이고 분산 된 민주적 구조로 이동 시키는 모든 방법	Edge Computing, AI Agents, Microservices, Blockchain
휴먼 인터페이스 (Human Interface)	모바일 장치에서 VR 헤드셋, 햅틱 등 메타버스에 접속하는데 도움이 되는 Hardware 및 기술	Mobile, Smartlasses, Wearables, Haptic, Gestures, Voice, Neural
인프라스트럭처 (Infrastructurre)	메타버스 레이어 들을 구성 할 수 있도록 하는 반도체, 재료과학, 클라우드 컴퓨팅, 통신네트워크 등의 장비 및 기술	5G, WiFi 6, 6G, Cloud, 7nm to 1.4nm, MEMS, GPUs, Materials

BEAMABLE의 CEO Jon Radoff는 메타버스를 형성하는 9가지 메가트렌드(출처 : https://medium.com/@jradoff, 2021.5.20)를 통해 메타버스의 미래는 어떻게 형성될 것인지에 대하여 [그림 5]과 같이 이야기하였다.

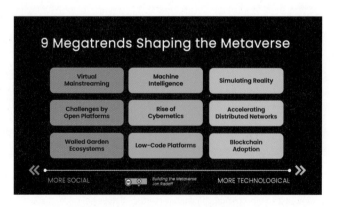

[그림 5] 메타버스를 형성하는 9가지 메가트렌드

출처 : https://medium.com/building-the-metaverse/9-megatrends-shaping-the-metaverse-93b91c159375

① Virtual Mainstreaming(가상 메인스트리밍)

사람들은 점점 더 가상 세계를 현실 세계로 간주하게 된다. 온라인 친구, 가상 아이템 및 암호화 자산, 스마트 계약, 온라인 라이브 경험을 통해 가상 세계에서의 신뢰도가 증가함에 따라 메타버스와 이를 지원하는 산업이 확장될 것이다. 이는 사이버 범죄(계정 도용을 위한 피싱, 온라인 사기, 랜섬웨어 공격 및 맬웨어 확산등)와 온라인 괴롭힘, 학대, 게임 속 속임수, 관계속 속임수등 유해성도 증가할 것이며 이는 교육, 훈련, 가상 세계에 리터러시 퇴치, 지원 커뮤니티, 학부모들의 이해가 필요하게 될 것이다.

② Challenges by Open Systems(개방형 시스템의 과제)

인터넷의 원래 의도는 상호 운용할 수 있는 컴퓨터 및 응용 프로그램의 고도로 분산되고 분산된 네트워크였다. 메타버스의 미래에 많은 사람이 쉽게 이용할 수 있도록 문턱을 낮추는 기술과 개방형 표준이 등장할 것이다. WebAssembly(Wasm)는 개방형 웹을 위한 빠르고 안전한 샌드박스 바이너리 애플리케이션을 제공하고 WebGL 및 WebXR은 응용 프로그램 저장소 외부에서 제공할 수 있는 그래픽 및 몰입형 경험에 기여할 것이다. Unity DOTS(Data-Oriented Technology Stack)와 같은 플랫폼은 이러한 플랫폼을 활용하여 메타버스가 요구하는 수준(특히 Unity의 Tiny 프로젝트)에서 수행되는 작고 효율적인 바이너리를 제공한다.

③ Walled Garden Ecosystems(벽으로 둘러싸인 정원 생태계)

벽을 둘러싸인 정원에서 점점 더 개방되고 권한, 통합, 큐레이션 및 제어가 가능한 플랫폼 또는 애플리케이션의 기능을 갖게 될 것이다. 미래에는 포털이 서로 다른 세계와 경험을 네트워크로 연결하는 하이퍼미디어와 같은 구조, 즉 웹 페이지의 하이퍼링크와 동일한 가상 세계를 구축할 수 있을 것이다.

④ Machine Intelligence(기계지능)

인공지능 발전을 위한 협회(Association for the Advancement of Artificial Intelligence) 회장이기도 한 토마 디트리히는 "기계 지능"이 전통적으로 유럽에서 인기 있는 "현실적인 엔지니어링 감성"에 뿌리를 둔다면 "인공지능"은 미국에서 더 인기가 있는 "과학소설(SF)적 느낌"을 반영한다면서 캐나다에서는 "컴퓨터 지능(computational intelligence)"이라는 용어도 자주 사용된다고 덧붙였다.

⑤ Rise of Cybernetics(사이버네틱스의 부상)

사이버네틱스는 인간의 감각 및 운동 시스템과 컴퓨터의 통합에 관한 것입니다. 인공두뇌학(人工頭腦學)은 일반적으로 생명체, 기계, 조직과 또 이들의 조합을 통해 통신과 제어를 연구하는 학문이다. 예사이버네틱스라는 용어는 고대 그리스어 퀴베르네테스Κυβερνήτης(kybernetes, 키잡이, 조절기(governor), 또는 방향타)에서 기원한다. 예로부터 현재까지 이 용어는 적응계, 인공지능, 복잡계, 복잡성 이론, 제어계, 결정 지지 체계, 동역학계, 정보 이론, 학습 조직, 수학 체계 이론, 동작연구(operations research), 시뮬레이션, 시스템 공학으로 점점 세분되는 분야들을 통칭하는 용어로 쓰이고 있다.

⑥ Low-code Platforms(로우 코드 플랫폼)

로우 코드 및 코드 없는 응용 프로그램 플랫폼(LCAP)은 프로세스, 논리 및 응용 프로그램의 수동 코딩을 대체하기 위해 더 높은 수준의 추상화(예: 시각적 스캐폴딩 및 드래그 앤 드롭 도구)를 제공한다. 로우 코드 개발 플랫폼은 프로그래밍을 위한 그래픽 사용자 인터페이스를 제공하여 매우 빠른 속도로 코드를 개발하고 기존의 프로그래밍 노력을 줄이는 애플리케이션이다. 이러한 도구는 수동 코딩 작업을 최소화하여 코드를 빠르게 개발하는 데 도움이 되며 이 플랫폼은 코딩뿐만 아니라 빠른 설정 및 배포에도 도움이 된다.

Gartner는 2023년까지 대기업의 50% 이상이 LCAP를 사용하여 운영할 것으로 예측하였다. 메타버스 콘텐츠를 쉽게 만들고 복잡한 동작을 스크립트로 작성하고 상거래에 참여할 수 있도록 하는 제작자 도구가 개발될 것이고 플러그인 응용 프로그램까지 지원하게 될 것이다.

⑦ Simulating Reality(模擬現實, 모의 현실)

모의 현실은 현실성을 모의할 수 있다는 생각이며 일반적으로 컴퓨터를 사용한 시뮬레이션에 의해서 진정한 현실과 구별이 되지 않을 정도로 모의하는 것을 가리킨다. 시뮬레이션 내부에서 생활하는 의식은 그것이 시뮬레이션인 것을 알고 있는 경우도 있고 모르는 경우도 있다. 가장 과격한 생각은 우리 자신도 실제로 시뮬레이션 안에서 살아 있다고 주장한다(모의실험 가설).

이것은 현재의 기술로 실현할 수 있는 가상 현실과는 다른 개념이다. 가상 현실은 용이하게 진정한 현실과 구별할 수 있으며 참가자는 그것을 현실과 혼동하지 않는다. 모의 현실은 그것을 실현하는 방식은 어떻든 진정한 현실과 구별할 수 없다는 점이 중요하다.

⑧ Accelerating Distributed Networks(분산 네트워크 가속화)

5G 네트워크는 모바일 네트워킹 속도, 동시성 및 대기 시간을 수십 배 향상하며 6G는 이러한 지표를 10~100배 더 개선할 것이다. 10년 안에 1ms의 대기 시간과 함께 10Gbps 속도를 보게 될 것이다. 메타버스를 지원하려면 가속 속도가 필요하지만, 네트워크의 모든 참가자가 가장 흥미로운 응용 프로그램을 제공하는 실시간 데이터를 공유할 수 있을 때 나타나는 효과이다.

⑨ Blockchain Adoption(블록체인 채택)

블록체인 기술은 비즈니스 네트워크 내에서 정보를 투명하게 공유할 수 있도록 하는 고급 데이터베이스 메커니즘이다. 블록체인 데이터베이스는 연쇄적으로 연결된 블록에 데이터를 저장하며 네트워크의 합의 없이 체인을 삭제하거나 수정할 수 없으므로 이 데이터는 시간 순서대로 일관성이 있다. 그 결과 블록체인 기술을 사용하여 주문, 결제, 계정, 기타 트랜잭션을 추적하기 위해 불변하거나 변경 불가능한 원장을 생성할 수 있다. 이 시스템에는 무단 트랜잭션 항목을 방지하고 이러한 트랜잭션의 공유 보기에서 일관되게 생성하는 기본 제공 메커니즘이 있다.

■ A Survey on Metaverse: Fundamentals, Security, and Privacy

메타버스(Metaverse)는 물리적으로 영구적인 가상 공간과 이를 통해 강화된 물리적 현실의 융합에 의해 생성된 자립형, 하이퍼 시공간, 3D 몰입형 가상 공유 공간이라고 할 수 있다. 즉, 메타버스에서 사용자가 제어하는 아바타, 디지털 사물, 가상 환경 및 기타 컴퓨터 생성 요소로 구성된 합성된 세계로, 여기서 아바타로 표시되는 인간은 모든 디바이스 장치를 통해 가상 ID를 사용하여 소통하고 협력하고 서로 교류를 한다.

[그림 6]은 메타버스의 일반적인 인간, 물리적 및 디지털 세계의 통합에서 메타버스의 아키텍처를 보여준다.

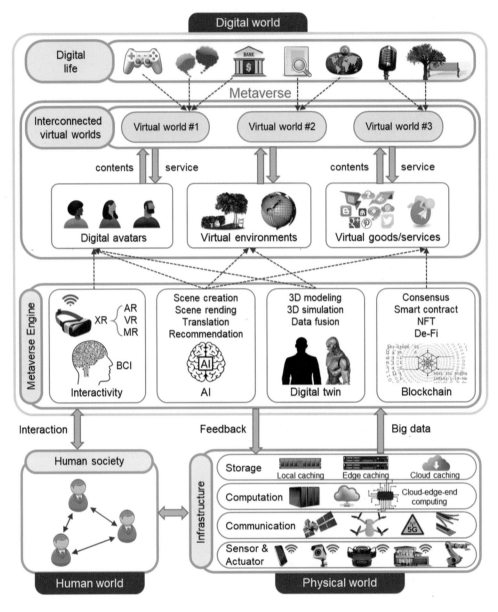

[그림 6] 인간, 물리적 및 디지털 세계의 통합에서 메타버스의 아키텍처

출처 : https://arxiv.org/pdf/2203.02662.pdf?fbclid=IwAR15CVqCFKjvFbODFPuDCYpwIIWLvOSOjaKMJVrrPH1Ea1PYRviHxfFbJJQ

인간 사회(Human Society)에서 메타버스는 인간 중심적인 것으로 간주하며 사용자는 내면의 심리학 및 사회적 상호 작용과 함께 현실 세계를 구성한다. 스마트 웨어러블 장치(예: VR/AR 헬멧)가 장착된 인간은 디지털 아바타와 상호 작용 및 제어하여 HCI(인간-컴퓨터 상호 작용) 및 확장된 확장을 통해 메타버스에서 다른 아바타 또는 가상 개체와 놀고, 일하고, 사교하고, 상호 작용할 수 있다.

물리적 인프라의 물리적 세계(physical world)는 다중 감각 데이터 인식, 전송, 처리 및 캐싱과 물리적 제어를 지원하기 위해 메타버스에 지원 인프라(센싱/제어, 통신, 계산 및 저장 인프라 포함)를 제공하여 효율적인 가상 세계와 현실의 현실(인간)세계와의 상호작용을 할 수 있도록 한다.

Interconnected Virtual Worlds(상호 연결된 가상 세계)는 일련의 상호 연결된 분산 가상 세계(즉, 하위 메타버스)로 구성될 수 있으며 각 하위 메타버스는 디지털 아바타로 대표되는 사용자에게 특정 종류의 가상 상품/서비스(예: 게임, 소셜 데이트, 온라인 박물관, 온라인 콘서트) 및 가상 환경(예: 게임 장면 및 가상 도시)을 제공하게 된다.

디지털 아바타(Digital avatars)는 메타버스에서 사용자의 디지털 표현을 나타내게 되는데 사용자는 다양한 메타버스 응용 프로그램에서 아바타를 만들 수 있으며 생성된 아바타는 사람 모양, 동물, 상상의 오브젝트과 동일하게 구성할 수 있다.

가상 환경(Virtual environments)은 메타버스에서 시뮬레이션된 실제 또는 가상 환경(3D 디지털 사물 및 그 속성으로 구성됨)을 나타낸다. 메타버스의 가상 환경은 사용자가 다른 삶을 경험할 수 있는 시공간 차원을 제공 할 수 있다. 가상 상품/서비스(Virtual goods/services)는 가상 서비스 제공자(VSP) 또는 메타버스 사용자가 생산하는 거래 가능한 상품(예: 스킨, 디지털 아트, 토지 필지)을 의미한다. 메타버스의 가상 서비스는 디지털 시장, 디지털 통화, 디지털 규제, 사회 서비스 등을 포함한 광범위한 범위를 가지고 있다. 메타버스에서는 현실 세계에 대한 입력 정보(즉, 캡처된 정보 그리고 가상 공간에 디지털 방식으로 표시된 실제 공간에서 얻은 지식)와 가상 세계의 출력(즉, 가상 공간에서 아바타, 디지털 개체 및 메타버스 서비스에 의해 생성된 정보)정보로 사용이 된다.

메타버스 엔진(Metaverse Engine)은 현실 세계의 빅 데이터를 입력으로 사용하여 상호 작용, AI, 디지털 트윈 및 블록체인 기술을 통해 가상 세계를 생성, 유지 및 업데이트 하게된다.

세계 내 정보 흐름(In-World Information Flow)은 인간 사회 또는 인간 세계는 소셜 네트워크로 상호 연결되어 있으며 인간 간의 공통 활동 및 상호 작용을 기반으로 형성된다. 인간은 물리적 세계에서 객관적인 정보를 관찰하고 주관적인 의식을 통해 지식과 지능으로 변환하고 이를 지침으로 사용하여 객관적인 세계를 변화시킨다. 인간의 세계와 디지털 세계는 인터넷, 즉 세계에서 가장 큰 컴퓨터 네트워크를 통해 연결되며 사용자는 디바이스 등을 통해 디지털 세계와 상호 작용할 수 있다.

메타버스의 역기능

한국과학기술한림원은 한림원의 목소리 제92호(2021.7)에서 「메타버스의 구현과 긍정적 활용을 위한 극복과제와 해결방안은 무엇인가?」를 제시하였다. 한림원은 메타버스의 무한한 가능성을 제대로 활용하기 위해서는 메타버스가 가져올 역기능을 예측하고 이를 사전에 대비해야 한다는 의견과 메타버스에서 발생할 수 있는 윤리 및 보안 문제에 대비해야 한다고 하였다.

메타버스의 현실과 가상의 세계가 결합한 무한한 상상성과 가능성에서 역기능과 문제점이 잠재하고 있다는 것이다. 특히 경제적 차이에 따라 발생할 수 있는 정보의 격차, 기술 오남용, 가상 세계에서의 신종 범죄, '메타 페인'이 생겨나고, 인공지능(AI)을 활용할 경우 데이터 편향성으로 발생하는 각종 차별, 메타버스 서비스를 제공하는 플랫폼 기업의 데이터 독점 관리로 인한 '빅 브라더(Big Brother) 이슈' 등을 미리 점검해야, 한다고 하였다. 또한 "메타버스가 우리 사회에 긍정적인 영역으로 자리 잡을 수 있도록 법과 제도 마련이 필요하다"라며 "메타버스와 관련한 윤리 가이드라인이나 규제 마련은 물론 관리 감독의 주체와 대상이 누가 될 것인지 등에 대해 고민과 대안을 마련해야 한다고 하였다.

메타버스가 더 깊이 일상생활과 연결된다면, 프라이버시와 윤리 이슈는 기존의 온라인 서비스에서 경험했던 부작용과는 다른 양상으로 전개될 가능성이 있다. 이용자 별 경험 시간, 상대방과의 대화, 아바타 아이템 등 개인을 속속들이 알아볼 수 있는 정보가 수집 처리되며, 이 과정에서 현실 마케팅 등에 다양한 목적으로 악용 될 수 있다. 또한 아동 프라이버시에 대한 각별한 보호가 어렵다는 문제점도 빼놓을 수 없다. 그리고 메타버스는 현실 세계의 확장으로 일상생활과 연결되어가고 있다. 그러다 보니 실제 세계에서 벌어지는 많은 부조리와 범죄가 메타버스 안에서도 똑같이 일어날 수 있다. 게다가 가상공간에서의 '익명성' 문제가 더해져 현실보다 심한 범죄들이 등장할 가능성이 높다. 많은 기업들이 모바일을 이을 차세대 컴퓨팅 플랫폼으로 메타버스를 꼽는 만큼, 확장된 공간에서 일어날 수 있는 일들에 대한 논의는 계속되어야 할 것이다.

메타버스에서는 현실 세계에서는 생성되지 않았던 개인정보가 수집될 수 있는데 내가 활동했던 장소, 시간, 대화의 상대, 대화의 내용, 사용자의 행동 패턴 등이 데이터로 남을 수 있다. 이 데이터를 통해 기업이 고객 맞춤형 마케팅 및 광고등 다양한 목적으로 활용할 수 있는 가능성이 있다. 기업이 '빅 브라더(Big Brother)'가 되어 정보의 독점을 통해 사회를 통제하는 관리 권력을 가지게 되어 개인 인권을 침해할 수 있게 된다.

메타버스에서는 나의 아바타가 현실의 나처럼 거동한다. 메타버스는 현실에서 직면한 문제에서 벗어나 새로운 공간에서 시간을 보낼 수 있는 도구가 될 것이다. 이는 스트레스 해소와 대리만족을 통한 감정의 대리 배설 등 순기능을 가지고 있다.

하지만, 가상 세계에서 보내는 시간이 길어지고 현실보다 가상에서의 삶에 과도하게 집착하게 되면서, 현실과 단절된 생활을 하는 '메타페인'이 등장할 우려도 있다.

아바타 성범죄도 생각해 봐야한다. 메타(구 페이스북)의 호라이즌(Horizon)은 2022년 2월 아바타 간 거리 두기 기능을 도입할 것이라고 발표 하였는데 아바타 간 약 4피트(120cm)의 거리를 유지 할 수 있도록 아바타 주변에 '개인 경계'라는 눈에 보이지 않는 공간을 추가하는 기능이다. 이는 호라이즌에 접속한 여성 아바타를 남성 아바타들이 성추행하고 사진을 찍거나 음성 채팅을 통해 메시지를 전달한 사건이 발생하였기 때문이다. 호라이즌 측은 거리 두기 기능이 메타버스 상에서 이용자들의 행동 규범을 설정하는데 도움이 될 것이라 생각 한다. 메타버스의 신기술로 새로운 성(性) 문제가 나오게 되는데 사이버 스토킹, 원조교제, 몰래카메라 등의 이슈가 발생하는 데 이는 이용자 간 상호관계를 기반으로 하는 특징 때문이며 이를 악용한 범죄가 늘어나게 될 우려가 생긴다. 한국의 대표적 메타버스 플랫폼인 제페토는 인공지능 기술을 통해 금칙어를 걸러내고 캠페인을 통해 이용자에게 메타버스 상 윤리 의식을 고취하는 방식으로 아바타 간 성범죄 등을 방지하고 있다. 강선우 국회의원은 2022년 1월 '아동 · 청소년의 성보호에 관한 법률 일부개정법률안'을 대표 발의하였는데 온라인 플랫폼 사업자, 범죄행위 발견 즉시 신고를 의무화하도록 하는 내용이 주요 개정 법률안이다. 의안 번호 14465의 제안 이유 및 주요 내용은 다음과 같다.

- 최근 메타버스(Metaverse) 내 성희롱 발생 등 신규 온라인 플랫폼을 활용한 아동·청소년 대상 온라인 그루밍 성범죄가 잇따르고 있음.
- 메타버스 내 대화방에 아동·청소년을 초대해 성적 수치심을 일으키는 메시지를 전송하거나, 아동청소년을 유인해 지속적으로 피해자의 노출 사진을 전송받아 성착취물을 제작한 사건이 발생한 바 있음.
- 지난해 「청소년성보호법」상 성인이 정보통신망을 통해 아동·청소년에게 성교 행위 또는 유사 성교 행위를 유인·권유하는 등 성착취 목적 대화 금지 조항이 신설되고, 해당 범죄예방을 위해 경찰의 위장 수사가 제도화됨.
- 이와 동시에 메타버스 등 온라인 플랫폼 사업자의 아동·청소년 대상 성범죄 예방 및 피해자 보호 책임이 강화되어야 한다는 필요성이 제기됨.
- 이에 「전기통신사업법」제22조제1항 및 제4항에 따른 부가통신사업자가 자신이 운영·관리하는 정보통신망에서 「청소년성보호법」제15조의2제1항 및 제2항에 해당하는 아동·청소년에 대한 성 착취 대화 등 관련 범죄를 인지한 경우 즉시 수사기관에 신고하도록 신고 의무 조항을 신설하고자 함(안 제34조의2 및 제67조 제4항)

2021년 9월 여성가족부는 전문가 간담회를 통해 메타버스 관련 제도적·윤리적 대응 방안에 대한 의견을 수렴하였다. 이날 메타버스 전문가들은 범죄 외에도 새롭게 대두되는 〈표 8〉의 메타버스 법적인 문제가 발생할 수 있다고 지적하였다.

〈표 3〉 새롭게 대두되는 메타버스 법적인 문제[1]

법적 문제	내용
창작물 저작권	창작물에 대한 권리 귀속 및 제3자 저작권 침해
상표권 침해	구찌, 프라다 등 각종 패션 브랜드 "짝퉁" 유통시 상표법 위반 여부
개인정보 보호	메타버스에서 수집되는 개인 정보 성격 모호
국가간 관할 문제	해외 플랫폼에서 발생하는 외국인-한국인 간 분쟁
공연 사용료 징수	메타버스 공연료 관련 저작권 단체와의 징수·분배
아바타 법적 지위	아바타의 채무 불이행, 폭행, 명예훼손 등 불법 행위 관련 현실 법령 적용 여부

---

1 박현익·김태영 기자, '메타버스 짝퉁·표절도 처벌받을까…재산권·범죄보호 등 법제화 시급' 2021.9.21. 서울경제 보도자료, 출처 : https://www.sedaily.com/NewsView/22RB5BJXDY, 이미지를 표로 재구성

PART 2

게더타운의 기초

CHAPTER 4

게더타운 시작하기

게더타운 접속

게더타운을 이용하여 단순히 행사나 회의에 참여하는 목적이라면 회원가입을 할 필요 없이 바로 가능하다. 하지만 이 책에서는 참여자뿐만 아니라 주도적인 운영자 측면에서 게더타운을 활용하고 운영하는 것을 목적으로 하고 있기 때문에 회원가입을 하여 활용하는 것을 전제로 하고자 한다.

게더타운 접속을 위해 구글의 검색창에 'gather town'을 입력하여 검색결과에서 맨 위에 있는 'Gather | A better way to meet online' 링크를 클릭하거나 브라우저의 주소창에 'https://www.gather.town'을 입력하여 게더타운 홈페이지로 이동하면 된다.

💡 **알아두기** **책과 화면이 다르게 보인다?**

게더타운은 홈페이지 및 서비스에 대한 업데이트가 꾸준히 이뤄지고 있으므로 현재 책에서 보이는 화면 구성과 다소 다르게 보일 수도 있다. YouTube 등에 올라온 기존의 게더타운 강좌들에서도 실제 화면과 약간 다르게 보이는 경우가 많다. 하지만 전체적인 레이아웃이나 디자인 변경이 아닌 버튼의 이동, 기능의 추가 등으로 대부분 사용자가 짐작하는 데 어려움이 없을 정도이니 참고하도록 하자.

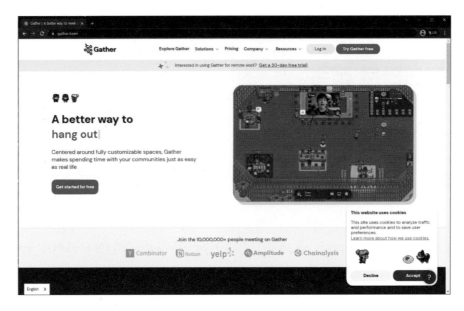

[그림 1] 게더타운 홈페이지

홈페이지에 접속하게 되면 게더타운에 대한 소개가 담긴 인트로 내용이 보이고 우측 하단에는 웹사이트에서 쿠키(Cookies) 사용 여부를 묻는 팝업이 [그림 2]와 같이 나타난다. 쿠키를 허용하게 되면 재방문 시 로그인 상태를 유지할 수 있기 때문에 자주 사용하는 개인 PC인 경우 수락(Accept)하는 것이 편리하다.

하지만 다수가 공동으로 사용하는 PC나 프라이버시에 민감한 사용자라면 거절(Decline)을 선택하면 된다.

[그림 2] 쿠키(Cookies) 사용여부를 묻는 팝업창

⏳ **TIP**

한국어 지원 여부

게더타운 서비스 자체는 공식적으로는 한글 언어를 지원하지 않는다. 하지만 게더타운을 소개하는 홈페이지에서는 완벽하지는 않지만, 한국어 페이지를 일부 지원하고 있다. 한글로 된 홈페이지 내용을 보길 원한다면 화면 좌측 하단에 있는 언어목록을 'English'에서 '한국어'로 변경하면 된다.

알아두기 **게더타운 사용환경**

게더타운은 별도의 응용 프로그램을 설치할 필요 없이 웹브라우저 기반에서 바로 실행되기 때문에 매우 가볍다는 특징을 가지고 있다. 일반적인 PC 환경에서라면 안정적이고 원활하게 사용할 수 있다. 게더타운을 이용하기 위한 기본적인 접속환경에 대해 간단히 살펴보도록 하자.

■ **시스템 성능**

2.4Ghz Dual Core / 8Gb RAM 이상의 데스크탑 또는 노트북

이보다 낮은 성능에서도 동작은 가능하지만, 게더타운에서 권장하는 시스템의 성능이므로 최하 동급이거나 이보다 높은 수준의 시스템을 사용하는 것이 좋다.

■ **필요장비**

마이크 및 웹캠

마이크와 웹캠이 없어도 이용할 수는 있지만 게더타운은 메타버스 기반의 화상회의 플랫폼이기 때문에 이들 장비가 필수적이다. 대부분의 노트북에는 마이크와 웹캠이 내장되어 있고 설정이 간단해서 바로 사용할 수 있지만 데스크탑의 경우에는 별도로 마이크가 내장된 웹캠을 구비할 필요가 있다.

■ **인터넷 속도**

다운로드 속도 10Mbps / 업로드 속도 3Mbps

원활한 사용을 위한 권장 속도지만 최소 다운로드 3Mbps 및 업로드 1Mbps 이상의 속도라면 Gather의 대부분의 기능을 사용할 수 있다. 인터넷은 일반적으로 무선랜으로도 충분히 사용가능하지만 안정적인 속도를 보장하는 유선랜을 사용하는 것이 권장된다.

무선랜의 경우 집이나 사무실처럼 특정 사용자가 제한된 공간에서는 문제가 되지 않지만, 카페처럼 다수의 사람이 공용으로 무선랜을 사용할 경우 접속이 원활하지 않을 수도 있다. 노트북의 경우 대부분 무선랜을 사용하므로 환경에 따라 인터넷 속도를 미리 측정해 보는 것도 좋다.

■ **인터넷 브라우저**

• Windows : 구글 크롬, 파이어폭스, 윈도우 엣지, 네이버 웨일

• Mac OS : 구글 크롬, 사파리

게더타운 초기에는 구글 크롬이나 파이어폭스의 사용을 권장하였지만, 최근에는 윈도우 엣지, 맥의 사파리 등 다양한 브라우저를 지원하고 있다.

TIP

내 인터넷 속도 알아보기

인터넷 속도 측정은 각 통신사의 인터넷 품질 측정사이트를 이용하거나 구글에서 제공하는 Google Fiber Speed Test(http://speedtest.googlefiber.net/)에 접속하여 간단히 측정해 볼 수 있다.

게더타운 홈페이지와 화면

① ▸▸ • 게더타운 홈페이지 상단 메뉴 구성

크롬(chrome) 웹 브라우저에서 게더타운 사이트(https://www.gather.town)에 연결하면 메인 화면을 [그림 3] 처럼 볼 수 있는데 상단 메뉴와 하단 왼쪽, 오른쪽 메뉴로 구성된 것을 볼 수 있다.

[그림 3] 게더타운 홈페이지 상단 메뉴

Ⓐ Gather
Ⓑ Explore Gather
Ⓒ Solutions
Ⓓ Pricing
Ⓔ Company
Ⓕ Resources
Ⓖ Sign in
Ⓗ Try Gather free

Ⓐ Gather

포도 로고나 Gather를 클릭하면 https://www.gather.town 사이트로 연결이 된다.

[그림 4] Gather 로고 메뉴

Ⓑ Explore Gather

게더타운에서 제공하는 공간을 체험할 수 있는데 현재는 [그림 5]의(ESCAPE THE ISLAND, 섬 탈출) 공간을 체험할 수 있는데 업데이트에 따라 체험의 내용이 바뀔 수 있다.

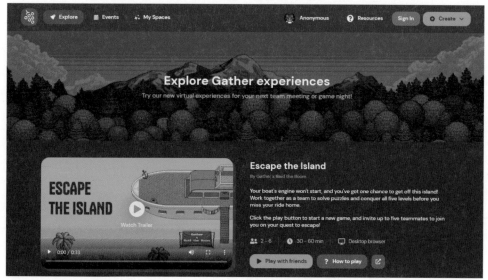

[그림 5] ESCAPE THE ISLAND 체험 화면

버전 업데이트 및 정책에 따라 Explore Gather는 보이지 않을 수 있으니 참고하기 바란다.

ⓒ Solutions(솔루션)

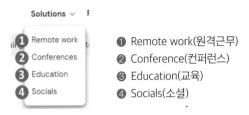

❶ Remote work(원격근무)
❷ Conference(컨퍼런스)
❸ Education(교육)
❹ Socials(소셜)

[그림 6] Solutions 메뉴

❶ Remote work(원격근무)

원격근무(작업)를 할 수 있는 공간 구축 방법에 설명(개인 및 소그룹 공간 구축/ 사무실 문제/대화의 범주/ 전용 작업 공간 / 프레젠테이션 참여) 및 활용 팁을 [그림 기과 같은 메뉴로 제공한다.

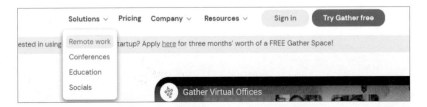

[그림 7] Solutions - Remote work 화면

[그림 8] Remote work 예시 화면

❷ Conference(컨퍼런스)

토크 세션, 포스터 부스 등으로 대규모 이벤트를 개최할 수 있다.

[그림 9]   Conferences 예시 화면

❸ Education(교육)

교육 공간 구성 및 활용을 위한 정보 설명(가상학교 경험 / 대화형 원격 학습 / 공동작업 공간 구성 / 학생 상호 작용) 및 활용 팁을 제공한다.

[그림 10]   Solutions - Education 화면

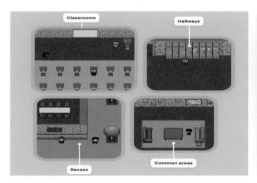

[그림 11]   Education 예시 화면

❹ Socials(소셜)

사교 모임 공간 구성 방법 설명(축하 행사 / 중요한 순간 / 커뮤니티 / 재미있는 게임 공간) 및 활용 팁을 제공한다.

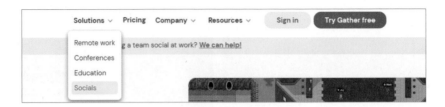

[그림 12] Solutions - Socials 화면

[그림 13] Socials 예시 화면

"Zoom can't enable circulating through a space, ducking out for a private conversation or walking to the middle of the room and suddenly making a big announcement, but Gather Town can handle those things."

Prof. Ada Palmer, University of Chicago

"줌에서는 공간을 돌아다니거나 사적인 대화를 위해 슬쩍 빠져나가거나 갑자기 장소 한가운데로 걸어가 중요한 발표를 할 수 없지만, 게더타운은 그 모든 것들을 가능하게 해줍니다."

시카고 대학교, 에더 파머 교수

"We are treating [Gather Town] as an open place where students can come in. There are a number of students who really like the experience and vastly prefer it to Zoom."

CIS Department Chair Zachary Ives, University of Pennsylvania

"우리는 [게더 타운]을 학생들이 들어올 수 있는 열린 공간으로 여기고 있습니다. 많은 학생들이 이 경험을 정말 좋아하고 줌보다 훨씬 더 선호합니다."

펜실베니아 대학교, 컴퓨터정보공학부 재커리 아이브스 학장

"We co-taught our undergraduate Theory of Computation course in a flipped format on Gather Town. It was a fantastic experience. Class time was much more interactive than the Zoom classes we had both taught previously."

Prof. Jason Hartline and Prof. Aravindan Vijayaraghavan, Northwestern University

"우리는 게더타운에서 학부의 계산 이론 과정을 완전히 새로운 형식으로 공동 교습하였습니다. 환상적인 경험이었어요. 강의 시간은 우리 둘 다 이전에 가르쳤던 줌 수업보다 훨씬 더 상호 작용이 많았습니다."

노스웨스턴 대학교, 제인슨 하틀라인 & 애러빈던 비자야래거번 교수

❶ Pricing(가격정책)

게더타운의 가격(무료 및 프리미엄 플랜) 정책(무료 / 2시간 또는 하루 사용 / 월 사용료 및 동시 사용자 인원 안내)을 [그림 14]와 같이 사용 시간이나 날짜별로 서비스 내용과 할인가격(교육기관 / 비영리 단체 / 커뮤니티 그룹)에 정보도 함께 제공된다.

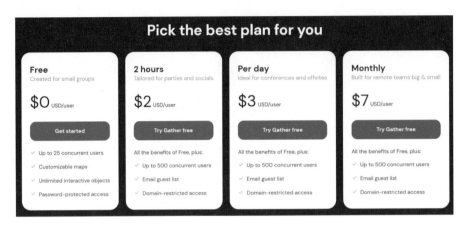

[그림 14] Pricing(가격정책) 화면

❷ Company(회사)

Company에서는 게더타운사에 대한 소개와 기업 가치, 언론 보도자료 등이 [그림 15]와 같이 제공되며 Careers(채용)는 채용정보 및 파트별 직원들의 역할에 대한 정보가 제공된다. 또한 메타버스 사용자를 위한 Blog(블로그) 정보도 제공된다.

[그림 15] Gather.town 회사 소개 화면

F Resources(리소스)

① Download(다운로드)
② Help center(고객센터)
③ Updates(업데이트)
④ Contact us(문의사항)
⑤ Status(상태)
⑥ Community(커뮤니티)
⑦ Partners(파트너)

[그림 16] Resources 메뉴

❶ Download(다운로드)

Mac 용 / Window 용 애플리케이션을 다운로드하여 게더타운 앱을 설치 할 수 있는 링크를 [그림 17]과 같이 제공한다. 일반적으로 크롬 웹 브라우저에서 실행하므로 게더타운 설치는 권장하지 않는다. 이 책에서는 크롬 브라우저에서 실행하는 것을 기반으로 한다 .

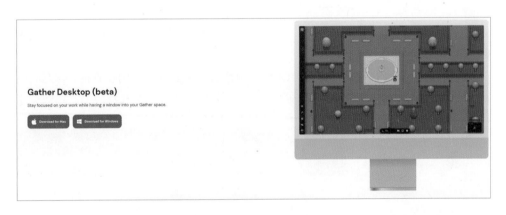

[그림 17] 게더타운 앱 다운로드 화면

자신이 사용하는 컴퓨터에 맞는 앱을 다운 받아 설치를 하게 되면 바탕화면에 Gather 앱이 [그림 18]과 같이 설치되며 실행 시 게더타운 프로그램이 [그림 19]와 같이 실행된다. 아이콘을 눌러 게더타운을 웹 브라우저가 아닌 상태에서 실행시킬 수가 있다.

[그림 18] 바탕 화면에 설치된 Gather 아이콘

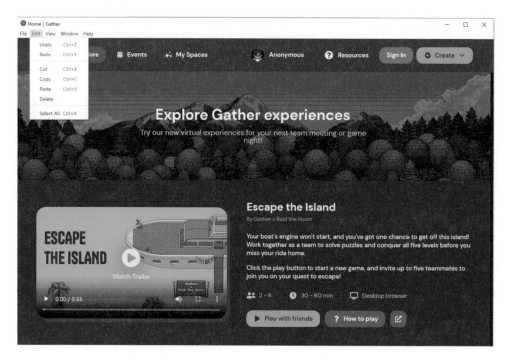

[그림 19]　Gather 앱 실행시 게더타운 실행 화면

❷ Help center

게더타운의 도움말(Getting Started, Onboarding, Space Design, Audio Video & Sharing, Account & Adimin, Additional Resouces)을 [그림 20]과 같이 제공한다.

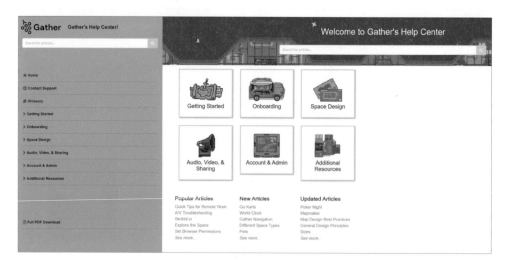

[그림 20]　게더타운의 Help center 화면

❸ Updates(업데이트)

게더타운의 현재 업데이트 정보(기능 요청, 질문한 내용, 통합정보)를 (https://feedback.
gather.town/changelog)에서 제공한다. 제공되는 정보는 모든 항목, 새로운 것, 향상된 것,
결정된 것, 라벨(Avatars, Dashborad, Mapmaker, Mobole, Settings)에 대한 업데이트 정보
를 [그림 21]과 같이 제공한다.

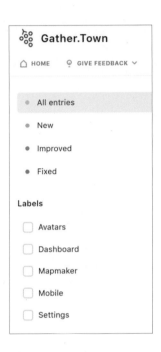

[그림 21] Updates(업데이트) 정보 및 Labels 필터링 화면

❹ Contact us(문의사항)

게더타운에 대한 기술적인 문의를 하거나 지원을 받을 수 있는 사항, 아이디어 제출, 일반적
인 피드백 제공을 요청할 때 이메일(feedback@gather.town)이나 입력양식으로 메시지를 보
낼 수 있다.

❺ Status(상태)

서비스에 대한 이슈 정보(현재와 과거의 서비스 정보)를 제공하는데 정보제공 시간은
UTC(universal time coordinated : 협정 세계시)로 해당 시간에 9시간을 더하면 대한민국의
시간이다.

❻ Community(커뮤니티)

게더타운 사용자에게 커뮤니티를 제공하는데 Gather Town Korean User Group (https://www.facebook.com/groups/gather.townkr)과 Gather Naver Community(Korea)(https://cafe.naver.com/gathertown)에서 한국 사용자들의 커뮤니티 정보를 확인할 수 있다.

 알아두기

버전 업데이트 및 정책에 따라 보이지 않을 수 있으니 참고하기 바란다.

❼ Partners(파트너)

게더타운 구축을 위한 경험(공간 디자인 및 예술 / 실시간 인력 및 기술지원 / 소프트웨어 개발 및 API 통합 / 기타서비스)을 제공한다.

❺ **Sign in(로그인)**

게더타운 로그인 메뉴로 여러 개의 계정을 사용하는 경우는 로그인을 원하는 계정 중 (Sign in with Google)에 선택하여야 하며, 특정한 계정의 경우는 직접 email을 입력 (Sign in with email)하여 로그인하면 된다.

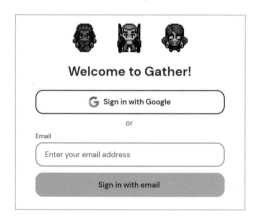

[그림 22] Sign in(로그인) 화면

ⓖ Try Gather free

게더타운에서 제공되는 Remote office, Team social, Conference 유형의 공간을 만들 수 있다. 게더타운에서 무엇을 할 것인가를 [그림 23]의 세 가지 중에서 선택하면 되는데, 작업 공간 설정 (사무실), 이벤트 구성(날짜 설정, 장소, 손님 초대), 장소(재미있는 공간을 확인하고 친구 초대) 중 선택하여 원하는 공간을 구성할 수 있다.

[그림 23] 공간 생성 초기 화면

Remote office에서는 작업 공간 만들어 팀과 협업하고 어울릴 수 있는 공간을 만들 수 있다.

① 공간을 몇 명이 사용할 것인가(인원수 : 최대 150명까지)를 선택할 수 있으며, 다른 템플릿을 불러오기 하여 원하는 템플릿을 선택할 수도 있다.

[그림 24] 사무실 사이즈 설정 화면

② 공간의 이름을 지정할 수 있으며(공간 이름은 URL 끝에 나타나게 된다.) 패스워드를 사용할 것인데 대한 여부를 결정한 후 공간 만들기를 누르면 된다.

[그림 25] 공간 이름과 패스워드 설정 화면

③ 이후 Google 계정으로 로그인하는 화면이 [그림 26]과 같이 나오게 된다. 이때 여러 개의 Google 계정이 있다면 어떤 계정을 이용해서 공간을 구성할지에 대한 여부를 묻거나, 원하는 Google 계정을 입력해서 로그인하게 되면 공간이 만들어 지게 된다.

[그림 26] 개인 계정으로 로그인 화면

④ 로그인한 계정의 e-mail 주소로 6자리 숫자 코드를 보냈다는 메시지를 [그림 27]과 같이 보여준다. 메일이 보이지 않으면 스팸 함으로 이메일이 전송될 수도 있으니 확인을 해야 한다.

[그림 27] 로그인시 6개의 숫자를 입력하라는 화면

⑤ e-mail을 확인하면 6자리 일회용 번호가 [그림 28]과 같이 보이게 되는데 해당 숫자를 자리에 [그림 29]와 같이 맞추어 입력하면 된다.

[그림 28] 메일로 제공된 6개의 숫자 화면

[그림 29] 메일로 제공된 6개의 숫자를 입력 하는 화면

❷ ➤➤ 게더타운 홈페이지 하단 메뉴

게더타운 홈페이지는 상단 메뉴와 하단(왼쪽, 오른쪽) 메뉴로 구성되어 있는데, 오른쪽 메뉴는 상단 메뉴와 동일하기 때문에 설명은 생략하고 [그림 30]의 왼쪽 메뉴에 대해서만 설명한다.

[그림 30] 게더타운 홈페이지 하단 왼쪽 메뉴

Ⓐ Terms of service (서비스 약관)　　　　　Ⓒ Accessibility statement(접근성 선언문)
Ⓑ Privacy Policy(개인 정보 보호 정책)　　　Ⓓ SNS 연결하기

Ⓐ Terms of service(서비스 약관)

서비스, 지원 및 정의, 서비스, 콘텐츠, 사용 및 제한에 대한 고객 액세스, 보안 및 기밀 유지, 지식재산권, 수수료 및 해지, 보증 및 면책 조항, 배상, 책임 제한 등에 대한 정보를 제공한다.

Ⓑ Privacy Policy(개인 정보 보호 정책)

게더타운 앱, 맵메이커 툴, 개인 정보, 쿠키 사용, 위치 및 추적 쿠키, 개인 데이터를 사용하는 방법, 개인 데이터를 유지, 전송 및 공개하는 방법, 정보 보안등에 대한 정보를 제공한다.

ⓒ Accessibility statement(접근성 선언문)

모든 접근성 문제를 문서화하고 가장 큰 영향을 미치는 문제에 대한 수정 사항의 우선순위를 지정하고 있다는 정보와 호스트 및 관리자를 위한 접근성 정보를 제공한다.

ⓓ SNS 연결하기

linkedin, facebook, instagram, twitter의 게더타운 SNS 계정으로 연결할 수 있는 로고가 [그림 31]과 같이 보인다.

[그림 31] SNS 링크 화면

Join the Gathering 2
회원가입

회원가입을 하기 위해 [그림 32]의 홈페이지 상단에 있는 Sign in을 클릭한다.

[그림 32]   로그인 및 회원가입을 위한 Sign in

'Welcome to Gather!'라는 환영 텍스트와 함께 Sign in 버튼들이 [그림 33]과 같이 나타나는데 엄밀히 말하면 Sign in은 가입이 아닌 로그인(Log in)의 개념이다. 게더타운에서 가입을 위한 Sign up을 별도로 두었지만, 현재는 로그인 화면과 회원가입 화면을 동일하게 사용하고 있다.

[그림 33]   Sign in 선택

회원가입은 구글의 계정을 통해 가입하는 Sign in with Google과 그 외의 이메일 계정으로 가입하는 Sign in with email 두 가지 방식을 제공하고 있다.

■ 구글 계정으로 회원가입

구글 계정으로 회원가입을 하려면 상단에 있는 Sign in with Google을 클릭하고 이후 나오는 화면에서 구글 이메일 주소를 [그림 34]와 같이 다음 버튼을 클릭한다.

[그림 35]와 같이 비밀번호를 입력한 후에 다음 버튼을 클릭하면 가입이 완료된다.

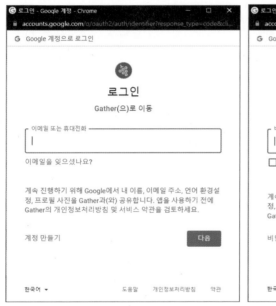

[그림 34] 구글 이메일 주소 입력

[그림 35] 구글 이메일 비밀번호 입력

■ 구글 이외의 계정으로 회원가입

구글 계정 없이 네이버나 다음과 같은 포털에서 제공하는 이메일을 사용하고 있다면 'Enter your email address'가 적혀있는 입력란에 자신의 이메일 주소를 입력하고 Sign in with email을 클릭한다. 이후 화면이 전환되고 'Enter your code'라는 메시지와 함께 방금 입력한 이메일 주소로 전송된 6자리 코드를 입력하라는 입력창이 [그림 36]과 같이 나타난다.

[그림 36] 메일로 전송된 6자리 코드 입력

이후 이메일을 확인하면 [그림 37]과 같이 게더타운에서 보낸 6자리의 패스워드를 확인할 수 있다. 이 6자리 코드를 입력창에 순서대로 입력하면 회원가입이 완료된다.

[그림 37] 이메일에서 6자리 코드 확인

만약 'That code is invalid or has expired, please try again.'라는 오류 메시지가 뜬다면 해당 코드가 유효하지 않거나 만료되었다는 뜻이므로 입력창에서 resend code를 눌러 새로운 코드를 전송받을 수 있다.

이상의 두 가지 방법으로 회원가입이 가능하지만, 구글 이메일을 사용하지 않고 다른 이메일을 사용하는 경우에는 위의 과정처럼 6자리 코드를 로그인할 때마다 입력해야 하는 번거로움이 있으니 가급적 구글의 계정을 사용하는 것이 좋다.

Join the Gathering 3
캐릭터 설정과 변경

Join the Gathering 2에서 정상적으로 회원가
입을 마쳤다면 곧 바로 캐릭터를 생성하는 화
면으로 이동하게 된다. 캐릭터를 꾸미기 위한
선택의 폭은 그다지 많지 않지만 다양한 조합
을 통해 본인의 취향에 맞는 아바타를 [그림
38]과 같이 설정하고 변경할 수 있다.

■ Base : 캐릭터의 바디(Body, 신체) 설정

• Skin : 바디의 피부색

• Hair : 헤어스타일

• Facial Hair : 얼굴 털, 수염

■ Clothing : 캐릭터의 의상 설정

• Top : 상의

• Jacket : 자켓

• Bottom : 하의

• Shoes : 신발

■ Accessories : 캐릭터의 액세서리 설정

• Hat : 모자

• Glasses : 안경

[그림 38] 캐릭터 생성하고 꾸미기

- Mobility : 이동장치
- Other : 기타 악세서리

■ Special Top

기간 한정으로 할로윈데이 코스튬 의상이나 해외 유명 드라마 등장인물과 같은 독특한 캐릭터 세트 선택이 가능하다.

원하는 캐릭터가 만들어졌다면 Next Step을 눌러 다음 단계로 넘어간다.

[그림 39]의 화면에서 Name your character라는 메시지가 뜨고 Enter your name이 적혀진 입력란이 나타난다. 본인의 캐릭터에 부여할 이름을 입력하면 되는데 한글로도 입력이 가능하다. 입력한 이름은 게더타운 내에서 캐릭터의 머리 위에 표시되어 캐릭터를 따라다니게 된다.

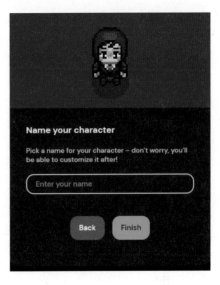

[그림 39] 캐릭터 이름 입력하기

캐릭터의 이름은 나중에도 수정이 가능하므로 걱정할 필요가 없다. 입력을 마친 후에는 Finish를 눌러 설정을 마친다.

화면에서 캐릭터 설정이 완료되고 우측 상단에 자신이 꾸민 캐릭터와 이름이 표시되는 것을 확인할 수 있다.

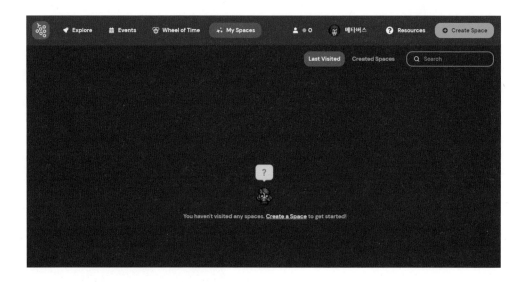

[그림 40] 캐릭터 설정 완료

이번에는 자신이 설정한 캐릭터와 이름을 변경하는 방법에 대해 먼저 알아보도록 하자.

변경하는 방법은 매우 간단하다. 캐릭터 이름 부분에 마우스 커서를 올리면 Profile이라는 표시가 나타나고 클릭하게 되면 캐릭터 설정에 관한 버튼들이 [그림 41]과 같이 나타난다.

[그림 41] 프로필 화면

여기서 이름 옆의 연필 아이콘 클릭하면 현재의 이름을 편집할 수 있다. 만약 캐릭터의 외형을 편집하고 싶다면 Edit Character를 누르면 된다. 또한 Sign Out을 누르게 되면 게더타운에서 로그아웃 상태가 된다.

CHAPTER 5

공간(Space) 만들기

홈(Home) 화면 구성

게더타운 로그인 전, 후 홈 화면은 [그림 1]과 같이 보이게 되는데 위의 그림은 로그인 전 화면이며 아래 그림은 로그인 후(메타버스라는 이름이 보인다.) 화면이다.

[그림 1] 게더타운 로그인 전, 후 홈 화면

A 포도 로고	**G** Sign in
B Explore	**H** Create Space
C Events	**I** Last Visited
D My Spaces	**J** Create Spaces
E Profile	**K** Search
F Resources	

A 포도 로고

[그림 2]의 포도 로고를 클릭하면 게더타운의 홈페이지(https://www.gather.town)로 이동하게 된다.

[그림 2] 포도 로고

ⓑ Explore

게더타운에서 제공하는 공간을 체험할 수 있는 곳으로 현재는 Escape the Island (섬 탈출) 공간을 체험할 수 있으며 업데이트에 따라 체험 공간은 달라 질 수 있다.

[그림 3] Escape the Island 체험 공간 화면

ⓒ Events

이벤트를 새로 만들거나 기존에 만들어 놓은 Event Planning을 [그림 4]와 같이 볼 수 있다. 이벤트를 사용하기 위해서는 Event − Create Event를 선택하여야 하며, https:// app.gather.town/events−setup에서 만들어지는데 다음과 같은 절차를 따라 하면 된다.

[그림 4] Events 메뉴

① 이벤트를 만들 준비가 되었는지, 1분 미만의 몇 가지 질문에 답하는 것으로 시작한 다는 메시지가 [그림 5]와 같이 보인다.

[그림 5] Events 생성 단계 ①

② 어떤 종류의 이벤트를 계획 중인가를 [그림 6]과 같이 묻는다. 컨퍼런스, 컨벤션(엑스포), 회의 (네트워킹 이벤트), 토크(세미나), 파티(사교 모임), 수업(워크숍), 기타 중에 선택한다.

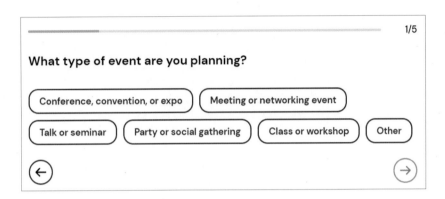

[그림 6] Events 생성 단계 ②

③ 어떤 영역에서 이벤트를 사용할 것인가를 [그림 7]과 같이 묻는다. 전문(비즈니스), 커뮤니티(조직), 교육(하계), 기타 중에 선택한다.

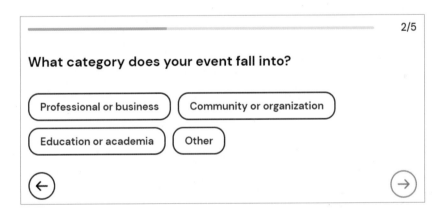

[그림 7] Events 생성 단계 ③

④ 이벤트 참석자가 내부 또는 외부에 있는지에 대한 것을 묻는다. 내부(회사 또는 조직), 외부(회사 또는 조직) 중에 선택한다.

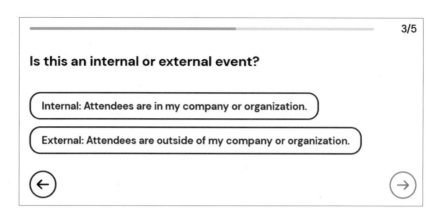

[그림 8] Events 생성 단계 ④

⑤ 몇명이 사용할 공간인지를 [그림 9]와 같이 선택할 수 있는데, 0~25명, 25~50명, 50~100명, 100~200명, 200명이상 중에 선택한다.

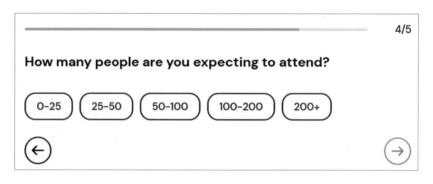

[그림 9] Events 생성 단계 ⑤

⑥ 게더타운 공간을 어디에 만들고 싶은지를 [그림 10]과 같이 선택하게 한다. 새 공간
   이나 기존 공간에 대한 링크 중에 선택한다.

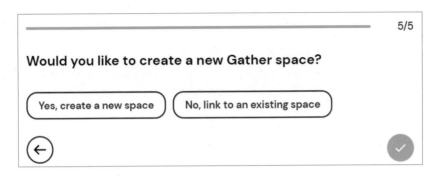

[그림 10] Events 생성 단계 ⑥

⑦ 최대 5개의 방을 추가할 수 있다.

이벤트 공간 구축을 위해 5가지 유형의 공간(Talk rooms, Breakout rooms,
Lounge rooms, Game rooms, Booth rooms, Poster rooms) 중에서 추가('+' 기호)
또는 삭제('–' 기호)를 [그림 11]과 같이 할 수 있다. 각각의 이벤트 공간에 대한 기
능이 설명으로 제공된다.

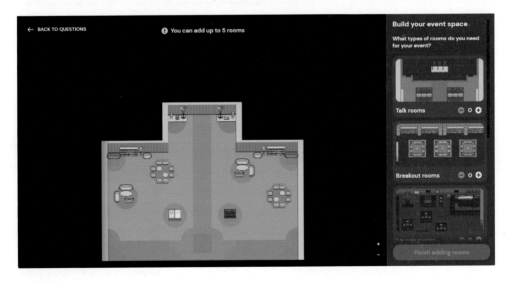

[그림 11] Events 생성 완료

⑧ 최대 5개의 이벤트 공간을 추가하거나 삭제를 통해 다른 이벤트 공간으로 변경이
가능하다. 최종적으로 Finish adding rooms을 선택하면 선택된 이벤트가 완료된다.

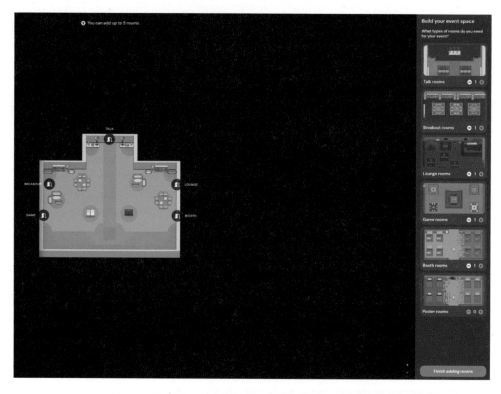

[그림 12] Events 공간 변경, 추가 및 삭제

⑨ 이벤트 공간 구축을 위해 이벤트 이름을 만드는데,
문자, 숫자, 공백, 기호(_,-)를 사용할 수 있으며, 이
벤트 시작과 종료 시간을 설정할 수 있다. Create
event를 선택하여 이벤트 만들기를 종료한다.

[그림 13] Create event 화면

⑩ 단계별 호스트 체크리스트를 통해 이벤트 설정을 완료하거나 변경할 수 있다.

[그림 14] 호스트 체크리스트 화면

⑪ [그림 15]의 Open setup checklist를 통해서 공동작업자 초대, 이벤트 세부 정보(시작시간 및 종료 시간, 참석자 수)를 수정할 수 있으며 이벤트를 삭제할 수도 있다.

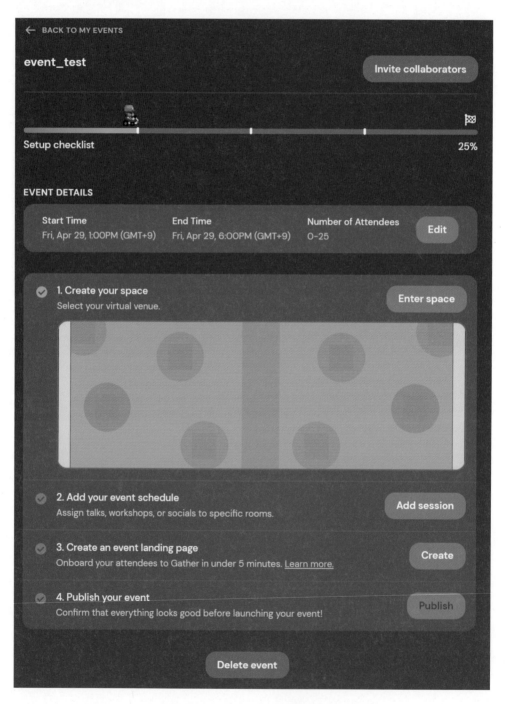

[그림 15] Setup checklist 진행 화면

ⓓ My Spaces

[그림 16] My Spaces 메뉴를 선택하면 자신이 직접 만들었던 공간이나 방문했던 공간을 보여준다.

[그림 16] My Spaces 메뉴

ⓔ Profile

캐릭터 이름을 지정(변경)할 수 있으며 언제든지 변경이 가능하며 캐릭터 편집과 Sign in을 할 수 있다.

[그림 17] Profile 메뉴

⒡ Resources

CHAPTER 4 게더타운 시작하기(63쪽)을 참고하기 바랍니다.

⒢ Sign in

'CHAPTER 4 게더타운 시작하기 − Section 1 게더타운 홈페이지와 화면 − Sign in(로그인), (66쪽)'을 참고한다.

⒣ Create Space

공간을 새로 생성한다.

❶ What are you looking to do on Gather?

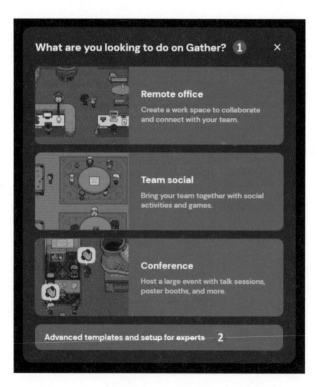

[그림 18] What are you looking to do on Gather? 공간 생성 방식선택

① Remote office

팀원들과 연결하여 협업할 수 있는 작업공간(원격 사무실)을 생성할 수 있다.

[그림 19] Office Size를 지정해주는 화면

Remote Office에서는 사무실에 근무할 인원수를 지정하는 방식으로 공간을 생성할 수 있다.

❷ Advanced setup for experts

• https://app.gather.town/create 사이트에서 새로운 방을 만들 수 있다.

• 사용자 또는 영역 유형에 따라 [그림 20] ①의 템플릿 중에서 사무실, 계절, 경험, 사회의, 회의, 교육, 공백, 기존에 만든 공간 중 원하는 템플릿을 선택하거나 직접 디자인이 가능하다.

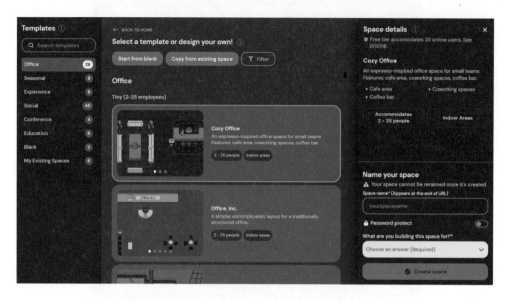

[그림 20] Advanced setup for experts 공간 생성 화면

• 템플릿을 선택할 때 고려할 사항은 다음과 같다.
  – 사무실에 몇 명이 있는지?
  – 팀은 사무실을 얼마나 자주 그리고 어떤 목적으로 사용하는지?(매일, 매주, 매월, 회의, 식사, 사교 등)
  – 나는 이 공간에서 어떤 기업 문화를 만들고 싶은가?
  – 사무실에 어떤 유형의 분위기나 전체적인 미학을 원하는가?
  – 어떤 유형의 영역과 개체가 중요한가?

• 크기
  소형(2~25명), 소규모(25~30명), 중형(50~100명), 대형(100명이상)

① Templates(템플릿)

[그림 21] 템플릿 카테고리

ⓐ Office(사무실)

2~25명의 필요한 초소형 사무실, 25~50명까지의 소규모 사무실, 50~100명까지 중형 사무실, 100 이상이 사용할 수 있는 대형 사무실의 템플릿을 사용할 수 있다.

사무실 사이즈	종류
초소형	아늑한 사무실, ㈜오피스, 해적 사무실, 우주정거장, 작은 사무실(어두운, 조명, 목재)
소규모	올핸즈룸, 공원이 있는 골동품 사무실, 팬시 오피스, 산림청, 산림청(가을), 산업 사무실, 모던 오피스, 소규모 사무실(어두운, 조명, 목재), 우주정거장(중), 가구가 없는 사무실
중형	올핸즈룸, 중간 사무실(어두운), 미디엄 오피스(라이트), 중형 사무실(목재)
대형	대형 사무실(어두운, 조명, 목재)

ⓑ Seasonal(계절)

겨울 모임, 가족 모임(크리스마스, 크리스마스 눈), 가족 모임(하누카, 하누카 눈), 가족모임(콴자스, 콴자스 눈), 호박 패치 및 옥수수 미로가 제공된다.

ⓒ Experience(경험할 수 있는 곳)

잊혀진 영역에서의 모험, 식물원, 던전 탈출, 수집 게임, 섬(야간), 미스터리 맨션, 스피드 게더링, 편들기, 테트리스 토너먼트

ⓓ Social(사회)

비치 바, 오픈 마이크 카페(프라이드), 선술식, 선장의 오두막, 성, 커피 샵, 사이버펑크(아파트, 탐정 사무소, 다이브 바), 다이너(중), 식당(소), 가족모임(7월 4일, 캐나다의 날, 코지), 게임룸(개, 중, 소), 온실, 거실, 라운지(대, 중, 소), 신비한 도서관, 해상 바, 야시장, 야외 기조연설, 공원(주간, 야간), 루프탑 파티(7월 4일, 캐나다의 날), 우주 정거장, 스피크이지, 공부하는 곳, 작은 응접실, 작은 섬, 워터프론트(7월 4일, 캐나다의 날, 모임), 겨울 오두막, 젠가든, 가족모임(설날), 가족 모임(NYE 2021)

ⓔ Conference(회의)

기본 회의, 디럭스 컨퍼런스, 이벤트 입장, 독립형 키노트

ⓕ Education(교육)

강당, 교실(대, 소), 휴게실, 학교(중, 소)

ⓖ Blank(공백)

공백(처음부터 시작), 빈 방(중, 소)

ⓗ My Existing Spaces(기존에 내가 만든 공간)

② Select a template or design your own!

템플릿을 선택하거나 직접 디자인 할 수 있도록 해준다.

[그림 22] 템플릿 선택 및 필터 메뉴

ⓐ Start from blank(빈 공간에서 시작)

처음부터 빈 공간에서 시작하거나 Empty Room(Midium : 25~50명 , Small : 2~25명) 선택하여 만들 수 있다.

ⓑ Copy from existing space(기존 공간에서 복사)

기존에 사용자가 제작하였던 공간을 복사하여 사용할 수 있는데 공간의 이름을 다르게 하여 사용 할 것을 권장한다(동일한 이름도 가능함).

ⓒ Filter(사용자 수와 영역 유형에 따른 필터링 검색)

사용자 수와 영역 유형을 선택할 수 있다.

③ 선택된 템플릿 세부 정보

특정한 템플릿을 선택하고 나면 공간에 대한 공간에 대한 세부 정보가 [그림 23]과 같이 제공된다.

[그림 23] 템플릿 세부 정보

ⓐ Space details(공간 세부 정보)

해당 공간에서 제공되는 템플릿의 수와 사용할 수 있는 인원수와 선택된 템플릿에 대한 특징과 활용 방법에 대한 정보를 제공한다. 사용자 수와 영역 유형(실내, 실외, 실내외)을 안내한다.

ⓑ Name your space(공간 이름 지정)

• 공간에 대한 이름을 설정하는 곳으로 이름은 변경할 수 없으며 공간이름이 게더타운 URL의 끝에 나타나게 된다. 공간에 비밀번호를 설정하여 비밀번호를 알고 있는 사용자만 입장이 가능하게 할 수 있다.

- 공간의 이름을 지정해야 하는데 공백이 없어야 하며, 이것은 공간에 대한 URL의 일부가 된다.
- 공간에 암호를 지정하기, Password protect의 Toggle 키를 누르면 녹색으로 바뀐다.

ⓒ What are you building this space for?(무엇을 위하여 이 공간을 만들고 있는가?)

공간을 만드는 이유에 대하여 5가지 중 하나를 반드시 선택하여야 한다.

(Remote Office / Event / Social Experience / Education / Other)

 알아두기

Remote Office를 선택 시, Photo Mode와 Info board 메뉴는 보이지 않는다.

❶ Last Visited

방문한 공간과 생성된 모든 공간을 보여준다.

❿ Create Spaces

자신이 생성한 공간들을 보여준다.

❾ Search

찾고자 하는 공간의 이름을 입력하면 해당 공간을 쉽게 찾을 수 있다.

템플릿(Template)으로 공간 만들기

이제 게더타운의 활동무대인 공간(Space)을 만들어 볼 차례이다.

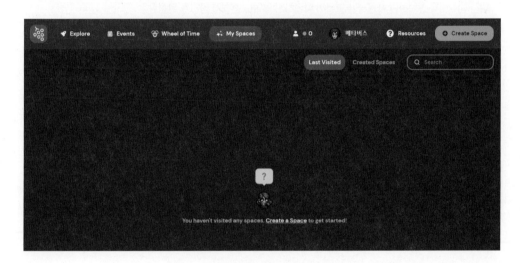

[그림 24] 홈(Home)

현재는 게더타운에서 아무런 활동을 하지 않았기 때문에 캐릭터 설정을 마치고 난 후에는 [그림 24]와 같은 홈 화면에 'You haven't visited any spaces. Create a Space to get started!'라는 메시지만 보일 것이다. 즉 사용자가 아직 어떠한 공간도 방문한 본 경험이 없으니 이제 공간을 만들어 시작해 보라는 메시지이다.

게더타운에서는 공간이 있어야만 사용자들이 아바타를 통해 행사, 회의, 수업 등 다양한 활동이 가능하다. 다른 사람에 의해 초대받는 경우라면 공간을 만들지 않아도 경험이 가능하지만, 사용자 스스로가 운영할 필요가 있다면 공간을 만들어보는 것이 필수이다.

게더타운이 다른 플랫폼에 비해 접근이 용이하고 사용하기 쉬운 편이지만 공간을 처음부터 만드는 것은 어려운 일이다. 하지만 게더타운에서는 이런 걱정할 필요가 없다. 미리 제작된 다양한 공간을 템플릿(Tempalte) 형식으로 제공하고 있기 때문에 사용자는 목적과 상황에 적합한 공간을 선택하는 것만으로도 공간 구성이 가능하다.

 알아두기   템플릿(Tempalte)이란?

판형, 형틀을 의미하는 것으로 무언가를 만들 때 기준이 되는 미리 정의된 형식이나 구조를 의미한다. 파워포인트에서 문서작업을 할 때도 템플릿을 사용하면 사전에 짜여진 보기 좋은 문서양식이 제공되고 여기에 사용자가 내용을 추가하면 문서를 쉽게 작성할 수 있게 된다. 게더타운에서도 공간을 생성할 때 사전에 꾸며진 템플릿을 선택하면 사용자가 일일이 작업하지 않아도 손쉽게 공간을 완성할 수 있다는 장점이 있다.

공간(Space)을 만드는 단계는 다음과 같다.

① [그림 25]의 홈 화면 우측 상단의 Create Space를 클릭한다.

[그림 25] Create Space 클릭

② 팝업창이 나타나고 미니맵으로 표현되는 세 개의 그룹이 [그림 26] 처럼 보인다. 이 그룹들은 용도에 따라 다음과 같이 구분된다.

- Remote office : 원격근무를 위한 작업공간으로 팀원들과 연결하고 협업을 할 수 있는 공간을 생성
- Team social : 팀원들과 함께 게임과 소셜 활동을 진행할 수 있는 공간을 생성
- Conference : 부스가(Booth) 필요한 직업박람회, 무역박람회 및 회의 또는 쇼케이스 등에 적합한 공간을 생성

이와 같은 그룹은 선택에 따라 공간을 만드는 과정과 설정이 달라지는데 게더타운의 사용이 익숙지 않은 초보자의 경우에는 그룹을 선택하기보다는 바로 템플릿을 선택하는 방법이 훨씬 편리하다.

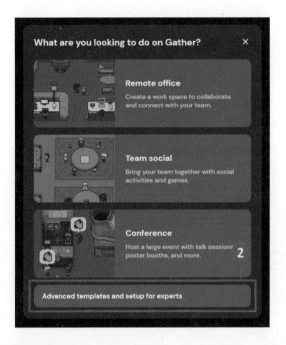

[그림 26] Advanced templates and setup for experts 클릭

일반적으로 새로 공간을 만들기 위해서는 [그림 26]의 ❷ Advanced templates and setup for experts 버튼을 선택하면 된다. 이 버튼을 클릭한다.

③ 게더타운에서 제공하는 미리 만들어진 템플릿(Templates) 화면이 나타나고 좌측에는 템플릿의 카테고리가 나열되어 있다. 각 카테고리는 다음과 같은 용도에 맞게 구분되어 있다.

- Office : 사무실
- Seasonal : 가을, 겨울 등 계절
- Experience : 모험, 게임
- Social : 카페, 라운지, 도서관, 공원 등 모임 장소

- Education : 학교, 강당, 교실 등 교육 관련

- Conference : 회의, 이벤트, 프레젠테이션

- Blank : 비어있는 공간

- My Existing Spaces : 자신이 만든 공간들

카테고리를 누르거나 스크롤을 내려서 원하는 템플릿을 찾아볼 수 있다. 각 카테고리 옆에 적힌 숫자들은 카테고리에 포함된 템플릿의 개수이다.

여기서 [그림 27] ❸ Education 카테고리를 선택한다.

[그림 27] Education 카테고리

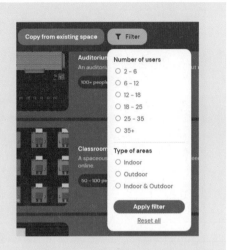
④ 화면에 Education에 속한 템플릿들이 나열된다. 템플릿을 살펴보면 템플릿의 이름
과 간단한 설명이 포함되어 있고 다음과 같은 항목들을 볼 수 있다.

- 2 – 25 people / 25 – 50 people / 50 – 100 people / 100+ people

  수용할 수 있는 인원을 나타낸다. 만약 100+ people라면 100명 이상을 수용할
  수 있다는 뜻이다. 무료로 제공되는 공간은 25명까지 수용할 수 있다는 점에 유
  의하자. 25명을 초과할 수는 있지만 공간의 안정성과 성능이 저하 될수도 있다.

- Indoor areas / Outdoor areas

  Indoor areas는 사무실과 같이 건물 내부의 실내 공간으로 이뤄져 있다는 의미
  이다. Outdoor areas는 정원, 하천, 도로 등 외부 시설로 구성된 공간을 뜻한다.
  Indoor & Outdoor areas는 실내와 실외 모두 갖춰진 공간이라고 보면 된다.

처음부터 큰 공간은 복잡해 보일 수 있기 때문에 너무 넓지 않은 아담한 규모의 템
플릿 중에서 Classroom(Small)을 찾아보자. 25명까지 수용가능하며 실내로만 이뤄
진 공간임을 알 수 있다. 우리는 이 템플릿으로 생성한 공간을 이후의 과정에서도
당분간 사용하게 될 것이다.

[그림 29]와 같이 Classroom(Small)을 클릭한다.

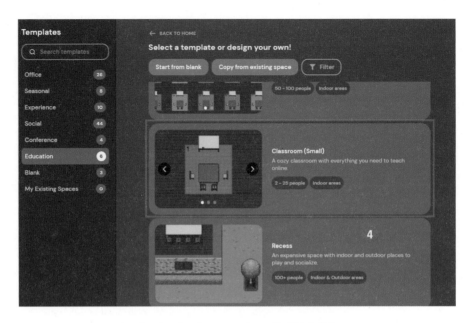

[그림 29] Classroom(Small) 템플릿 선택

⑤ 템플릿을 선택하게 되면 화면에 우측에 공간에 대한 정보를 입력하고 생성할 수 있
는 창이 [그림 30]과 같이 나타난다.

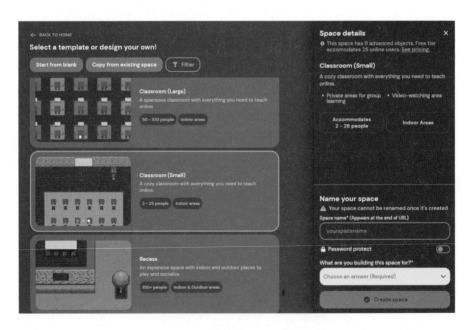

[그림 30] 공간(Space) 상세 정보 화면

[그림 30] 오른쪽 상단에는 공간에 대한 간단한 기본 정보들이 들어있으며 하단의 입력란과 선택 등 설정을 마쳐야 방이 생성된다.

Name your space라고 적힌 입력란에 공간의 이름을 [그림 31]과 같이 입력할 수 있다. 여기서 주의할 점은 공간이 생성되면 그 이후에는 공간의 이름을 변경할 수 없다는 것이다. 물론 원하는 이름으로 공간을 새로 만들면 되지만 번거로운 작업을 피하려면 처음부터 적합한 이름을 부여하는 것이 좋다.

단, 게더타운에서 한글은 공간의 이름으로 사용할 수 없게 되있기 때문에 한글을 입력하면 붉은색의 에러 메시지가 나타난다. 따라서 영문 또는 숫자 및 이들을 혼용한 텍스트로 공간의 이름을 입력해야 한다.

공간에 어울리는 이름이 정해졌다면 입력란에 입력한다.

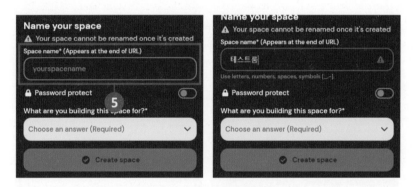

[그림 31] 공간 이름(Space name) 입력과 한글 입력오류

⑥ 공간을 만들 때 누구에게나, 즉 전체 공개할 것이 아니라면 이 단계는 생략해도 된다. 하지만 나의 공간에 약속된 사람들만 초대할 경우에는 비밀번호를 [그림 32]와 같이 지정해야 한다. 비밀번호를 잊어버리지 않도록 주의하자. 패스워드를 지정하기 위해 Password protect의 버튼을 클릭해 활성화하고 입력란에 비밀번호를 입력한다.

[그림 32] 비밀번호 활성화 후 입력

⑦ 그 다음 공간의 목적(또는 용도)을 리스트 중에서 선택해야 한다. 사실 무엇을 선택
해도 상관은 없지만, 아무것도 선택하지 않으면 공간을 만들 수 없다.

우리가 선택한 템플릿이 Class Room이므로 목적도 이에 부합할 수 있도록
Education을 선택하자.

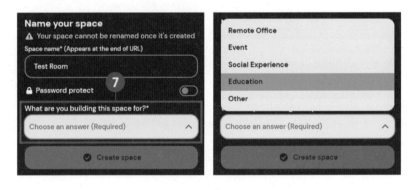

[그림 33] 공간의 용도 선택

⑧ [그림 34] 하단의 Create space 버튼이 밝게 활성화되었다면 클릭해서 공간을 생성
해보자.

[그림 34] Create space로 공간 생성

⑨ [그림 35]의 화면이 나타났다면 공간이 생성된 것이다. 하지만 아직 공간에 입장하
기 위한 설정이 남아있으므로 이 부분은 다음 과정에서 살펴보기로 하자.

[그림 35] 공간 생성 직후 화면

한국어로 번역해서 보기

게더타운을 소개하는 홈페이지(https://www.gather.town/)에서는 한글언어를 선택해서 볼 수 있다. 하지만 게더타운에 로그인해서 서비스가 시작되는 곳(https://app.gather.town/app)에서 부터는 영어로 화면에 나온다. 아직 게더타운에서는 한국어를 공식지원하지 않기 때문이다.

어려운 수준의 영어는 아니지만 익숙치 않거나 어려움을 느끼는 사용자들도 분명히 존재한다. 그리고 이런 언어적 지원의 제한이 게더타운에 대한 사용자의 접근성을 떨어뜨리는 요소가 될 수도 있을 것이다.

하지만 한글화가 아예 불가능한 것은 아니다. 비록 게더타운 자체의 공식적인 지원은 아니지만 브라우저의 번역기능을 사용하면 매끄럽지는 않아도 내용을 충분히 이해할 수 있는 수준으로 번역이 된다.

[그림 36, 37]과 같이 같이 따라 해보자. 설명은 크롬 브라우저를 기준으로 한다. 번역하려는 페이지의 임의의 지점에 마우스 오른쪽 버튼을 클릭하면 컨텍스트 메뉴(Context menu)가 나타난다. 이때 컨텍스트 메뉴에서 '한국어(으)로 번역'을 선택하면 내용이 한국어로 내용이 갱신되는 것을 볼 수 있다.

 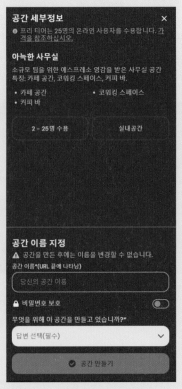

[그림 36] 번역기능 사용 전 　　　　 [그림 37] 번역기능 사용 후

Join the Gathering 2
입장 준비! – 캐릭터와 카메라/마이크 설정

현재 공간은 만들어졌지만 들어가기 전에 입장을 위한 사전점검이 남아있다. 캐릭터를 다시 꾸밀 필요는 없는지 그리고 카메라와 마이크는 정상적으로 작동하는지 등을 확인하고 나서 공간에 들어갈 수 있도록 잠시 머무는 준비단계라고 볼 수 있다.

① 이전의 Create space 과정을 거쳤다면 크롬 브라우저에서는 [그림 38]과 같이 권한을 브라우저에서 사용자에게 요청하게 된다. 하지만 이전에 권한 요청을 허용한 적이 있다면 나타나지 않을 수도 있다.

[그림 38] 마이크 및 카메라 권한 요청(크롬 브라우저)

권한 요청이 나타난다면 마이크와 카메라를 사용하기 위해 허용을 클릭한다.

권한 요청 메시지

브라우저의 권한 요청을 차단하게 될 경우 [그림 39]와 같은 요청 메시지가 뜨는데 다른 사람이 사용자의 말을 들을 수 있도록 브라우저의 설정에서 게더(Gather)의 요청을 허락해 달라는 의미이다. 만약 마이크나 카메라 없이 사용하겠다면 'x'를 눌러 무시해도 된다.

> ! Gather needs your permission to access your camera   ×
> and microphone so others can see and hear you. Please
> go to your browser's settings to grant Gather access.

[그림 39] 게더(Gather)의 마이크 권한 허용 요청 메시지

마이크와 카메라가 없는 경우에는 [그림 40]과 같이 카메라가 연결되지 않았으니 연결하라는 요청 메시지가 뜨며 카메라가 필요 없다면 역시 'x'를 누르면 된다.

> ! Looks like you disconnected your camera. Reconnect it   ×
> so others can see you.

[그림 40] 마이크 및 카메라 연결 요청 메시지

위와 반대로 차단을 눌렀다면 다음부터는 권한요청을 물어보지 않는다. 만약 실수로 차단을 눌렀거나 지금은 아니지만 추후에 허용을 하려면 어떻게 해야 될까?
아래의 절차를 따르면 된다.

1) 크롬 브라우저의 오른쪽 상단에서 '더보기(⋮)' 선택
2) '더보기' 메뉴에서 '설정' 선택
3) 왼쪽 메뉴에서 '개인정보 및 보안 ' > '사이트 설정' 선택
4) '권한' 항목에서 '카메라(또는 마이크)' 선택
5) '기본동작' 항목의 '사이트에서 카메라(또는 마이크) 사용을 요청할 수 있음'으로 선택

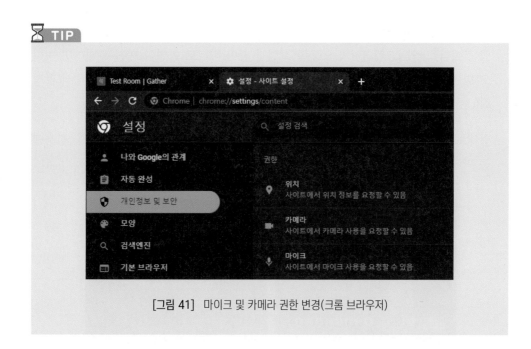

[그림 41] 마이크 및 카메라 권한 변경(크롬 브라우저)

② 브라우저의 권한 요청과 더불어 화면에는 Welcome OOOO!라는 메시지와 함께 자신의 캐릭터 그리고 현재 사용되고 있는 카메라와 마이크의 구성을 [그림 42]와 같이 확인할 수 있다.

[그림 42] 현재의 캐릭터와 마이크 및 카메라 구성확인

여기서 캐릭터의 이름과 외모를 변경하고 싶다면 Edit Character를 누르면 된다.

카메라와 마이크가 정상적으로 동작한다면 카메라에 자기 모습이 [그림 43] 처럼 보일 것이다. 만약 [그림 43]의 오른쪽 그림과 같이 비디오 화면이 꺼진 상태라면 비디오 화면 좌측 하단의 붉은 색의 카메라와 마이크 아이콘을 마우스로 클릭해서 활성화(on) 하도록 하자.

반대로 상황에 따라 의도적으로 자신의 목소리나 모습을 감출 필요가 있을 경우에는 마이크와 카메라 아이콘을 비활성화(off) 할 수도 있다.

[그림 43] 마이크 및 카메라 on/off 전환

그리고 카메라에 잡힌 본인의 모습과 함께 목소리를 내서 하단의 볼륨게이지가 변하는지 확인한다. 만약 볼륨의 변화가 없다면 마이크 목록에서 다른 장치를 선택하거나 마이크에 이상이 없는지 점검해야 한다.

③ 모든 준비를 마쳤다면 [그림 44] 처럼 Join the Gathering을 누른다.

[그림 44] Join the Gathering 버튼 클릭

④ [그림 45]와 같은 화면이 나오게 되는데 사용자가 선택한 실제 공간이 아니라 사용
자에 대한 사용법 안내 페이지, 즉 튜토리얼(Tutorial) 화면이 등장하는데 내용을 살
펴보거나 Skip(건너뛰기)을 할 수 있다.

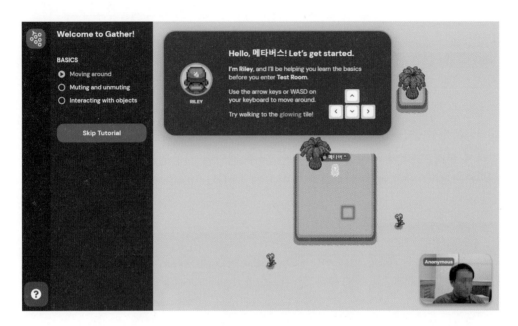

[그림 45] 공간보다 먼저 등장하는 Tutorial 화면

튜토리얼(Tutorial) - 기본 사용법 따라하기

게더타운에서 공간을 만들고 처음 입장하게 되면 튜토리얼 화면을 [그림 46]과 같이 제공하게 된다. 게더타운 사용에 필수적인 아주 간단한 사용법을 알려주는 내용이라고 생각하면 된다. 다음과 같은 내용들을 알려주고 있으니 따라 해 보도록 하자.

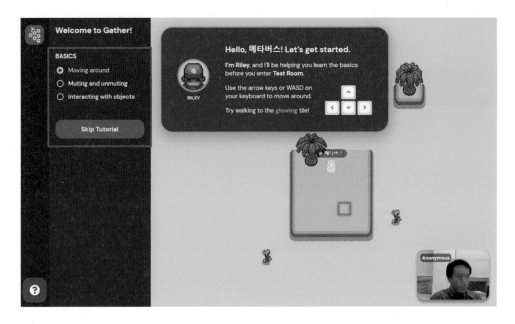

[그림 46] 튜토리얼 화면 따라하기

■ Moving around

첫 번째로 게더타운에서 아바타를 돌아다니게 하기 위한 키 조작에 대한 설명이다. 한눈에 봐도 방향키를 사용한다는 것을 알 수 있다. 더불어 W, A, S, D 키를 동일하게 사용할 수 있다.

키	기능	설명
W 또는 ↑	위쪽 이동	아바타를 위로 이동시킴
S 또는 ↓	아래쪽 이동	아바타를 아래쪽으로 이동시킴
A 또는 ←	왼쪽 이동	아바타를 왼쪽으로 이동시킴
D 또는 →	오른쪽 이동	아바타를 오른쪽으로 이동시킴

섬에 있는 자신의 아바타를 방향키 또는 W, S, A, D 키로 이동하여 테두리가 파란 사각형 옆에 위치 하도록 하면 자동으로 Muting and unmuting 항목으로 넘어간다.

[그림 47] 아바타 이동 키조작 설명

■ Muting and unmuting

이전에 설명했던 공간에 입장하기 전의 캐릭터와 마이크 및 카메라 구성확인 방법과 동일하다. [그림 48] 처럼 마이크 아이콘을 눌러 음을 소거했다가 다시 한 번 눌러 음 소거를 해제하면 자동으로 Interacting with objects 항목으로 넘어간다.

[그림 48] 마이크 음소거/음소거 해제 설명

▪ Interacting with objects

오브젝트, 즉 공간 위에 배치되는 가구와 같은 사물에 대한 상호작용에 대한 설명이다. 오브젝트 중에서는 단순히 시각적인 배치 요소가 아닌 특정 기능을 수행하는 오브젝트들이 있다. 가령 어떤 오브젝트와 상호작용(쉽게 말해서 오브젝트가 제공하는 기능에 접근하기 위해 사용자가 시도하는 행위)하게 되면 영상을 보여주거나 웹페이지를 띄워 줄 수도 있는데 이럴 경우 사용하는 키에 대한 설명이다.

키	기능	설명
X	상호작용	동영상 재생, 웹페이지 연결, 협업도구 연결 등의 기능 사용

그런 기능을 가진 오브젝트들은 주위에 다가갔을 때 노란색으로 테두리가 빛나게 되는데 이때 X키를 누르면 된다.

 **알아두기** **오브젝트**

사물 또는 객체라는 의미로 게더타운에서는 공간에 놓여진 의자, 책상, TV 등과 같은 물건에 해당한다.

[그림 49] 오브젝트의 기능에 접근하기 위한 키

꼭 순서대로 할 필요는 없다. 원하는 항목을 먼저 선택해서 동작을 익혀도 무방하다. 튜토리얼의 진행을 모두 마쳤거나 볼 필요 없다면 이제 Skip Tutorial을 눌러 자신이 생성한 공간으로 들어가보도록 하자.

[그림 50]과 같이 공간으로 접속 중임을 알리는 Connecting 문구가 보이고 잠시 후 입장하게 된다. 일반적인 통신상태를 유지하고 있다면 대기시간은 몇 초에 불과하다.

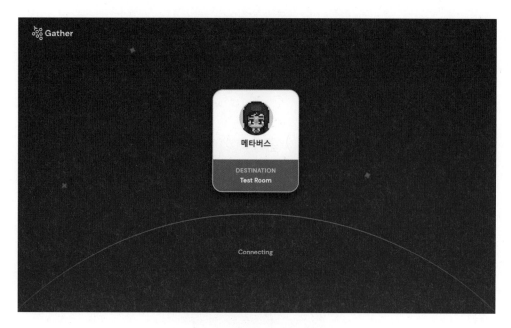

[그림 50] 공간으로 접속중인 화면

공간 출입과 공간 삭제하기

정상적으로 입장하게 되면 [그림 51]과 같이 Classroom(Small) 템플릿으로 만든 공간(Space)이 화면에 나타난다. 사용자가 만든 공간은 자유롭게 들어가거나 빠져나올 수 있다. 또한 불필요할 경우 공간을 삭제할 수도 있는데 그 방법에 대해 알아보기로 한다.

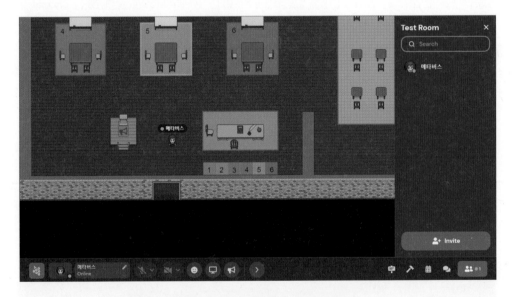

[그림 51] 공간(Space) 입장 후 화면

일반적으로 공간(Space)에 들어가거나 나갈 때는 게더타운의 Home(https://app.gather.town/app)을 이용한다. 물론 공간에 부여된 URL을 사용해 직접 들어갈 수도 있고 나올 때는 브라우저를 단순히 닫거나 Sign out 하는 방식으로 나올 수도 있지만 단순한 참여자가 아닌 게더타운을 관리하고 운영하는 입장에서는 Home을 통한 출입 방법을 알아둘 필요가 있다.

■ 공간(Space)에서 나가기

아직 공간(Space)에 있는 다양한 메뉴들에 대해 배우지 않았지만, Home으로 가는 방법은 아주 간단하다. 공간 하단에 있는 메뉴와 버튼 중에 좌측 맨 끝에 있는 포도모양의 로고를 누르면 메뉴들이 나타난다. 여기서 [그림 52]의 맨 위에 있는 Home 버튼을 누르면 공간에서 나가게 되며 곧바로 Home(https://app.gather.town/app)으로 이동하게 된다.

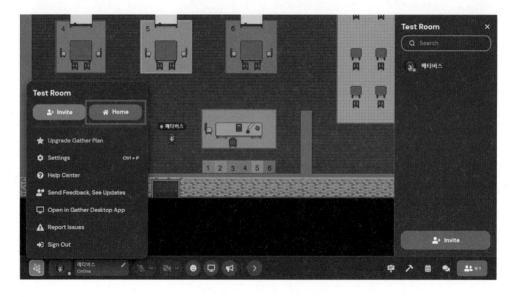

[그림 52] Home 버튼 선택

Home으로 이동한 [그림 53]의 화면을 자세히 살펴보면 이전에 공간(Space)을 만들기 위해 상단의 Create Space를 눌렀던 바로 그 웹페이지임을 알 수 있다. 단지 차이가 있다면 처음에는 공간을 만들기 전이었기 때문에 Home이 텅 비어 있었지만, 지금은 공간을 생성한 후에 나왔기 Test Room이라는 공간이 Home에 존재한다는 점이다.

[그림 53] Home 화면으로 이동

■ 공간(Space)에 들어가기

Home에서 공간에 들어가는 방법은 간단한데, Home 상단에는 자신이 방문했던 공간 또는 자신이 만든 공간의 목록을 정렬해서 볼 수 있는 버튼이 있다.

- Last Visited : 방문했던 공간의 목록
- Created Spaces : 생성한 공간의 목록

[그림 54] Last Visited와 Create Spaces

[그림 54]의 Last Visited와 Created Spaces 목록 중에서 원하는 공간(Space)을 선택하면 해당 공간으로 입장할 수 있다.

생성한 공간이 마음에 들지 않거나 기존에 만들었던 공간들이 불필요하게 되었을 때 Home에서 공간을 삭제하기 위해서는 다음과 같은 방법을 사용한다.

① 삭제하려는 공간 아래에 있는 점 세 개(:) 모양의 버튼을 눌러 나오는 메뉴 중에서 Manage Space를 [그림 55] 처럼 선택한다.

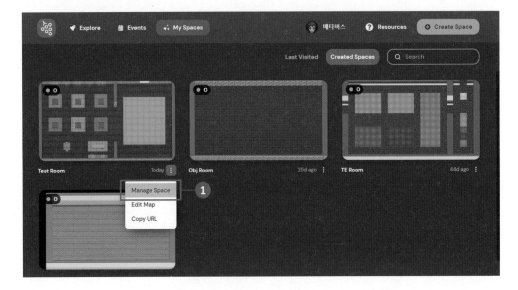

[그림 55] Manage Space 선택

② [그림 56]의 Space dashboard 화면으로 이동하게 되는데 여기서 화면의 좌측 메뉴 하단에 있는 Shut Down or Delete를 선택한다.

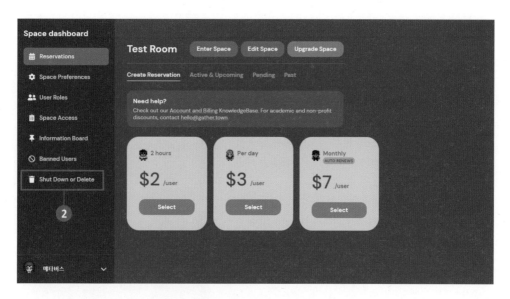

[그림 56] Shut Down or Delete 선택

③ [그림 57]의 DANGER 항목에 있는 Delete Space 버튼을 누르게 되면 공간이 삭제
된다. 참고로 그 위에 있는 SHUT DOWN 항목의 Shut Down 버튼을 누르면 공간
을 일시적으로 사용할 수 없게 만든다.

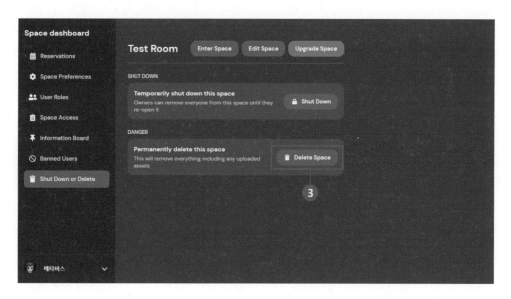

[그림 57] Delete Space 선택

공간(Space)에 입장한 상태에서 공간 삭제하기

공간을 삭제하기 위해서는 Space dashboard 화
면으로 이동해야 한다. 공간에 들어와 있는 상태에서
도 Space dashboard로 이동할 수 있는데 화면 하
단의 포도 모양의 버튼을 눌러 나오는 메뉴 중에서
[그림 58]의 Upgrade Gather Plan을 누르면
Space dashboard로 갈 수 있다.

이후 부터는 위의 방법과 동일하게 Shut Down or
Delete 메뉴에서 DANGER 항목의 Delete Space
버튼을 누르면 된다.

[그림 58] Upgrade Gather Plan

PART 3

게더타운으로
소통하고 활동하기

CHAPTER 6

게더타운 메뉴

Section 1
컨트롤 메뉴

게더타운의 컨트롤 메뉴는 공간을 만들려는 이유(공간의 성격 및 용도 등)에 따라 보여지는 메뉴의 일부가 다를 수 있다.

[그림 1] 게더타운의 컨트롤 메뉴

Ⓐ Main menu
Ⓑ Video
Ⓒ Personal menu
Ⓓ Microphone
Ⓔ Camera
Ⓕ Emotes

Ⓖ Screen share
Ⓗ Self spotlight
Ⓘ Minimap
Ⓙ Photo Mode
Ⓚ See less

알아두기

❶ Minimap의 경우 버전 업데이트 및 정책에 따라 보이지 않을 수 있으니 참고하기 바란다.

Ⓐ 포도송이(Main menu)

공간 안에 있는 동안 도구 모음 왼쪽에 있는 주 메뉴(로고 아이콘)를 선택하고 수집 계획 업그레이드 또는 공간 관리를 선택할 수 있다. [그림 2]의 좌측은 공간을 만든 개설자의 메인 메뉴이고 우측은 초청된 참여자의 메인 메뉴이다. 개설자의 경우 Invite와 Upgrade Gather Plan 메뉴가 추가된 것을 알 수 있다.

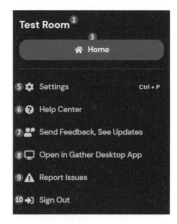

❶ Space name   ❻ Help Center

❷ Invite   ❼ Send Feedback, See Updates

❸ Home   ❽ Open in Gather Desktop App

❹ Upgrade Gather Plan   ❾ Report Issues

❺ Settings   ❿ Sign Out

[그림 2]   Main menu

 알아두기

⑦ Send Feedback, See Updates는 버전 업데이트 및 정책에 따라 보이지 않을 수 있으니 참고하기 바란다.

❶ Space name

사용자가 공간 개설시 설정한 공간의 이름이 나타나게 된다('예 : Test Room').

❷ Invite

공간에 함께 할 사람을 초대하기 위해 URL 복사 및 붙여넣기, 고유한 링크 생성 및 복사, Gather를 통해 링크를 이메일로 보내는 등 세 가지 방법으로 스페이스 에 손님을 초대할 수 있다.

초대 링크는 만료(1개월, 7일, 1일, 12시간, 6시간, 1시간) 되는 기간이나 시간을 선택한 후, email을 보내는 방법과 초대 주소(URL)를 복사 하여 SNS나 문자

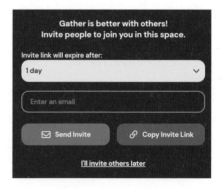

[그림 3]   Invite 화면

에 붙여넣기로 초대할 수 있다. 초대하는 사람은 Gather 계정이 있어야 하며 초대 되는 Guest는 계정이 없어도 가능하다.

회원으로 초대하는 경우 이메일을 통해 또는 스페이스에 대한 링크를 복사하여 초대장을 보낼 수 있다. 초대 링크는 30일 후에 자동으로 만료되며 회원은 Gather 계정이 있어야 한다. Guest로 초대하는 경우, 만료되는 기간(1개월, 7일, 1일)이나 시간(12시간, 6시간, 1시간)을 [그림 4]와 같이 설정할 수 있다.

[그림 4] 초대 링크 만료 기간설정

❸ Home

게더타운 홈페이지가 아니라 https://app.gather.town/app의 자신의 공간(Space) 목록화면으로 이동한다.

❹ Upgrade Gather Plan

현재 공간에 대한 Space dashboard 설정 화면이 [그림 5]와 같이 나온다. 공간(Space)의 환경 설정이나 유료버전으로 업그레이드할 수 있다.

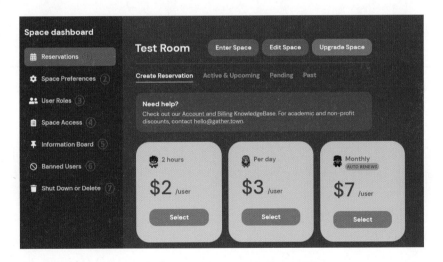

[그림 5] Space dashboard 설정 화면

① Reservations   ③ User Roles   ⑤ Information Board   ⑦ Shut Down or Delete
② Space Preferences   ④ Space Access   ⑥ Banned Users

① Reservations(예약)

Create Reservation(예약 방법)

- 예약 생성은 세 가지 유형을 제공하는데 2시간(사용자당 2$), 하루(사용자당 3$), 월(사용자당 7$)의 비용이 [그림 6]과 같이 요구된다.
- 예약 형태의 종류를 선택하면 계산기가 열리고 동적으로 비용을 산정하게 되는데 공간용량, 시작/종료 날짜 및 시간(기본값 : 컴퓨터시간), 할인 및 비용 절감 등이 자동으로 반영된다.
- 학술 및 비영리 할인에 대해서는 hello@gather.town으로 문의해 달라는 메시지가 보인다.

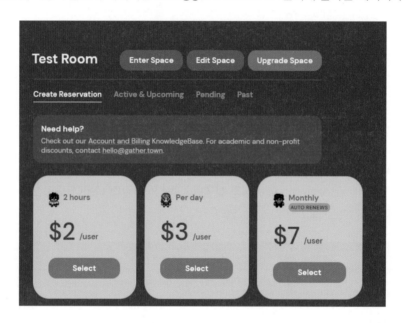

[그림 6] Create Reservation 화면

- Active & Upcoming, Pending, Past에서 최대 수용 인원보다 많은 사용자가 있으면 수집 안정성을 보장할 수 없다는 메시지가 보인다.

② Space Preferences(공간 기본 설정)

일반 설정에서는 달력(캘린더와 동기화), 채팅 기록 보존, 베타 기능을 관리하며, 기능 제한에서는 글로벌 빌드, 채팅 비활성화(프리미엄 기능), 화면 공유 비활성화 (프리미엄 기능)에 대한 설정을 [그림 기과 같이 할 수 있다.

[그림 7] Space Preferences 화면

③ User Roles(사용자 역할)

공간에 대한 사용자 역할을 할당(Admin, Builder, Mod)할 수 있으며 공간에 대한 역할 관리를 설정할 수 있다. 역할 관리에서 공간에 대한 역할을 추가 또는 삭제할 수 있다. 기본적으로 스페이스를 생성하면 관리자가 되며 사용할 수 있는 모든 권한과 역할도 자동으로 할당된다.

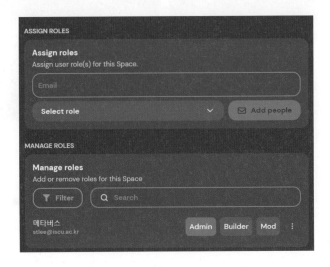

[그림 8] User Roles 설정 화면

- Admin : 관리자는 공간을 완전히 제어할 수 있다(즉, 모든 공간 설정 및 맵메이커에 액세스할 수 있음). 모든 사용자 역할을 할당할 수 있다.
- Builder : 빌더는 공간 내 빌드 도구와 맵메이커를 통해 공간 지도를 수정할 수 있다. (여러 빌더가 같은 맵에서 동시에 작업하면 안 되며 여러 빌더가 공간을 편집하는 경우 저장을 클릭하면 다른 빌더가 저장하지 않은 편집 내용이 손실된다.)
- Mod : 중재자(Mod)는 공간 설정의 공간 기본 설정 및 공간 접근 탭에 있는 모든 제어 권한을 가지며 다른 중재자, 빌더 및 구성원을 추가하거나 제거할 수도 있다.

④ Space Access(공간 접근에 대한 제한)

비밀번호, 게스트 목록 또는 도메인별로 공간에 대한 액세스를 제한하는 방법을 [그림 9]와 같이 제시한다.

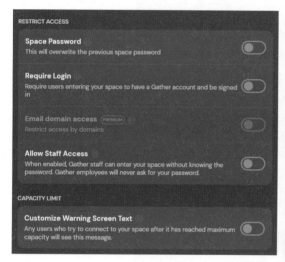
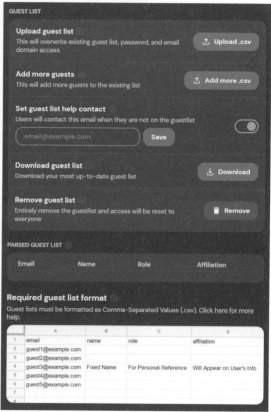

[그림 9] Space Access 화면

- RESTRICT ACCESS(엑세스 제한)
ⓐ 스페이스 비밀번호 : 불청객을 방지하기 위해 비밀번호로 간편하게 스페이스를 보호할 수 있다. 활성화된 상태에서 스페이스 암호를 입력한다.
ⓑ 로그인 필요 : Gather 계정을 가지고 로그인해야 한다.
ⓒ 이메일 도메인 엑세스(프리미엄) : 도메인별 액세스 제한할 수 있다.
ⓓ 직원 엑세스 허용 : 활성화 시 비밀번호를 몰라도 액세스 권한을 제공한다.

- CAPACITY LIMIT(용량 제한)
ⓔ 경고 화면 텍스트 사용자 정의 : 활성화 시, 최대 용량에 도달한 후 공간에 연결을 시도하는 모든 사용자에게 이 메시지가 표시된다.

- GUEST LIST(게스트 리스트)
ⓕ 게스트 목록 업로드 : .csv 게스트 목록 파일을 찾아 컴퓨터의 파일 탐색기에서 열기를 선택한다.
ⓖ 참석자 추가
ⓗ 참석자 목록 도움말 연락처 생성
ⓘ 게스트 목록 다운로드
ⓙ 참석자 목록 삭제
ⓚ PARSED GUEST LIST(액세스 전용 게스트 목록)
  - A열 : 이메일(자신의 이메일(필수)을 추가해야 한다.)
  - B열 : 이름(선택 사항, Gather에서 게스트의 이름을 설정한다.)
  - C열 : 역할(선택사항, 공간에서 개인의 역할을 설명하기 위해 필요하며, 이 필드는 내부 용도로만 사용되며 공간에서 사용자 역할을 실제로 할당하지 않는다.)
  - D열 : 소속(선택 사항, 참가자 목록에서 사용할 수 있는 사용자 정보 카드의 사람 이름 아래에 정보를 표시한다.)
ⓛ Required guest list format(참석자 필수 목록 형식)
  (게스트 목록은 쉼표로 구분된 값(.csv) 형식이어야 한다.

⑤ Information Board(정보 게시판)
이벤트를 위해 생성된 스페이스에는 정보 게시판 기능이 [그림 10]과 같이 있는데 스페이스에 고정된 메시지를 게시할 수 있을 뿐만 아니라 스페이스에 있는 모든 사람에게 실시간 공지를 할 수 있다. 관리자와 중재자는 정보 게시판에 표시되는 게시물과 공지사항을 관리할 수 있다. 공간의 참석자는 도구 모음에서 정보 게시판을 선택하여 고정된 모든 메시지와 최근 공지를 볼 수 있다.

[그림 10] Information Board 화면

- Post message : 메시지 필드에 텍스트를 입력하고 게시(Post)를 선택하여 고정된 메시지를 [그림 11]과 같이 추가한다.

[그림 11] Post message 화면

메시지 필드에서 형식 메시지(마크다운 구문)를 적용할 수 있다.

마크다운 구문	메시지 표기
서울사이버대학교	서울사이버대학교
서울사이버대학교	*서울사이버대학교*
-(하이픈) + 공백	◦ (글머리 기호 목록)
링크된 웹 사이트	[서울사이버대학교](http://www.iscu.ac.kr)
연결된 이메일 주소	[이메일 주소](mailto:stlee@iscu.ac.kr)

⑥ Banned Users(사용자 금지)

공간의 관리자 또는 소유자만이 다른 사용자를 [그림 12]와 같이 차단이나 해제할 수 있다. IP Address Or User ID에서 개인별 차단 해제를 할 수 있으며, Unban all user에서 전체 차단된 사용자를 한꺼번에 해제할 수도 있다.

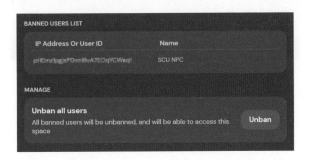

[그림 12] Banned Users 화면

⑦ Shut Down or Delete(종료 또는 삭제)

스페이스를 일시적으로 종료(소유자가 공간을 열 때까지 이 공간에 있는 사람들은 제거가 된다.) 하거나 영구적으로 삭제할 수 있다.

[그림 13] Shut Down or Delete 화면

공간 삭제시 경고문구가 뜨는데, 영구적으로 삭제할 것인가에 대한 물음과 업로드된 모든 항목이 제거된다는 메시지가 [그림 14]와 같이 안내된다.

[그림 14] 공간 삭제 경고창

❺ Settings(Ctrl + P)

게더타운의 사용자 및 공간을 설정할 수 있는 메뉴를 [그림 15]와 같이 열 수 있다.

[그림 15] Setting - User 메뉴

❺-1 User(사용자 설정) 탭

유저 환경 설정 중, 사용자에 대한 환경을 설정을 할 수 있다.

① Audio / Video

호스트, 게스트, 방문자 및 사용자 역할과 관계없이 게더타운 공간 내에서 현재 온라인 상태인 모든 사람에 대한 오디오(스피커) 및 비디오 설정(카메라), 마이크를 [그림 16, 17, 18]과 같이 설정 할 수 있다.

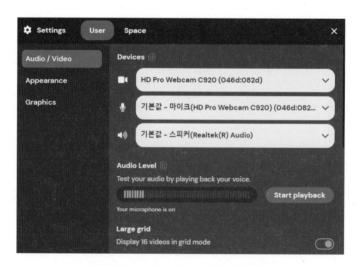

[그림 16] User - Audio/Video 설정 화면 ①

ⓐ Devices(기기설정)는 카메라/마이크/스피커 등 연결 기기를 확인하거나 변경할 수 있다.

ⓑ Audio Level(오디오 레벨)의 재생을 선택하여 마이크를 테스트를 할 수 있다. Start play-back을 클릭하여 확인하고, Stop playback을 클릭하여 종료한다.

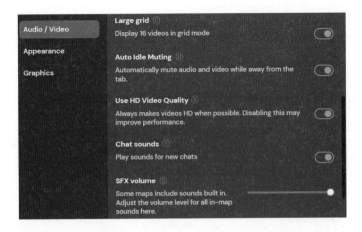

[그림 17] User - Audio/Video 설정 화면 ②

ⓒ Large grid(그리드 모드 화면 설정)의 기능을 활성화하면 그리드 모드에서 한꺼번에 16 개의 비디오 화면을 볼 수 있게 된다.

ⓓ Auto Idle Muting(자동으로 비디오/카메라 끄기)는 크롬에서 게더타운을 실행했을 때, 사용자가 크롬의 다른 탭으로 이동하면 비디오와 카메라를 자동으로 끄는 기능이다.

ⓔ Use HD Video Quality(HD 비디오 품질 설정)는 비디오 품질을 설정할 수 있다.

ⓕ Chat Sounds(채팅 사운드)는 채팅의 알림을 켜고 끌 수 있다.

ⓖ SFX volume(특정 소리 조정)은 특정 소리가 포함된 맵의 전체 소리를 조절 할 수 있다.

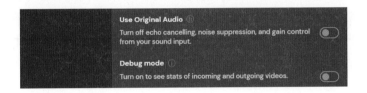

[그림 18] User - Audio/Video 설정 화면 ③

ⓗ Use Original Audio(원본 오디오 사용)는 Gather가 에코를 줄이고 배경소음을 억제할 수 있도록 기본적으로 원본 오디오는 꺼져 있으며 원본 오디오를 활성화하여 오디오를 완전히 제어할 수 있으므로 성능도 향상될 수 있다.

ⓘ Debug mode(비디오 수신/발신 통계 수치)는 기본적으로 디버그 모드가 꺼져 있는데, 수신/발신 오디오 및 비디오에 대한 정보를 보려면 이 모드를 켜면 된다.

② Appearance(모습)

게더타운의 베타버전, 맵 확대/축소, 아바타의 움직임 감소하기, 이름 레이블 크기 등을 [그림 19, 20]과 같이 설정할 수 있다.

[그림 19] User - Appearance 설정 화면 ①

ⓐ Beta feature(베타 기능 적용)는 개발 및 테스트 중인 기능을 경험하고자 하는 경우에 사용하는 기능이다.

ⓑ Use Smart Zoom(화면 비율 조정)은 게더타운 공간의 보기를 자동으로 조정하여 최상의 보기를 제공한다. 스마트 줌을 비활성화하여 스페이스를 수동으로 확대(최대 400%) 또는 축소(25%)할 수 있다. Reduce motion(움직임 줄이기)은 화면에 표시되는 애니메이션의 양을 제한하려 할 때 사용하는 기능이다. Name label size(이름 레이블 크기)는 기본적으로 이름 레이블 크기는 12픽셀로 설정된다. 슬라이더를 끌거나 슬라이더에 지정된 글꼴 크기 중 하나를 선택하여 글꼴 크기를 수동으로 조정할 수 있다.

ⓒ Manual Map Zoom(수동으로 화면 축소/확대)은 사용자가 수동으로 화면을 축소/확대할 수 있는 기능이다. 지도 확대/축소를 직접 설정하기, 더 큰 확대/축소를 사용하면 성능이 향상될 수 있으며 디스플레이에 보기 좋게 표시되는 몇 가지 확대/축소 수준을 표시, 권장 줌은 250%이다.

ⓓ Reduce motion(아바타 움직임 감소 시키기)은 화면에 표시되는 애니메이션의 양을 제한한다.

ⓔ Name label size(이름 레이블 크기)는 이름의 레이블 크기를 조절할 수 있다.

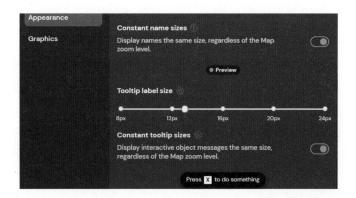

[그림 20] User - Appearance 설정 화면 ②

ⓕ Constant name sizes(상수 이름 크기)는 기본적으로 지속적인 이름 크기가 켜져 있으므로 지도 확대/축소 수준과 관계없이 아바타의 이름 레이블이 동일한 크기로 표시된다. 이름 레이블이 지도 확대/축소 수준에 따라 동적으로 크기를 조정할 수 있도록 하려면 이 설정을 꺼야 한다.

ⓖ Tooltip label size(도구 설명 레이블 크기)는 기본적으로 툴팁 레이블 크기가 13픽셀로 설정되는데, 8px ~ 24px까지 가능하다.

ⓗ Constant tooltip sizes(일정한 도구 설명 크기)는 기본적으로 일정한 도구 설명 크기가 켜져 있으므로 지도 확대/축소 수준에 관계없이 도구 설명 글꼴이 동일한 크기로 표시된다.

③ Graphics
게더타운 공간에 있는 동안 성능을 향상할 수 있는 그래픽 설정을 관리하기 위해 사용되는 기능이다.

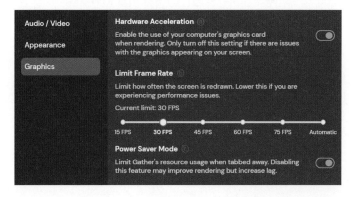

[그림 21] User - Graphics 설정 화면

ⓐ Hardware Acceleration(하드웨어 가속 기능)은 기본적으로 하드웨어 가속은 게더타운을 렌더링할 때 컴퓨터의 그래픽 카드를 사용하도록 설정되어 있다.

ⓑ Limit Frame Rate(프레임 속도 제한)는 기본적으로 초당 프레임(fps)은 게더타운의 최상의 비디오 경험을 제공하기 위해 최고 수준으로 표시된다. 슬라이더를 끌어 fps를 낮추면 성능이 향상될 수 있다.

ⓒ Power Saver Mode(절전모드)는 탭으로 이동할 때 게더타운의 리소스 사용량을 제한한다. 이 기능을 비활성화하면 렌더링이 향상되지만, 지연이 증가할 수 있다.

❺-2 Space(공간) 설정 탭

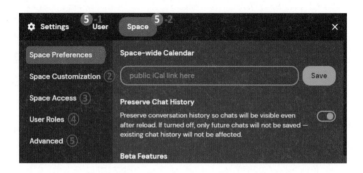

[그림 22] Setting - Space 메뉴

① Space Preferences(공간 기본 설정)

Space 전체 캘린더 추가, Chat(원격 작업 Spaces)에 지속적인 메시지 추가, 채팅 기록 관리, 베타 기능 관리, Space 튜토리얼 관리, 자산 로드 관리, 초대 버튼 관리, 채팅 및 화면 공유를 관리한다(Premium Spaces). 관리자와 모드는 공간 기본 설정에 액세스할 수 있다.

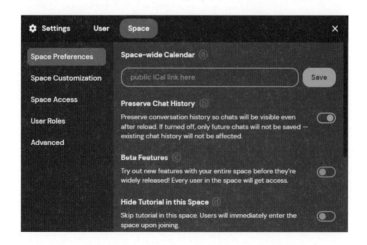

[그림 23] Space - Space Preferences 설정 화면 ①

ⓐ Space-wide Calendar(캘린더 연동)는 Gather.town과 외부 캘린더(구글 캘린더 등)를 연동해 일정을 만들 수 있으며 iCal(아이캘린더)를 입력해야 한다.

ⓑ Preserve Chat History(채팅 기록 보존)는 대화 기록을 보존하여 새로 고침 후에도 채팅이 표시되도록 하며 끄면 향후 채팅만 저장되지 않으며 기존 채팅 기록은 영향을 받지 않는다.

ⓒ Beta Features(베타 기능 사용)는 출시되기 전에 전체 공간에서 새로운 기능을 사용해보기, 공간의 모든 사용자가 액세스할 수 있다.

ⓓ Hide Tutorial in this Space(튜토리얼 숨기기)는 사용하고자 하는 공간에서 튜토리얼을 건너뛰기를 하여 사용자는 가입 즉시 공간에 입장하게 된다.

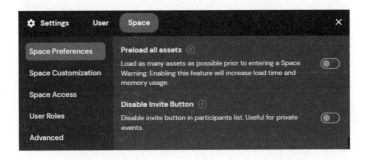

[그림 24]　Space - Space Preferences 설정 화면 ②

ⓔ Preload all assets(모든 자산 엣셋을 미리 로드)는 Space에 들어가기 전에 가능한 한 많은 오브젝트를 로드하려면 이 설정을 활성화하면 된다. 기능을 활성화하면 로드 시간과 메모리 사용량이 늘어난다.

ⓕ Disable Invite Button(참가자 초대 버튼 비활성화)은 참가자 목록에서 초대 버튼을 비활성화, 비공개 이벤트에 유용하다.

[그림 25]　Space - Space Preferences 설정 화면 ③

다음의 기능은 유료 예약 공간에서만 사용할 수 있는 기능이다.

ⓖ Disable Chat(채팅 비활성화)은 채팅 기능을 막을 수 있다.

ⓗ Disable Screenshare(방문자 화면 공유 비활성화)는 공간에 있는 사용자들의 화면 공유
권한을 금지할 수 있게 한다.

② Space Customization(공간 제작 관련 기능 설정)

맵메이커와 하단 도구 모음에서 Build tool을 입력하여 공간 제작과 관련된 기능을
[그림 26]과 같이 설정할 수 있다.

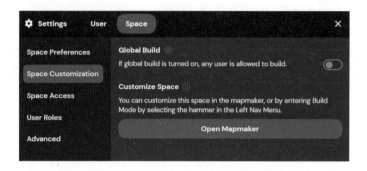

[그림 26] Space - Space Customization 설정 화면

ⓐ Global Build(공간 제작 권한)는 공간 제작 권한에 대한 기능으로 기본적으로는 꺼져 있
으며 켜지게 되면 모든 사용자(Builder, Admin/Owner)가 개체 선택기와 맵메이커를 액
세스 할 수 있게 된다.

ⓑ Customize Space(공간 제작 기능)는 맵메이커에서 이 공간을 사용자 정의하거나 왼쪽 탐
색 메뉴에서 맵메이커를 선택하여 공간을 제작할 수 있는 모드로 들어갈 수 있다.

③ Space Access(공간 방문자 제한 기능 설정)

Space 암호를 설정, 변경 또는 제거할 수 있으며 방문자가 공간에 액세스할 수 있도록
[그림 27, 28]과 같이 설정 할 수 있다. Space를 일시적으로 종료하거나 또는 이메일 도메인
으로 공간에 대한 액세스를 제한할 수 있다(프리미엄 기능). 이러한 기능은 스페이스 대시보
드를 통해 관리할 수도 있으며, 여기에서 게스트 목록으로 스페이스에 대한 액세스를 제한할
수도 있으며 관리자와 모드는 이 섹션에 액세스할 수 있다.

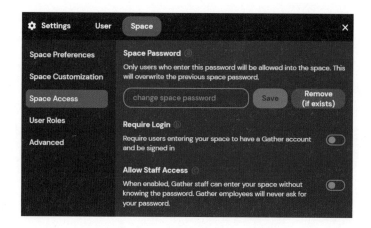

[그림 27] Space - Space Access 설정 화면 ①

ⓐ Space Password(공간 비밀번호 설정)는 공간에 비밀번호를 설정하여 암호를 입력하는 사용자만 공간에 들어갈 수 있으며, 공간에 입장할 수 있는 암호를 변경할 수 있다.

ⓑ Require Login(로그인 요구)은 Gather 계정에 로그인한 게스트로 공간에 대한 액세스를 제한하는 기능이다. 공간에 들어오는 사용자가 계정을 가지고 로그인하도록 요구할 수 있다.

ⓒ Allow Staff Access(공간 액세스 허용)는 게더타운 운영진이 공간에 접근할 수 있도록 방문 조건을 제한하는 기능이다.

[그림 28] Space - Space Access 설정 화면 ②

ⓓ Shut Down Space(공간 닫는기능)는 공간을 닫는 기능으로 현재 공간에서 모든 사람을 내보내고 종료할 수 있으며 공간은 그대로 유지된다.

다음 ⓔ의 기능은 유료 예약 공간에서만 사용할 수 있다.

ⓔ Email Domain Access(이메일 도메인 액세스)는 예약 또는 구독(유료 스페이스)이 있는
경우 이메일 도메인으로 스페이스에 대한 액세스를 제한할 수 있다.

④ User Roles(공간 관리자의 권한 기능 역할)
스페이스에서 사용자의 권한을 [그림 29]와 같이 수 있는데 현재 원격 작업 공간의 사용자
역할 섹션은 다른 공간과 약간 다르다. 원격 작업 공간에는 다른 공간에서 사용할 수 없는
구성원 역할도 있다.

ⓐ Assign roles(사용자 역할의 할당)
사용자를 초대하고 각자의 역할을 배정할 수 있다.

[그림 29] Space - User Roles 설정 화면 ①

ⓑ Manage roles(역할 관리)
[그림 30]에서는 공간의 역할을 관리하는데 공간 관리자, 제작자, 중재자 역할을 할 사용
자를 추가하거나 제거할 수 있다.

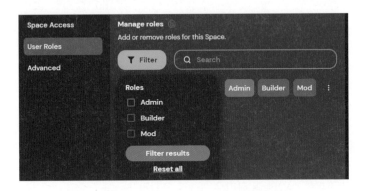

[그림 30] Space - User Roles 설정 화면 ②

⑤ Advanced(공간에 대한 추가 설정)

관리자는 설정의 고급 섹션(더 많은 설정)을 [그림 31]과 같이 사용하기 위하여 공간 대시보드를 열 수 있다.

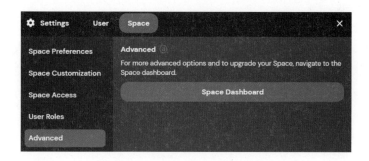

[그림 31] Space - Advanced 설정 화면

ⓐ Advanced(고급)는 고급 옵션과 공간(공간 목적 및 사용자 스타일)을 업그레이드하려면 스페이스 대시보드(Space Dashboard)로 이동하면 된다. 스페이스 대시보드에서는 공간을 삭제, 공간 방문 Guest 리스트 생성 후 업로드, 입장 금지자 목록을 지정 할 수 있다.

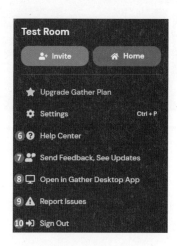

[그림 32] Main menu

❻ Help Center
게더타운의 도움말이 있는 페이지를 오픈한다.

❼ Send Feedback, See Updates
게더타운에 피드백을 하거나 질문을 올리는 페이지를 오픈한다. 스페이스 대시보드 화면으로 넘어가며 스페이스를 유료 버전으로 업그레이드하거나 환경을 설정할 수 있다.

❽ Open in Gather Desktop App

설치된 게더타운 데스크톱 애플리케이션을 실행한다.

❾ Report Issues

게더타운 사용시 오류 등 문제가 있으면 기술 담당자에게 메시지를 보낼 수 있다.

❿ Sign Out

로그인한 계정에서 로그 아웃을 한다.

⑧ Video(카메라)

카메라를 통해 자기 모습을 [그림 33]과 같이 확인할 수 있는데, 화면을 고정하거나 전체 화면으로 보이게 할 수 있다.

[그림 33] Video 화면

① Pin video(고정)는 현재의 공간에 비디오 화면을 항상 보이게 한다.
② Maximized video(전체 화면)는 카메라를 통해 보이는 자기 모습이 전체화면으로 보인다.

ⓒ Personal menu

이름과 상태를 보여주는 게더타운 공간의 도구 모음 왼쪽에 있는 메뉴이다.

[그림 34]와 같이 메뉴를 클릭하여 이름과 상태를 편집하고, 캐릭터 선택기에 액세스하고, 방해 금지 모드를 켜거나 클 때 사용한다.

❶ Character 이미지

❷ 캐릭터 이름, 이메일 주소

❸ Edit

❹ Add text status

❺ Change Character

❻ Do Not Disturb Mode

❼ Respawn

[그림 34] Personal menu

❶ Character 이미지

사용자가 초기에 설정한 캐릭터가 나타난다.

❷ 캐릭터 이름, 이메일 주소

캐릭터의 이름과 사용자의 이메일 주소가 나타난다.

❸ Edit(편집)

현재 사용하고 있는 캐릭터의 이름을 변경할 수 있으며 입력한 캐릭터 이름은 공간에 연결되며 모든 공간에서 나타나게 된다([그림 35]는 '메타버스'라는이름을 입력한 경우).

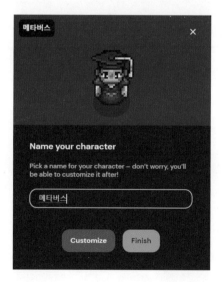

[그림 35] 캐릭터 이름 편집 화면

❹ Add text status(상태 메시지 삽입, 변경)

상태 이모티콘과 상태 메시지를 [그림 36]의 왼쪽 화면에 있는 텍스트 입력란을 통해 변경할 수 있는데, 현재 하는 일 또는 상태에 대한 정보(점심 먹으러 가기, 휴식, 걷기)를 제공할 수 있다. [그림 36]의 오른쪽 화면은 '점심 먹고 올게요'라는 상태 메시지를 입력한 화면이다.

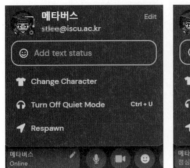

[그림 36]   Add text status 삽입/변경 화면

❺ Change Character(캐릭터 변경)

현재 캐릭터에서 새로운 캐릭터로 변경하고자 할 때 사용한다.

[그림 37]   Change Character 화면

❻ Do Not Disturb Mode(Ctrl + U)(방해 금지 모드)

한 타일 내에 있는 사람들에게만 연결하도록 A/V 설정을 변경한다. 키보드 단축키 Ctrl/⌘+U를 사용하여 켜고 끈다. 방해 금지 모드에 있을 때 이름 옆의 상태 표시기는 녹색 대신 빨간색으로 보이게 된다.

❼ Respawn(리스판)

공간에서 캐릭터의 위치를 재설정하여 기본 생성 위치로 보낼 때 사용한다.

ⓓ Microphone(마이크)

마이크를 선택하고 켜거나 끌 때, 오디오에 대한 설정도 가능하다.

ⓔ Camera(카메라)

카메라를 선택하고 켜거나 끌때, 비디오에 대한 설정도 가능하다.

ⓕ Emotes(이모지)

이모티콘을 사용하여 현재 상황에 대해 대응하고 다른 사람들에게 감정을 알릴 수 있다. 이모티콘 바에 6개의 이모티콘이 [그림 38]과 같이 보이는데 표현하려는 이모티콘을 선택하거나 1~6키를 사용하여 빠르게 이모티콘을 보낼 수 있다.

1~5에 대한 이모티콘은 사용자가 원하는 이모지로 설정 할 수 있는데, 기본값으로 제공된 이모티콘을 선택한 후, 이모티콘 그룹에서 원하는 것을 선택한 후 저장하면 교체가 된다. 기본값으로 재설정을 할 수도 있다.

[그림 38] Eomtes 선택/편집 화면

[그림 39] Customize emotes 화면

ⓖ Screen share(화면 공유)

게더타운에서 연결된 모든 사람과 자신의 컴퓨터 화면이나 콘텐츠를 공유할 수 있다. 공유할 항목을 선택하면 되는데 전체화면, 창, chrome or Microsoft Edge 탭에 나타난 화면을 선택하고 하단의 공유 버튼을 클릭하면 된다.

[그림 40] Screen share 화면

ⓗ Self spotlight(셀프 스포트라이트)

관리자만 사용할 수 있는 기능으로 스포트라이트를 켜고 해제할 수 있다.

ⓘ Minimap(미니맵)

사용자가 있는 공간의 레이아웃을 보거나 공간 내에 자신이 있는 위치를 보여주는 기능으로 현재는 게더타운에서 미니맵 기능이 사라진 상태이며, 추후 게더타운의 업데이트 및 정책에 따라 추가될 수 있다.

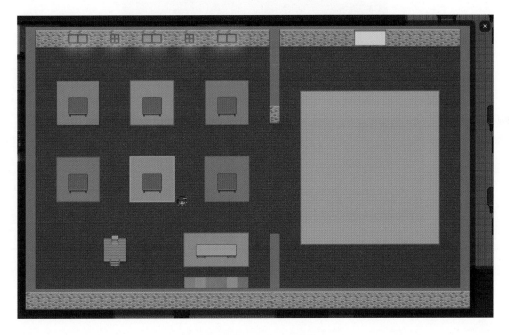

[그림 41] Minimap 화면

ⓙ Photo Mode(사진 모드)

현재의 공간을 [그림 42]와 같이 스냅샷으로 촬영할 수 있는데, 비디오 창을 숨기거나 화면 사이즈를 50%~400%로 [그림 44]와 같이 조정하여 촬영할 수 있다.

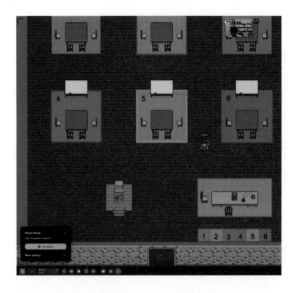

[그림 42]   Photo Mode 화면

[그림 43]   Take photo 화면

[그림 44]   Photo settings 화면

Ⓚ See less(접어 보기)

‘>’와 ‘<’를 누르게 되면 게더타운 버전 업데이트나 정책에 따라 보이는 Minimap과
Photo Mode가 보이거나 보이지 않게 할 수 있다.

아이콘 메뉴

공간 개설 후, 게더타운 하단 오른쪽 아이콘 메뉴에 대한 설명이다.

[그림 45] 게더타운 아이콘 메뉴

Ⓐ Info board(정보 게시판)   Ⓓ Chat
Ⓑ Build tool(빌드 도구)   Ⓔ Participants
Ⓒ Calender

Ⓐ Info board(정보 게시판)

공간을 만드는 목적을 설정할 때 Remote office를 선택하면 Info board 기능이 제한되며 다른 목적으로 만든 공간에는 정보 게시판 기능이 있어 스페이스에 고정된 메시지를 게시하고 공간에 있는 모든 사람에게 실시간 공지를 할 수 있다.

관리자와 Mod(모드)는 정보 게시판에 표시되는 게시물과 공지 사항을 관리할 수 있다. 공간의 참석자는 도구 모음에서 정보 게시판을 선택하여 고정된 모든 메시지와 최근 공지를 볼 수 있다.

❶ PINNED MESSAGES(고정된 메시지)
호스트는 공간에 방문한 사용자에게 공간의 중요한 공지 정보를 게시할 수 있는데 + New post 를 클릭하여 공지할 내용을 입력하고 Manage를 통해 공지를 관리 할 수 있다.

[그림 46]　Information Board 화면

❷ + New post(새 게시물)

메시지는 1,500자 이내로 작성할 수 있으며 게시하면 정보 게시판에 메시지가 자동으로 표시가 된다.

메시지 필드에서 형식 메시지(마크다운 요소)를 적용할 수 있는데 <표 1>을 참조하기 바란다.

[그림 47]　New post 입력 화면

<표 1> 메시지 형식 지정

마크다운 구문	메시지 표기
서울사이버대학교	서울사이버대학교
서울사이버대학교	*서울사이버대학교*
Hit Enter twice	하드 리턴(새 줄 시작)
Hyphen + space	Bulleted list - Item 1 - Item 2 - Item 3
[link text](웹사이트주소)	[서울사이버대학교](http://www.iscu.ac.kr)
[link text](mailto:연결된 이메일 주소)	[이메일 주소](mailto:stlee@iscu.ac.kr)

❸ ANNOCEMENTS(공지사항)

스페이스의 모든 사람에게 즉시 표시될 공지를 작성하려면 공지 사항 탭에서 공지 사항 작성
(Make announcement)을 선택하여 공지 사항의 메시지를 작성한 후 Post를 눌러 공지한다.

❹ Make announcement(공지사항 만들기)

공지사항은 스페이스의 참석자에게 실시간으로 전송
되는 알림을 작성할 때 사용한다.

❺ Manage(메시지 관리)

고정된 메시지에 게시된 메시지를 편집, 재정렬, 제거
할 때 사용한다.

[그림 48] Make announcement 입력 화면

❸ Build tool(빌드 도구)

빌드 도구를 사용하면 공간에서 개체를 빠르게 추가 또는 제거 할 수 있을 뿐만 아니라
Mapmaker에 액세스하고 사용자 정의 개체를 업로드할 수 있다.

[그림 49] Build tool

❶ Build(개체 추가)
❷ Erase(개체 제거)
❸ RECENT OBJECTS(최근 사용했던 오브젝트)
❹ SUGGESTED OBJECTS(제안된 오브젝트 배치)
❺ Open object picker(개체 선택기 열기)
❻ Upload image(이미지 업로드)
❼ Edit in Mapmaker(맵메이커 편집)

❶ Build(개체 추가)

도구 모음에서 빌드(망치 아이콘)를 선택하기만 하면 되는데, 빌드 창이 열리면 쉽게 개체를 검색하고, 제안된 개체를 빠르게 추가하고, 개체 선택기를 열고, 사용자 정의 이미지를 업로드 하거나, Mapmaker에 액세스 할 수 있다.

❷ Erase(개체 제거)

개체를 제거하려면 Erase 선택하면 되는데 마우스를 삭제하고자 하는 객체로 가져가면 빨간색으로 표시되고 이때 삭제하고자 하는 객체를 선택하면 된다.

❸ RECENT OBJECTS(최근 사용했던 오브젝트)

최근에 사용했던 오브젝트의 리스트가 보인다.

❹ SUGGESTED OBJECTS(제안된 오브젝트 배치)

제안된 오브젝트의 리스트가 [그림 50]과 같이 보인다.

[그림 50] SUGGESTED OBJECTS 화면

❺ Open object picker(개체 선택기 열기)

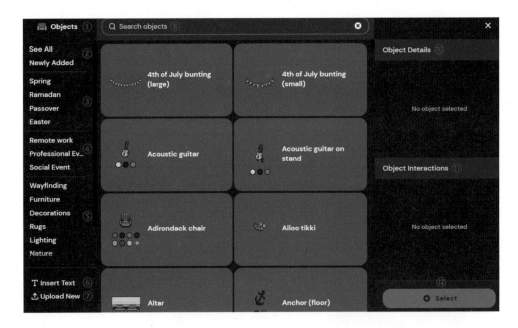

[그림 51] Open object picker 화면

① Object(개체)

Object(개체)는 Space의 배경 이미지 위에 Space에 배치할 수 있는 이미지이다. 사용자 정의 개체 이미지로 업로드하거나 개체 선택기 내부에 미리 생성된 다양한 개체에서 선택할 수 있다. 개체는 거의 모든 크기가 될 수 있지만 종종 아바타의 크기와 일치하도록 크기가 조정되며 기본 배경 이미지에 영향을 주지 않고 이동, 편집 및 삭제할 수 있다. 객체에는 두 가지 기본 범주가 있는데 장식물은 상호작용 없이 순수하게 미학적인 이미지(예: 가구, 식물, 음식)이며 대화형 개체는 'x'를 누를 때 포함된 미디어 또는 일부 형태의 대화형 기능에 대한 액세스를 제공하는 이미지(예: TV, 화이트보드)이다.

② 모두 보기(See All)/새로 추가(Newly Added)

모두 보기(See All)는 게더타운에서 제공되는 모든 오브젝트를 보여주고, 새로 추가(Newly Added)는 최근에 추가된 오브젝트를 보여준다.

③ 계절, 기념일 오브젝트

계절(봄, 여름, 가을, 겨울), 축제(유월절, 라마단, 유월절, 부활절)에 관련된 오브젝트로 연관된 특정 기간에만 제공이 되며 기간 외에는 보이지 않을 수도 있다.

④ Remote work(원격근무)/Professional Event(전문 이벤트)/Social Event(소셜 이벤트)

⑤ 인테리어 오브젝트

<표 2> 오브젝트 범주와 종류

오브젝트 범주	오브젝트 종류
Wayfinding(길 찾기)	길 찾기 안내 표지판(화살표, 카페 간판, 키오스크, 출입구, 비상탈출구, 발자취, 정보 게시판, 상호작용 안내, 운동안내, 사인, 비디오공유 안내 등)
Furniture(가구)	가구(의자, 제단, 앤티크 스크린/오피스/의자/소파/응접실), 안락의자, 배경, 대나무의자, 바, 책장, 캐비닛, 치펜데일 캐비닛, 카운터, 칸막이, 쿠션, 식탁, 가든벤치, 주방싱크대, 사물함, 쓰레기통, 피크닉 테이블, 냉장고, 라운드데스크, 선반, 작은연단, 티켓부스, 티키 바, 우디자동차 등)
Decoration(장식)	인테리어 장식 또는 테이블 소품(어쿠스틱 기타, 축음기, 라디오, 피아노, 풍선, 배너, 블라인드, 책, 꽃다발, 그릇, 빵, 버블 티, 게시판, 부표, 케이크, 달력, 사탕, 묘지, 샴페인 병, 크리스마스 장식, 시계, 프린터, 컴퓨터, 칠면조, 냉각기, 십자가, 커튼, 도마, 다트보드, 쓰레기통, 달걀, 파일 캐비닛, 물고기, 플래그, 분수, 액자나비, 갤러리테이블, 지구, 총, 하프, 하트풍선, 홀로그램 아바타, 케이크, 항아리, 부엌칼, 접시, 항아리, 마차, 마이크, 텐트, 대걸레, 과자 등)

오브젝트 범주	오브젝트 종류
Rugs(양탄자)	박쥐러그, 비치타월, 캔티콘 백, 중국 아르데코 백, 플로럴 러그, 양탄자(북미, 호박), 랑골리 등
Lighting(조명)	조명(램프, 초, 촛대, 촛불, 책상램프, 플로어, 네온, 종이등불, 토치, 선램프 등)
Nature(자연)	식물, 화분, 정원, 나무, 거위, 연못, 바위, 라벤더, 묘목, 화분상자, 호박, 진달래, 눈 천사, 디딤돌, 버섯, 선 식물 등)
Games(게임)	게임을 할 수 있는 도구(포커, 당구대, 스토구, 테트리스 등)
Sounds(소리)	오디오가 들어간 오브젝트(캠프파이어, 벽난로, 분수, 사운드 이미터, 스트림)

⑥ Insert Text(텍스트 삽입)

Space 또는 Mapmaker의 Object Picker에서 사용자 정의 텍스트를 [그림 52]와 같이 추가할 수 있다. 개체 선택기의 왼쪽 탐색 메뉴에서 텍스트 삽입을 선택한다. 텍스트 삽입 필드에 텍스트를 입력하고 Font size(글꼴 크기)를 조정하고 x, y 오프셋을 조정하여 타일과 관련하여 글꼴이 표시되는 위치도 제어할 수 있다.

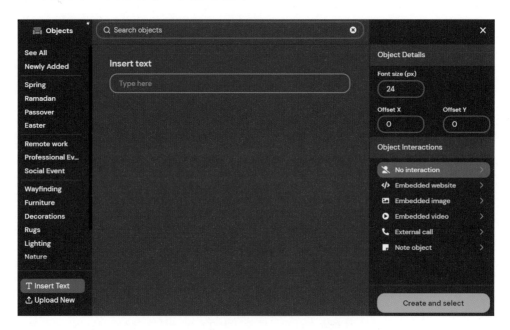

[그림 52] Insert Text 화면

⑦ Upload New(신규 업로드)

사용자가 가지고 있거나 직접 제작한 이미지를 오브젝트로 업로드 할 수 있다. 이미지를 선택한 후 Object name을 반드시 입력해야 Create and select 버튼이 활성화되어 업로드가 가능해진다.

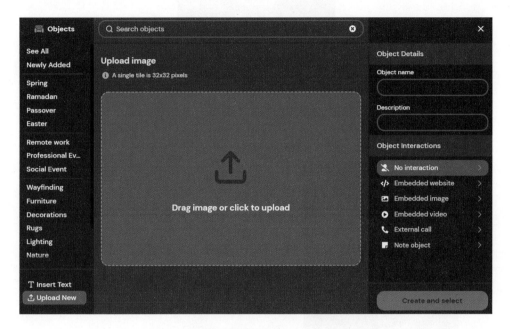

[그림 53] Upload New 화면

⑧ Search objects(개체 검색)

원하는 개체를 검색할 수 있으며 영어로만 가능하다.

⑨ 개체 종류

②, ③, ④, ⑤에서 선택된 오브젝트 목록이 나열된다.

⑩ Object Details(개체 세부 정보)

개체에 대한 컬러 변경 및 회전(회전의 경우 오브젝트에 따라 지원이 제공 되지 않을 수 있음)을 할 수 있다([그림 54]의 경우 Bouquet를 노란색으로 변경).

[그림 54] Object Details(컬러) 수정화면

⑪ Object Interactions(오브젝트 상호작용)

오브젝트는 게더타운 참가자와 상호 작용을 할 수 있는 기능을 [그림 55]와 같이 제공한다.

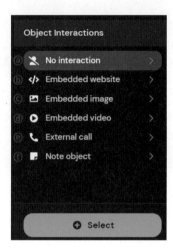

ⓐ No Interaction (상호작용 기능이 없음)
ⓑ Embedded website(웹사이트 연결)
ⓒ Embedded image(이미지 연결)
ⓓ Embedded video(동영상(비디오 연결)
ⓔ External call (화상회의 도구 연결(줌/팀즈))
ⓕ Note object(메모 개체)

[그림 55] Object Interactions 화면

ⓐ No interaction(상호작용 기능이 없음)

상호 작용을 제거하는 기능으로 대부분의 오브젝트는 [그림 56]과 같이 No interaction으로
설정되어 있다.

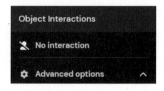

[그림 56] No interaction 화면

ⓑ Embedded website(웹사이트 임베드 하기)

게더타운의 오브젝트에 웹사이트의 링크를 연결 할 수 있는데 모든 웹사이트와 연결되는 것은 아니며 URL은 반드시 https://로 시작되어야 한다. Activation distance(활성화 거리)는 오브젝트의 상호작용이 활성화 되는 거리를 뜻한다. 입력한 값이 높을 수록 아바타와의 거리가 멀어져도 오브젝트와 상호작용할 수 있는 거리의 범위가 넓어지게 된다.

[그림 57] Embedded website 설정 화면

ⓒ Embedded image(이미지 연결)

Gather iframe 내부에 표시할 이미지(.png, .jpeg, .gif)를 업로드할 수 있다. Image*는 업로드 하고자 하는 이미지 파일을 선택할 때, Preview image*는 사용자가 활성화 거리에 들어가면 업로드한 이미지를 미리 볼 수 있게 하며, Activation distance는 오브젝트가 활성화 되는 거리를 설정한다.

[그림 58] Embedded image 설정 화면

ⓓ Embedded video(동영상(비디오 연결))

게더타운에서 나가지 않고 YouTube, Twitch 또는 Video의 포함 가능한 비디오에 연결 할 수 있는데, 재생 목록 및 라이브 스트림에서도 작동한다.

[그림 59] Embedded video 설정 화면

ⓔ External call(화상회의 도구 연결(줌/팀즈))

외부 화상 통화 프로그램(Zoom, Webex, Teams 등)에 연결할 수 있는데, 새 창에서 화상 연결 프로그램이 열리고 이때, 게더타운의 마이크와 카메라는 자동 음 소거가 된다.

[그림 60] External call 설정 화면

ⓕ Note object(메모 개체)

오브젝트 관리자가 입력한 메시지가 텍스트 줄로 표시하거나 사용자의 새 창에서 포스트잇 형태로 메시지가 나타난다.

[그림 61] Note object 설정 화면

7개의 Object Interactions(오브젝트 상호작용)에서 모두 설정할 수 있는 Advanced options의 종류와 방법은 <표 3>에 설명하였다.

<표 3> Advanced options(고급 옵션)

옵션 종류	설명
Prompt message	대화형 개체에 접근하면 프롬프트 메시지가 표시 되고, 기본적으로 이 메시지는 "상호작용하려면 x를 누르십시오." 사용자 정의 메시지를 작성할 수 있다. 이 기능은 지침을 제공하는 데 사용된다,
Object image	개체 선택기에서 개체를 선택하면 기본 개체 이미지는 선택한 개체가 되고, 파일 선택을 선택하고 파일 탐색기를 사용하여 이미지(.png 또는 .jpg)를 선택하여 사용자 정의 이미지를 업로드할 수 있다. 그러면 개체가 업로드한 이미지 파일로 스페이스에 표시된다.
Active image	활성 이미지를 추가하면 누군가가 물체에 접근할 때 활성화 거리 내에 있으면 이미지가 변경된다. 파일 선택을 선택하고 파일 탐색기를 사용하여 이미지(.png 또는 .jpg)를 선택하여 사용자 정의 활성 이미지를 업로드할 수 있다 .
Loading icon(URL)	웹 사이트를 포함하는 경우 웹 사이트가 로드되는 동안 iframe에 표시되는 사용자 정의 로드 아이콘을 선택할 수 있디. 기본적으로 Gather 포도 로고는 로딩 아이콘으로 회전한다.
Caption	이미지를 포함하는 경우 이미지 캡션을 추가할 수 있다.
Synchronized start time	비디오를 포함하는 경우 동기화된 시작 시간을 설정할 수 있는 옵션이 있다. 그러면 모든 사람이 포함된 비디오를 동시에 재생하기 시작한다.
Display(start)	오브젝트가 지도에 나타나는 날짜와 시간을 선택할 수 있다.
Display(end)	오브젝트가 지도에서 사라질 날짜와 시간을 선택할 수 있다.

Advanced options(고급 옵션)은 오브젝트의 종류에 따라 조금씩 다르게 나타나는데 <표 4>를 참조하기를 바란다.

<표 4> 오브젝트별 Advanced options(고급 옵션) 사용 비교표

오브젝트 상호작용	고급옵션							
	Prompt message	Object image	Active image	Loading icon (URL)	Caption	Synchronized start time	Display (start)	Display (end)
ⓐ No Interaction (상호작용 기능이 없음)		√					√	√
ⓑ Embedded website (웹사이트 연결)	√	√	√	√			√	√
ⓒ Embeddedimage (이미지 연결)	√	√	√		√		√	√
ⓓ Embedded video (동영상(비디오)연결)	√	√	√			√	√	√
ⓔ External call (화상회의 도구 연결 (줌/팀즈))	√	√	√				√	√
ⓕ Note object (메모 개체)	√	√	√				√	√

⑫ Select(선택)

원하는 오브젝트와 고급 옵션을 결정한 후 선택하게 되면 Gather iframe에 나타난다.

❻ Upload image

Object picker의 Upload New(신규 업로드)와 동일하다.

❼ Edit in Mapmaker

맵메이커는 'PART 4 게더타운의 맵메이커 - CHAPTER 12 맵메이커'를 참조하기 바란다.

❸ Calender

게더타운은 캘린더 통합을 제공하므로 Space의 모든 참가자에 대한 이벤트를 공유하고 볼 수 있다. 구글 캘린더를 연결하고자 하는 경우 ical link를 추가하면 되는데 언제, 어디서, 어떤 회의를 할 것인지에 대한 입장 공간, 시간, 내용을 저장하여 사전에 공유할 수 있다.

❹ Chat(채팅하기)

같은 공간에 있는 사람들과 대화를 나눌 수 있는 기능인데 대화를 나누고자 하는 상대를 선택한 후, 채팅창에 메시지를 입력하고 enter키를 누르면 상대방에게 전달된다. 채팅 방식은 모두에게, 근처에 있는 사람에게, 관리자에게만 메시지를 보낼 수 있다.

❺ Participants(방문자 확인하기)

현재의 공간에 방문한 참가자들의 목록을 볼 수 있다. 아이콘 옆의 숫자는 현재 접속하고 있는 참가자의 수를 뜻하며 방문자가 많은 경우 이름을 검색하여 찾을 수도 있다.

CHAPTER 7

게더타운
초대하기

Join the Gathering 1   상대방 초대하기

상대방 초대하기

게더타운은 혼자서도 사용할 수 있지만 대부분 다른 사람들과 공간을 공유해서 화상회의 등 다양한 활동을 하는 것이 목적일 것이다. 또한 상대방과 같은 공간에 존재해야 상대방과 관련된 게더타운의 기능들을 익힐 수 있다. 그러기 위해서는 상대방을 내가 만든 공간으로 초대할 수 있어야 하는데 그 방법을 알아본다.

(1) 상대방을 초대하는 방법

게더타운에서 상대방을 초대하는 방법은 다음과 같다.

■ 공간(Space)의 링크를 복사해서 전달하기

가장 간단한 방법으로 공간이 있는 화면에서 브라우저 상단의 주소표시줄에 있는 링크의 URL을 복사해서 메신저나 메일 등을 전송한다. 이 URL은 기간이 공간이 존재하는 한 만료가 되지 않는 주소이며 누구나 전달하는 것이 가능하다.

참고로 URL에서 맨 끝에 있는 슬래시(/) 다음의 문자들은 해당 공간을 만들 때 부여한 이름과 동일하다. [그림 1]의 주소 표시줄 마지막 슬래쉬 다음에 있는 'Test%20Room'이 바로 이 공간의 이름이며 '%20'은 공백을 나타낸다.

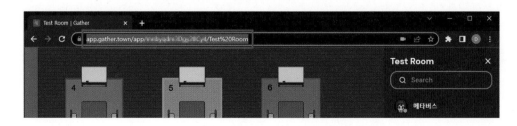

[그림 1] 주소표시줄의 URL 복사

■ Invite 기능으로 초대하기

화면에 있는 Invite 버튼의 기능을 이용하여 초대하는 방법이다. 링크를 전달하는 방식이라는 점에서는 위의 방식과 유사하지만, 링크의 만료 시점, 즉 공간에 입장할 수 있는 유효기간을 정할 수 있다는 차이점이 있다.

Invite 버튼은 다음과 같이 사용할 수 있다.

① 첫째로 우측 하단의 사람 모양 아이콘의 참가자 메뉴(Participants)를 눌러 창을 연다. 단, 공간에 입장한 직후에는 이미 열려있으므로 창이 안보이거나 꺼졌을 경우 누르면 된다.

② 창 하단에 있는 Invite 버튼을 누른다.

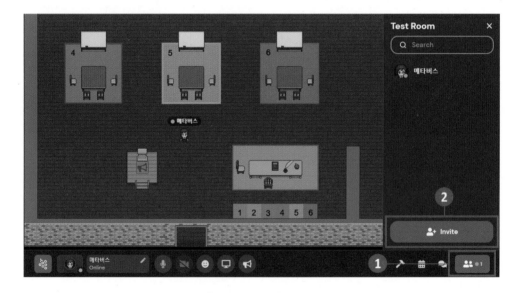

[그림 2] Invite 버튼

③ Invite 창이 나타나면 Invite link will expire after 항목에서 기간 및 시간(1달, 7일, 1일, 12시간, 6시간, 1시간)을 선택할 수 있다. 기간을 선택한 후에는 다음의 두 가지 방법 중 원하는 방식으로 초대 Link를 보내면 된다.

[그림 3] 초대링크 만료기간과 초대방식 선택

- Send Invite : Enter an email에 초대하려는 대상의 이메일 주소를 입력한 후 Send Invite 버튼을 누르면 초대메일이 전송된다. 메일에 있는 초대 링크 Accept Invitation 을 눌러 공간에 접속할 수 있게 된다. 불편한 점이 있다면 현재까지는 전체 발송 기능이 없어 개별적으로 메일을 전송해야 하는데 추후 개선될 것으로 예상된다.

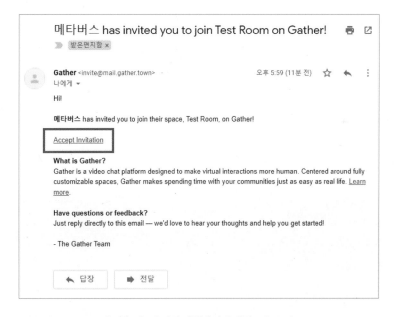

[그림 4] 수신된 메일에서 초대링크 누르기

- Copy Invite Link : 이 버튼을 누르면 초대 링크가 복사가 되는데 초대 주소를 메신 저를 통해 전달하면 된다.

Invite 버튼의 또 다른 위치

Invite 버튼은 메인 메뉴(Main menu)에서도 찾을 수 있다. 화면 좌측 하단에 있는 포도 모양의 버튼을 누르면 메인 메뉴가 나타나는데 상단에 Invite 버튼이 위치한 것을 볼 수 있다.

앞에서 말한 참가자 메뉴와 메인 메뉴 중 편한 위치에 있는 것을 선택해서 사용하면 된다.

(2) 허가된 상대방만 입장시키기

템플릿으로 공간을 만들 때 비밀번호를 설정하지 않았다면 초대 링크를 통해 누구나 입장이 가능하다. 하지만 때로는 처음과 달리 모두에게 공개하지 않고 운영자가 허락한 특정인원만 입장시키고 싶을 경우도 있을 것이다. 처음부터 비밀번호를 설정하지 않아도 나중에 비밀번호를 추가할 수 있는 기능이 있다.

① 좌측 하단의 포도 아이콘 모양의 메인 메뉴(Main menu) 선택 시 나오는 메뉴 중에서 톱니바퀴 모양의 아이콘이 있는 Settings를 선택한다.

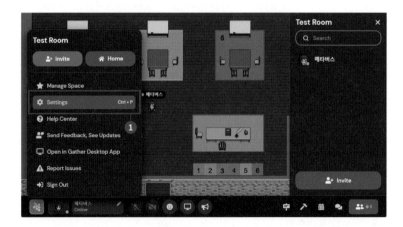

[그림 5] Settings 선택

② Settings의 창 상단의 Space를 선택한다.

③ 좌측 메뉴에서 Space Access를 선택한다.

④ Space Password 항목에서 입력란에 패스워드를 입력하고 Save를 누른다. 패스워드를 삭제하려면 Remove를 누르면 된다.

[그림 6] 패스워드 설정하기

비밀번호 공유하기
만약 공간을 만들 때 비밀번호를 설정하였다면 초대하려는 대상에게 비밀번호를 함께 알려줘야 한다.

CHAPTER 8

게더타운
움직임과 표현

Join the Gathering 1　아바타의 행동과 감정표현

아바타의 행동과 감정표현

(1) 아바타 이동

튜토리얼에서 배운 것처럼 자신의 아바타를 이동시키려면 기본적으로 키보드의 방향키 또는 W, A, S, D를 사용하면 된다. 또한 아바타는 공간에서 상하좌우로만 이동이 가능하며 대각선으로는 움직일 수 없다. 따라서 넓은 공간을 활보하거나 오랜 시간 동안 움직이려면 키보드로 움직이는 방법이 불편할 수도 있을 것이다.

게더타운에서는 키보드 외에 아바타를 움직일 수 있는 다음과 같은 방법들을 제공하고 있다.

■ 목적지를 마우스로 더블클릭

[그림 1]과 같이 이동하려는 목적지를 마우스로 더블클릭하면 마우스 커서 부분에 흰 점이 깜빡거리게 되고 지나갈 수 없는 벽이나 장애물이 있으면 피해서 해당 위치로 이동하게 된다.

[그림 1] 목적지를 더블클릭하면 깜빡이는 흰 점

■ 목적지를 마우스로 우클릭하여 Move here 선택

이동하려는 공간 위의 한 지점, 즉 목적지를 마우스 오른쪽 버튼으로 클릭하면 [그림 2]와 같이 Move here라는 메뉴가 나타나게 되는데 이 메뉴를 선택하면 해당 위치로 아바타가 이동하게 된다.

[그림 2] 목적지로 Move here

■ 상대 아바타를 마우스로 우클릭하여 Move here 선택

이번에는 상대 아바타가 있는 곳을 목적지로 정하고 자신의 아바타가 상대 아바타 곁으로 이동하는 방식이다. 앞서 설명한 Move here와 다른 점이 있다면 공간 위의 한 지점이 아닌 상대방의 아바타를 [그림 3]과 같이 마우스의 우측 버튼을 클릭 한다는 점이다. 상대방 아바타를 마우스의 우측 버튼을 클릭하여 나오는 팝업 메뉴에서 Move here를 선택한다.

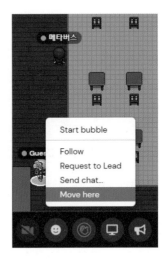

[그림 3] 상대 아바타로 Move here

■ 상대 아바타를 마우스의 우측 버튼을 클릭하여 Follow 선택

Move here이 한 번만 실행되는 일회성이지만 Follow는 한번 지정하면 취소하기 전까지 계속 상대 아바타를 따라다니게 된다. 상대방 아바타를 [그림 4]의 왼쪽 그림과 같이 마우스의 우측 버튼을 클릭하여 나오는 팝업 메뉴에서 Follow를 선택하면 된다.

Follow가 된 상태에서 자신의 아바타를 직접 조정하면 자동으로 따라다니는 기능이 취소된다. 또는 [그림 4]의 오른쪽 그림과 같이 Follow 상태에서 하단에 나타나는 Stop following을 눌러도 된다.

[그림 4] Follow 하기 및 취소하기

■ 상대 아바타를 마우스의 우측 버튼을 클릭하여 Request to Lead 선택

Follow가 상대방의 아바타를 내가 따라다니는 것이라면 Request to Lead는 정반대로 상대방이 내 아바타를 따라오게 하는 일종의 유도 기능이다. [그림 5]와 같이 상대방 아바타를 마우스의 우측 버튼을 클릭하여 나오는 팝업 메뉴에서 Request to Lead를 선택하면 된다. 취소하는 방법은 Follow와 동일하다.

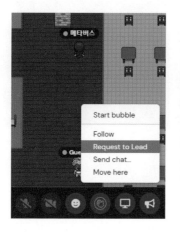

[그림 5] Request to Lead 하기 및 취소하기

단, Request라는 단어에서 알 수 있듯이 이 기능은 상대방에게 요청하는 것이므로 상대방의 승인이 필요하다. Request to Lead를 신청받은 상대에게는 [그림 6]과 같은 창이 나타난다. 이 때, 허용 하려면 Accept를 거절 하려면 Decline를 선택하면 된다.

[그림 6] Request to follow 허용

⌛ TIP

참가자 메뉴에서의 Request to Lead 선택

아바타에서 마우스로 우클릭하지 않아도 다른 방법으로 Request to Lead를 사용할 수 있다. 우측 하단의 사람 모양의 아이콘이 있는 참가자 메뉴(Participants)를 선택한다.
현재 같은 공간에 있는 참가자들의 목록이 보여지고 그중에서 원하는 대화상대를 선택하면 나타나는 창에서 Request to Lead를 고를 수 있다.

(2) 상대 아바타의 위치로 가는 이동 경로 표시하기

상대방의 아바타가 있는 위치까지의 이동 경로를 검은 선으로 표시해주는 기능으로 선을 따라가면 상대방의 아바타를 찾을 수 있다.

① 우측 하단의 사람 모양의 아이콘이 있는 참가자 메뉴(Participants)를 선택한다. 단, 이미 [그림 7]과 같이 이미 참가자 목록이 보인다면 누를 필요가 없다.

② 참가자 목록에서 원하는 경로를 표시하고 싶은 대상을 선택한다.

③ 참가자 목록 좌측에 나타나는 창에서 Locate on map을 선택하면 된다.

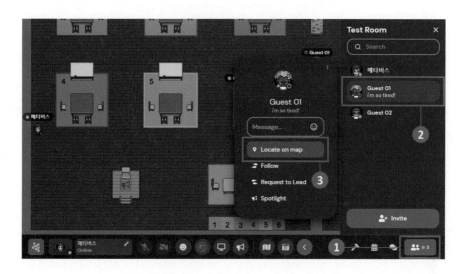

[그림 7] Locate on map 허용

④ 상대방 아바타가 있는 위치까지의 이동 경로가 공간 위에 [그림 8]과 같이 확인할 수 있다. 이동 경로를 지우고 싶다면 화면 하단에 나타난 Stop locating을 선택하면 된다.

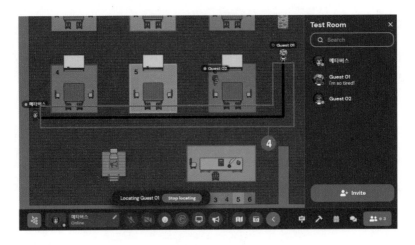

[그림 8] 상대방 아바타까지의 이동경로 표시

(3) 투명인간 되기

투명 인간처럼 보이지 않게 된다는 의미가 아니라 타인의 아바타를 그대로 통과하는 기능이다. 기본적으로 아바타는 다른 아바타를 만나면 통과하지 못하고 피해서 지나가야 한다. 한두 명의 아바타는 키보드나 마우스 조작으로 어렵지 않게 피할 수 있지만 한 공간에 다수의 접속자가 있으면 다른 아바타들 때문에 진로에 방해받는 번거로움이 생길 수도 있다.

다른 아바타에 막히게 된다면 하단에 Hold g to Walk through라는 메시지가 뜰 것이다. 이럴 때 'G' 키를 누르고 있으면 아바타가 [그림 9]와 같이 반투명 상태로 변하며 다른 아바타들을 마치 투명 인간처럼 그대로 통과하는 것이 가능하다. 하지만 막혀있는 벽이나 오브젝트를 통과할 수는 없다.

[그림 9] G키로 반투명 처리된 아바타

(4) 오브젝트와 상호작용 하기

역시 튜토리얼에서 설명했듯이 특정 기능(예: 동영상, 웹페이지 이동 등)을 실행할 수 오브젝트들에 아바타가 접근하게 되면 해당 오브젝트는 [그림 10]과 같이 노랗게 빛이 나게 되며 여기서 'X' 키를 누르게 되면 오브젝트가 가진 기능을 실행할 수 있게 된다.

우리가 Classroom(Small) 템플릿을 사용해 만든 공간에는 화이트보드 모양의 오브젝트가 이미 배치되어 있으므로 아바타를 근처로 이동시켜 보자. 튜토리얼에서는 'X' 키를 눌러도 반응이 없었지만, 이곳은 실제로 사용자가 만든 공간이므로 오브젝트에 담긴 기능이 [그림 11]과 같이 같이 실행될 것이다.

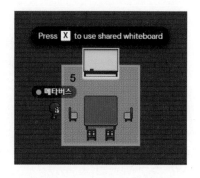

[그림 10] 오브젝트와 상호작용

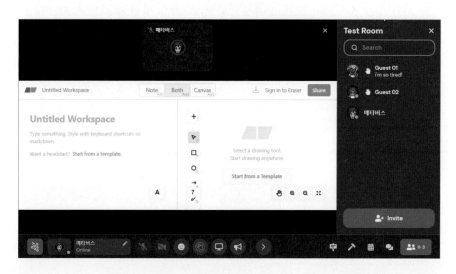

[그림 11] 오브젝트에서 실행된 화이트보드(Whiteboard)

화이트보드는 이후에 다시 설명하겠지만 판서나 노트를 작성하고 아이디어 등을 공유할 수 있는 도구이다. 화면을 빠져나가기 위해서는 'X' 키를 누르거나 우측 상단의 '×'를 누르면 된다. 아직은 이런 도구들을 사용할 수 있다는 점만 확인하고 다른 오브젝트의 기능들은 이후에 살펴보기로 하자.

(5) 아바타 춤추기

키보드에서 'Z' 키를 누르면 아바타가 [그림 12]와 같이 팔을 위아래로 흔들며 춤을 추게 된다. 단순한 반복 동작이지만 적절히 사용하면 상대방에 대한 호응을 나타내거나 감정을 표출할 수 있는 수단이 될 수 있다.

[그림 12] 아바타가 춤추는 모습

(6) 폭죽 터트리기

'F'키를 누르면 아바타가 폭죽을 발사한다. 축하와 기념 등의 의미로 사용할 수 있다.

(7) 이모지(Emoji) 사용하기

아이콘으로 표현되는 그림을 통해 감정이나 상태를 표현할 수 있다. 아바타 머리 위의 말풍선에 이모지(Emoji)를 노출하는 만화적인 방식이다. 이모지 기능은 하단의 스마일 아이콘 위에 마우스 커서를 올리면 나타나게 된다.

■ 기본 이모지 사용

스마일 메뉴에 마우스를 올리면 [그림 13]과 같이 총 6개의 기본 이모지를 선택할 수 있다.

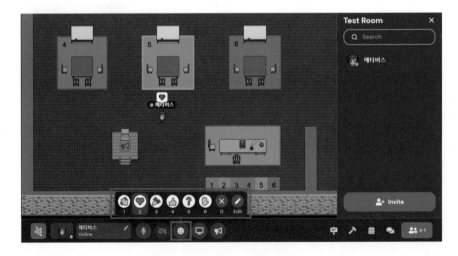

[그림 13] 이모지(Emoji) 사용하기

이모지는 마우스로 선택하거나 이모지 아래에 있는 1~6번에 해당하는 각각의 숫자키를 눌러 표시할 수 있다. 6번을 제외한 1~5번의 이모지를 선택하면 3초 동안 아바타 위에 표시된다.

각각의 이모지는 〈표 1〉과 같은 의미를 가진다.

<표 1> 이모지 명칭과 의미

숫자키	명칭	의미
1	Wave	손 흔들기
2	Heart	하트, 심장
3	Party popper	파티 폭죽
4	Thumbs up	엄지척
5	Question mark	물음표
6	Raisedhand	손 들기
0	Clear	삭제

6번을 선택하면 계속 유지되며 지우기 위해서는 다시 6번을 선택하거나 0번에 해당되는 삭제 버튼을 눌러야 한다.

■ 이모지 사용자 지정

6번은 손들기 표현으로 고정되어 있고 그 외 1~5번의 이모지는 사용자가 지정할 수 있다. 이모지를 변경하기 위해 이모지 창의 가장 우측에 있는 연필 모양의 Edit를 클릭해 보자.

Customize emotes 창이 [그림 14]와 같이 변경하려는 이모지를 먼저 선택하고 그 아래의 다양한 이모지 중에서 원하는 이모지를 클릭하면 된다. 이상이 없다면 Save를 눌러 이모지 변경 사항을 저장하고 초기화하고 싶다면 Reset to default를 누른다.

[그림 14] 이모지(Emoji) 사용자 지정하기

알아두기 **이모지? 이모티콘?**

스마트폰을 사용하는 현대인들에게 둘 다 친숙한 단어들일 것이다. 이모지(emoji)와 이모티콘(emoticon)의 차이는 무엇일까? 사전적으로는 다른 의미가 있지만 표현이라는 차원에서는 사실상 거의 같다고 봐도 무방하다.

이모티콘은 '이모션(emotion)'과 '아이콘(icon)'의 합성어로 문자와 기호를 사용하여 의미를 전달하는 것이다. 메신저 등의 대화창에서 흔히 볼 수 있는 ^^, ㅠㅠ, --;, (*^_^*) 등과 같은 것들이다.

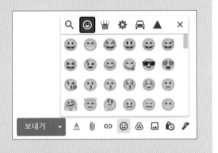

[그림 15] Google gmail에 적용된
이모지(Emoji)

반면 이모지는 일본에서 유래된 단어로 그림을 뜻하는 '에(繪)'와 문자를 뜻하는 '모지(文字)'의 합성어로 본래 발음은 에모지이다. 에모지는 이미지로 표현된 그림문자를 의미한다. 과거 일본의 통신사에서 자체적으로 만들어 사용하던 것이 지금은 애플의 아이폰, 구글의 지메일에도 사용되고 있다.

게더타운에서는 우리가 흔히 보아온 스마일 아이콘과 같은 이미지 형태를 사용하므로 굳이 따지자면 이모지가 옳은 표현일 것이다. 하지만 게더타운에서 이모티콘의 emote와 이모지의 emoji를 함께 표기하고 있기 때문에 이 둘은 동일하다고 보면 된다.

(8) 채팅 가능(Open to Chat) 상태 표시하기

[그림 16]과 같이 Open to Chat 기능을 활성화하면 아바타의 머리 위에 'Come say hi!'라고 표시된 말풍선이 뜨게 함으로써 해당 아바타의 사용자가 누구와도 대화를 나눌 의사가 있음을 알려주는 기능이다. 화면 하단에 있는 손바닥 모양의 Open to chat 메뉴를 선택하면 된다.

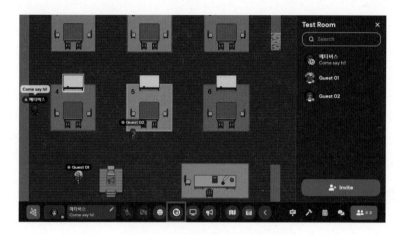

[그림 16]   Open to chat 활성화하기

'Come say hi!' 표시는 아바타의 머리 위 외에도 화면 하단의 퍼스널 메뉴(Personal menu) 그리고 화면 우측의 참가자 목록에도 동시에 표시된다.

 알아두기

Open to chat 활성화하기는 버전 업데이트 및 정책에 따라 나타나지 않을 수 있다.

CHAPTER 9

게더타운 채팅

Join the Gathering 1　채팅하기

채팅하기

게더타운에서는 한 공간에 모여있는 다른 사람들과 텍스트로 대화를 주고받는 채팅(Chatting)을 할 수 있는 다양한 방법을 제공하고 있다. 채팅하고자 하는 대상과 범위에 맞게 선택하여 사용할 수 있으니 적절한 방식을 선택해서 사용해 보도록 하자.

(1) 채팅 메시지 보내기

■ 특정인과 채팅하기 #1 - 참가자 목록에서 상대를 선택하여 보내기

참가자 목록에서 채팅하려는 상대를 선택해서 메시지를 보내는 방법이다.

① [그림 1]과 같이 우측 하단의 참가자 메뉴(Participants)를 누른다. 단, 참가자 목록이 [그림 1]과 같이 이미 보인다면 누를 필요가 없다. 참고로 참가자 메뉴 버튼에서 녹색 점과 함께 표시된 숫자는 현재 공간에 있는 참가자의 수를 의미한다.

② 참가자 목록에서 메시지를 보내려는 대상을 선택한다.

③ 대상을 선택하면 메시지를 입력할 수 있는 새로운 창이 뜬다. 상대에게 말을 걸기 위해 메시지를 입력하고 Enter를 누른다.

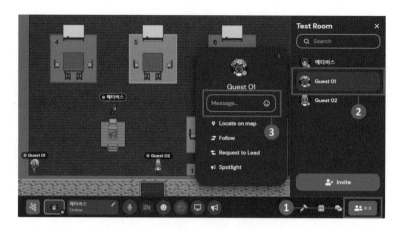

[그림 1] 특정 상대를 선택해서 메시지 입력

④ 자동으로 채팅창으로 전환되고 하단의 챗(Chat) 메뉴가 활성화되는 것을 볼 수 있다. [그림 2]의 메시지 입력창을 통해 대화를 이어 나갈 수 있다.

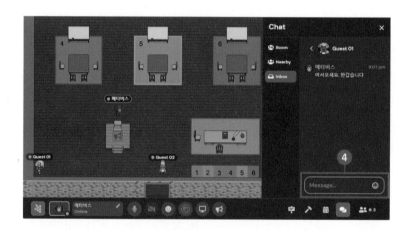

[그림 2] 채팅창에서 메시지 입력

■ 특정인과 채팅하기 #2 - 채팅창에서 상대를 선택하여 보내기

이번에는 참가자 목록이 아닌 [그림 3]의 채팅 메뉴에서 대화 상대를 선택해서 보내는 방법이다.

① 우측 하단의 말풍선 모양의 채팅 메뉴(Chat menu)를 선택한다. 단, [그림 3]과 같이 이미 선택되어 있다면 다시 누를 필요가 없다. 그리고 [그림 3]과 같이 채팅창 하단에 New message 버튼이 보인다면 바로 ③으로 넘어간다.

② 만약 ①에서 New message 버튼이 보이지 않았다면 채팅창 좌측 세로 탭에서 Inbox를 눌러본다. [그림 3]과 같이 New message 버튼이 있는 화면으로 전환될 것이다.

③ 채팅창에서 New message 버튼을 선택한다.

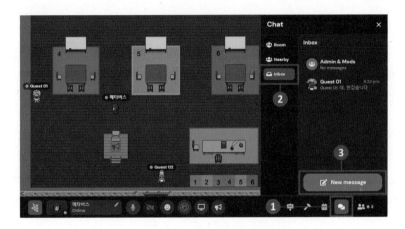

[그림 3] 채팅 메뉴 열기

④ 채팅창에서 To: Select user를 클릭하면 참가자 목록이 [그림 4]와 같이 나타나게 되는데 여기서 대화상대를 선택한다.

⑤ 메시지 입력창에 대화 내용을 입력하고 Enter를 누른다.

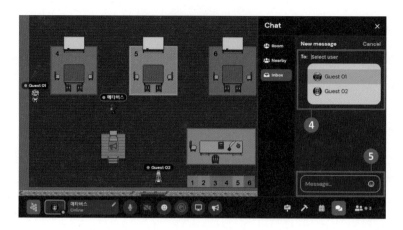

[그림 4] 채팅 상대 선택

■ 근처에 있는 상대와 채팅하기

자신의 아바타 근처에 있는 상대에게만 메시지를 보내는 기능이다. 자신과 상대방의 아바타의 거리가 일정 거리 이내로 가까워지면 채팅창에 자동으로 대화상대가 나타나게 되는데 이 대화상대에게 메시지를 보내는 방법이다. 누군가를 선택하지 않아도 일정 거리 내에 있는 주변의 사람들을 자동으로 대화상대로 만드는 것이다.

① 먼저 근처에 오면 대화가 가능해지는 상태가 되는지 살펴보기 위해 아바타를 [그림 5]와 같이 서로 떨어지게 이동시켜보자. 그런 후 우측 하단의 말풍선 모양의 채팅 메뉴(Chat menu)를 선택한다. 단, 이미 선택되어 있다면 다시 누를 필요가 없다.

② [그림 5]의 채팅창 좌측 세로 탭에서 Nearby를 선택한다. 채팅창 상단에 Nearby(1)이라고 표시되는데 근처에 자신 혼자라는 뜻이다. 그리고 바로 아래 자신의 아바타 아이콘만 표시가 되어있다. 따라서 지금은 같은 공간에 다른 사람들이 있더라도 근처에는 없기 때문에 메시지를 보낼 수 없는 상태가 된다(혼동하지 말아야 할 것은 지금은 Nearby 기능을 통해 근처 상대에게 보내지 못하는 것뿐이지 다른 방법으로는 당연히 메시지를 보낼 수 있다).

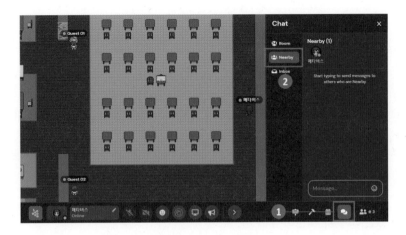

[그림 5] Nearby 선택

③ 자신의 아바타를 상대방에게 가깝게 이동시켜보자. [그림 6]의 상단 Nearby(1)의 숫자가 주변의 상대방 수만큼 올라가고 그 아래로는 자신 이외의 아바타 아이콘이 추가되는 것을 볼 수 있다.

④ 메시지 입력창에 대화 내용을 입력하고 Enter를 누른다.

[그림 6] 주변의 상대방 대화참여

게더타운에서 의미하는 '거리'란?

상대방과 소통하기 위한 아바타끼리의 거리, 상호작용을 위한 오브젝트까지의 거리 등 게더타운에서는 일정 거리 이내로 좁혀지면 화상회의, 채팅, 오브젝트 상호작용 사용 등과 같이 어떠한 행동들이 가능해지는 '거리'가 정해져 있다. 이후에 맵메이커라는 도구를 통해 공간을 직접 구성하게 되면 거리에 대한 단위(몇 칸)를 확인할 수 있게 된다.

■ **공간에 있는 모두와 채팅하기**

한 공간 안에서 거리와 대상에 관계없이 모두와 채팅할 수 있는 기능이다. 대화를 원하지 않는 상대에게도 메시지가 보내지기 때문에 다수가 모인 공간에서는 앞서 설명한 특정인 또는 근처에 있는 상대방과 채팅하는 것과 구별하여 사용할 필요가 있다.

① 우측 하단의 말풍선 모양의 채팅 메뉴(Chat menu)를 선택한다. 단, [그림 7]과 같이 이미 선택되어 있다면 다시 누를 필요가 없다.

② 채팅창 좌측 세로 탭에서 Room을 선택한다.

③ 메시지 입력창에 대화 내용을 입력하고 Enter를 누른다.

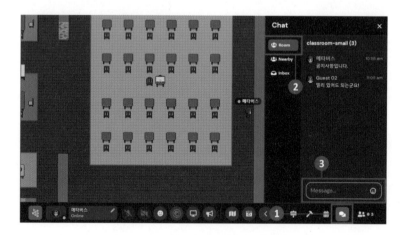

[그림 7] 공간의 모두에게 메시지 보내기

(2) 채팅메시지 확인하기

상대방이 보낸 메시지를 받게 되면 [그림 8]의 Chat 창 세로 탭에 있는 Room, Nearby, Inbox의 우측에 파란 점이 생긴다. 파란 점이 있다면 아직 확인하지 않은 메시지가 있다는 뜻이므로 클릭해서 메시지를 확인하면 된다.

[그림 8] 메시지 수신 때 생기는 파란 점

세로 탭 메시지 기능 중 Inbox는 수신함을 의미하는데 자신과 대화한 내용을 네이트온이나 카카오톡 등의 메신저처럼 대화 목록별로 볼 수 있다. 대화 목록에서도 아직 확인하지 않은 메시지가 있다면 역시 대화 내용 옆에 파란 점이 생기는데 대화 목록을 선택하면 대화 내용을 확인할 수 있다.

참고로 [그림 9]와 같이 Inbox에서는 기존에 대화했었던 모든 상대방과의 기록이 보이고 목록에서 상대를 선택하면 대화창을 열 수 있다. 다른 방법으로는 하단의 New message 버튼으로 대화창을 열은 후 상대를 선택해서 대화를 이어 나갈 수 있다. 다시 이전의 New message 버튼이 있는 화면으로 가려면 세로 탭의 Inbox를 누르거나 상단의 아바타 아이콘 좌측의 '<'를 눌러 이동하면 된다.

[그림 9] Inbox 대화목록과 대화내용

(3) 아바타를 선택해서 채팅하기

채팅창에서 대화상대를 선택하는 방법이 아닌 공간에서 아바타를 직접 선택해서 메시지를 보내는 방법이 있다. 메시지를 보내는 방법은 앞에서 설명한 것과 동일하지만 대화상대를 공간에 있는 아바타에서 직접 선택한다는 점만 다르다고 보면 된다.

① 메시지를 보내려는 아바타에서 마우스 오른쪽 버튼을 클릭한다. 팝업 메뉴가 나타나면 Send chat을 선택한다.

② 자동으로 채팅 메뉴가 나타나고 Inbox의 대화창이 열리게 된다. 이전 방법들과 동일하게 메시지 입력창에 대화 내용을 입력하고 Enter를 누른다.

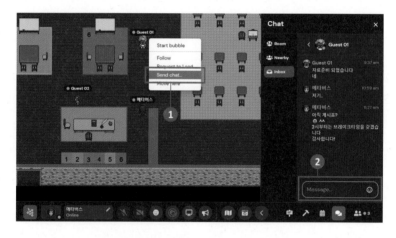

[그림 10] 아바타를 선택해서 메시지 보내기

채팅에서 이모지(Emoji) 사용하기

공간 위의 아바타 머리에 이모지 사용하는 법을 설명하였다.
게더타운은 채팅할 경우에도 일반적인 메신저처럼 이모지를
사용해서 감정을 표현할 수 있다.

[그림 11]의 메시지 입력란 스마일 모양의 아이콘을 누르면
이모지를 선택할 수 있는 창이 나오게 되는데 상단에서 원하
는 종류의 탭을 선택하거나 스크롤을 내려서 보내고 싶은 이
모지를 클릭하면 된다.

[그림 11] 채팅에서 이모지 보내기

CHAPTER 10

게더타운
화상회의

Join the Gathering 1 화상회의 하기

화상회의 하기

게더타운은 메타버스 기반의 화상회의 플랫폼으로 실제로 현실 세계에서 사람들이 마주하게 될 때 대화를 할 수 있는 것처럼 아바타를 통해 상대방을 만나고 자연스럽게 화상으로 대화를 이어 나갈 수 있다. 내 아바타가 나만의 공간에 머무르다가 원할 때 회의실 공간에 가서 그곳에 있는 사람들과 대화를 할 수 있고 때로는 개인적인 공간 (Private spaces)에 모여 제한된 모임을 할 수도 있다.

현실 세계와 비슷한 이러한 유동적인 대화방식은 줌(Zoom)과 같은 다른 화상회의 플랫폼과 차별화된다고 볼 수 있는 부분이다.

(1) 상대방과 거리좁혀 대화하기

상대방과 화상으로 대화하기 위해서는 별다른 과정이 필요 없다. 단순히 자신의 아바타를 상대방 아바타에 가까워지도록 이동만 하면 된다. 일정 범위 내로 거리가 좁혀지

[그림 1] 거리가 좁혀지며 나타나는 상대방 비디오창

면 자동으로 상대방의 얼굴 모습이 화면의 상단에 나타나게 된다.

재미있는 점은 현실에서 상대방과의 거리가 가까워지면 상대방의 모습과 말소리가 또 렷해지는 것과 같이 게더타운의 공간에서도 거리가 가까워질수록 영상과 소리가 영향을 받는다는 점이다. 반대로 멀어지게 되면 영상과 소리가 희미해지는 것을 [그림 2]와 같이 볼 수 있다.

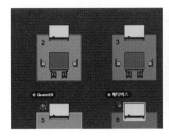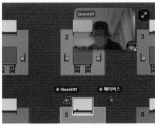

[그림 2] 거리에 따른 비디오 활성화 정도

■ 나의 비디오 창 나타나게 하기

상대방의 비디오 창에 비해 내 모습이 나오는 비디오 창은 [그림 3]의 왼쪽 화면 좌측하단에 아주 작은 썸네일 형식으로 표시된다. 내 비디오 창을 상대방의 비디오 창처럼 보이게 하기 위해서는 이 곳에 마우스 커서를 올리면 된다(단, 본인의 카메라가 켜져 있어야 한다).

[그림 3] 내 비디오창 나타나게 하기

하지만 이 방법은 마우스 커서를 올렸을 때만 나타나게 되며 마우스가 벗어나면 다시 작은 화면으로 전환된다. 내 비디오 창을 항상 나타나도록 고정하려면 [그림 4] 왼쪽 그림 처럼 마우스 커서를 올린 상태에서 나타나는 비디오창에 있는 핀모양의 버튼을 선택한다. 핀이 녹색으로 변하면서 [그림 4] 오른쪽 그림 처럼 비디오 창이 고정된다.

[그림 4] 비디오창 고정하기

해제를 하려면 핀모양의 버튼을 다시 한번 누르면 된다.

■ 비디오 창 확대보기(1) - 나란히 확대해서 보기

상대방의 비디오 창과 나의 비디오 창을 나란히 확대해서 볼 수 있다. 상대방의 비디오 창 우측에 있는 양쪽 화살표 모양의 버튼을 선택하면 된다.

[그림 5] 상대방 비디오 창의 양쪽 화살표 버튼 선택

두 개의 비디오 창이 옆으로 나열되면서 [그림 6] 처럼 확대된 화면을 볼 수 있다.

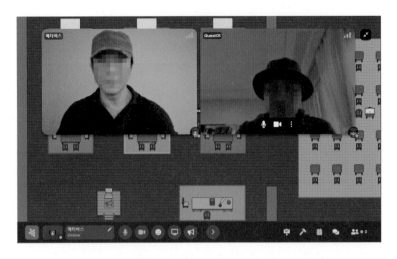

[그림 6] 자신과 상대방 화면 나란히 확대해서 보기

■ 비디오 창 확대보기(2) – 전체 창으로 보기

자신 또는 상대방의 모습을 전체 창크기로 보는 방법이다. 나의 모습을 크게 보려면 [그림 7]의 내 비디오 창 우측의 양쪽 화살표 모양의 버튼을 선택한다. 반대로 상대방의 모습을 크게 보려면 상대방의 비디오 창을 선택하면 된다. 단, 이때는 상대방 창의 우측에 있는 양쪽 화살표 버튼이 아닌 상대방 비디오 창을 클릭한다.

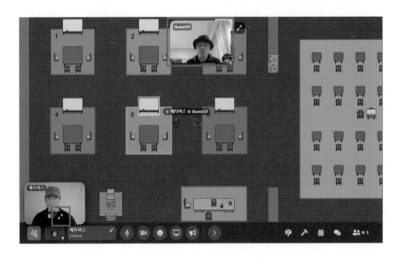

[그림 7] 자신의 비디오 창에서 양쪽 화살표/상대방 비디오창 선택

이렇게 하면 전체 화면으로 전환되면서 자신 또는 상대방의 비디오 화면을 [그림 8]과 같이 볼 수 있다. 큰 화면 위에 마우스 커서가 올려져 있는 상태라면 하단에 자신과 상대방 아바타의 모습을 볼 수 있는 작은 맵이 나타난다. 이때 아바타를 키보드로 이동시킬 수는 있지만 일정거리를 벗어나면 비디오 창은 닫히게 된다.

[그림 8] 전체 창으로 확대 해서 보기

■ 카메라 및 마이크 끄기

공간에 입장할 때 외에도 공간에서 활동하는 중에도 카메라와 마이크를 켜고 끌 수 있다. 자신의 카메라와 마이크를 켜고 끄기 위해서는 [그림 9] 화면 하단 메뉴에서 Camera 및 Microphone을 선택하면 된다.

[그림 9] 하단 메뉴에서 자신의 카메라와 마이크 끄고 켜기

반대로 상대방의 상대방 비디오 창의 마이크와 카메라 모양의 버튼을 [그림 10]과 같이 선택하면 상대방의 화면과 소리를 차단할 수 있다.

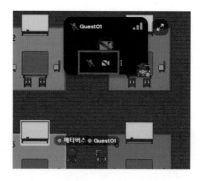

[그림 10] 상대방의 화면과 소리 켜고 끄기

알아두기 **상대방의 화면과 소리차단**

상대방의 비디오 창에서 카메라와 마이크 버튼을 눌러 화면과 소리를 차단할 수 있지만 실제로 상대방의 카메라와 마이크를 제어할 수 있는 것은 아니다. 나의 카메라와 마이크는 직접 제어할 수 있지만 상대방에 대한 제어는 되지 않고 단순히 나에게 보이거나 들리는 것을 막아주는 것이다.

이외에도 [그림 11]과 같이 비디오 창을 나란히 또는 [그림 12]의 전체화면으로 확대해서 보는 경우에도 카메라와 마이크를 켜고 끌 수 있는 버튼들이 있다.

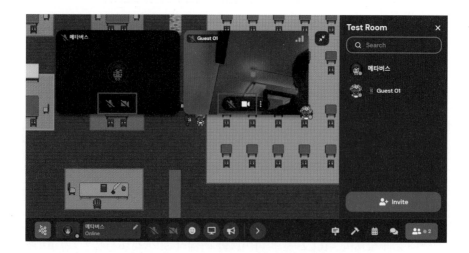

[그림 11] 나란히 확대 보기에서 상대방의 화면과 소리 켜고 끄기

[그림 12] 전체 화면 확대 보기에서 상대방의 화면과 소리 켜고 끄기

■ 소리크기 및 대화 차단

상대방의 소리를 조절할 수 있는 기능이 있다. 상대방 비디오 창에서 세로로 나열된 점 세 개(⋮) 모양의 버튼을 누르면 상대방의 소리를 조절할 수 있는 볼륨조절 항목이 [그림 13]과 같이 나타난다. 그 밑에 있는 Block을 누르면 대화 자체를 차단할 수 있게 된다.

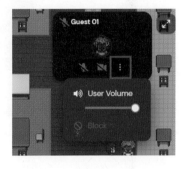

[그림 13] 상대방 소리크기 조절 및 대화차단

[그림 14]와 같이 Block을 실행하면 화상은 물론 채팅까지도 차단되는 상태가 Block 상태에서는 Unblock 버튼이 있어 다시 해제를 할 수도 있다.

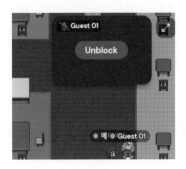

[그림 14] 상대방 대화차단 상태

■ 상대방 호출

게더타운의 화상회의 방식은 매우 유연하다. Zoom처럼 누군가가 나를 항상 보고 있을 지도 모른다는 피로감을 느낄 필요가 없으며 계속 화면을 응시할 필요도 없다. 한 공간에 있어도 각자 자유롭게 개인적인 일을 하다가 대화를 하고자 할 때 상대방을 호출하는 기능이 있다.

상대방과 대화가 가능한 범위 내에 있다 하더라도 브라우저에서 게더타운 화면이 아닌다른 탭을 보고 있거나 오피스와 같은 다른 프로그램을 사용하게 되면 상대방의 비디오 창에는 [그림 15]와 같이 Away From Tab이라는 문구가 표시된다.

[그림 15] 상대방 호출하기

상대방이 다른 일을 보고 있으므로 자동으로 화면이 비활성화되는 것인데 상대방을 호출하려면 비디오 창에 있는 Ring '상대방 이름'을 클릭하면 된다. 이렇게 상대를 호출하게 되면 상대방에게 벨 소리가 울려 호출이 되고 있음을 알려준다.

(2) 정숙 모드로 대화하기

일정 범위 내에 있는 다수의 상대방과 자동으로 화상회의가 연결되기 때문에 때로는 바로 곁의 상대와 대화가 필요할 때 다른 사람들의 소리가 방해될 수도 있다. 사용자들이 많으면 많을수록 주변의 잡음이나 대화소리가 섞여서 상대방의 대화를 알아듣기 힘들 때 사용하면 유용하다.

단지 자신의 아바타 바로 옆(대각선 포함)에 있는 사용자들에게만 대화를 허용하는 정숙모드(Quiet Mode)를 활성화하면 된다. [그림 16] 하단의 Personal 메뉴를 선택하고 하위 메뉴에서 Turn On Quiet Mode를 클릭한다.

[그림 16] 정숙 모드(Quite mode) 켜기

처음 Quiet Mode를 사용한다면 [그림 17]과 같은 메시지가 뜰 것이다. 메시지 옆의 그림에 표시된 것처럼 자신의 아바타 바로 곁(반투명한 검은 원의 범위)에 있는 상대방과 대화가 가능하다는 의미이다.

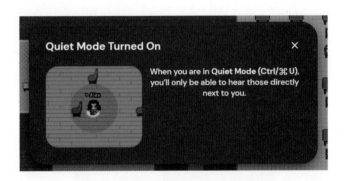

[그림 17] 정숙 모드(Quite mode) 안내

[그림 18] 처럼 정숙 모드가 활성화되면 아바타의 녹색 원이 붉은 원으로 변경됨을 확인할 수 있다. 이제부터는 상대방과의 대화하기 위해서는 근처가 아닌 바로 곁에 붙어 있어야 대화가 가능해진다.

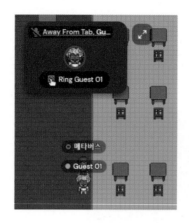

[그림 18] 아바타에서의 정숙모드 표시

정숙 모드를 해제하려면 하단의 Personal 메뉴에서 Turn On Quiet Mode를 선택하면
된다.

(3) 버블을 이용하여 소곤소곤 대화하기

버블(Bubble) 기능을 이용하면 1:1로 비공개 화상대화를 할 수 있다. 버블로 상대방과
나의 아바타가 연결되면 사용자가 많은 상황에서도 상대방과 비밀스러운 대화가 가능
해진다. 단독으로 대화하고 싶은 상대방의 아바타를 마우스 오른쪽 버튼으로 선택한
후 나오는 [그림 19]의 팝업메뉴에서 Start bubble을 클릭하면 된다. 또는 상대방 아바
타를 더블클릭해도 가능하다.

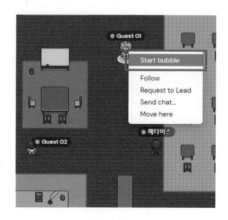

[그림 19] Start bubble 선택

버블이 시작되면 내 아바타가 상대방 아바타 곁으로 자동으로 이동하게 되고 아바타들이 위치한 바닥의 색상이 변한 것을 확인할 수 있는데 이 상태가 상대방과 버블이 설정되었음을 알리는 표시이다.

버블 대화 모드를 해제하기 위해서는 [그림 20] 화면 하단의 Leave Bubble을 선택하거나 아바타를 다른 위치로 이동시킨다.

[그림 20] Leave Bubble 선택

(4) 개인공간(Private Areas)에서 대화하기

개인적인 공간에서 대화하는 기능으로 외부와 차단된 독립적인 공간에서 상담, 면접, 회의 또는 그룹학습 등을 하기에 적합한 대화방식이다. 개인공간, 즉 Private Areas로 지정된 공간에 있는 사람들끼리만 대화가 가능하며 외부에 있는 사람들의 대화 소리는 들리지 않게 된다. 이는 현실 세계에는 방음이 잘되는 방에 모여서 특정 인원들과 대화하는 것과 동일한 형태이다.

개인공간은 나중에 배우게 될 맵메이커(Map maker)라는 공간 편집 도구를 통해 사용자가 자유롭게 만들 수 있다. 지금은 기존의 템플릿 공간에 미리 지정된 개인공간을 먼저 사용해보도록 하자.

현재 우리가 사용하고 있는 공간(Class room(small) 템플릿으로 만든 공간)을 예로 살펴보면 [그림 21]과 같은 영역들이 보일 것이다. 주변 바닥과 다르게 매트가 깔려있고 화이트보드, 책상, 의자 등이 보이는 영역이 6개가 있다.

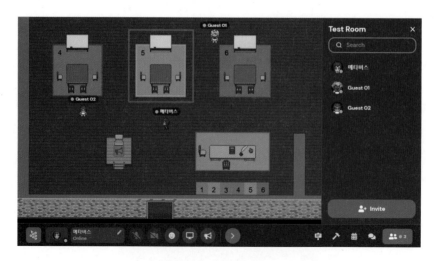

[그림 21] 개인공간(Private Areas)

> ### 💡 알아두기 개인공간(Private Areas) 구별하기
>
> 개인공간은 앞에서 설명한 것과 같이 기존 템플릿을 이용하여 이미 만들어진 공간에서 미리 지정된 영역을 사용할 수 있다. 또는 나중에 배우게 될 공간 저작도구인 맵메이커(Map maker)를 통해 사용자가 자유롭게 디자인하여 만들 수도 있다.
> 따라서 개인공간에 화이트보드, 책상이나 의자가 항상 있는 것은 아니기 때문에 템플릿 또는 사용자의 공간구성에 따라 모습이 모두 다를 수 있다는 점을 참고하도록 하자.

이 영역 중 한 곳으로 들어가 보자. [그림 22] 처럼 들어가게 되면 해당 공간을 제외한 주변부가 모두 어둡게 변하게 되어 현재 자신의 아바타가 있는 곳이 분리된 독립적인 영역임을 표시해주게 된다.

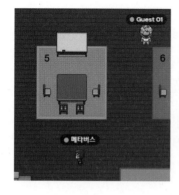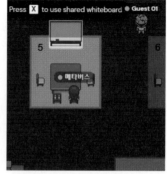

[그림 22] 개인공간에 들어가기 전과 후 주변 밝기 변화

그리고 [그림 23]의 화면 하단에 개인공간에 들어가 있는 상태임을 알려주는 You have entered a private space 메시지가 나타났다가 사라지는 것을 볼 수 있다.

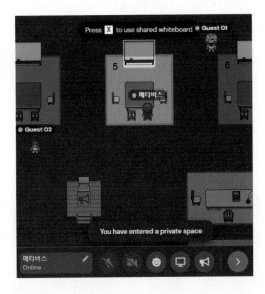

[그림 23] 개인공간 입장 메시지

개인공간에 함께 소속된 사람들끼리만 대화가 가능하기 때문에 아무리 가까운 거리에 있더라도 개인공간의 밖에 있는 사람은 대화할 수 없다. [그림 24]와 같이 Guest02는 혼자 개인공간의 바깥쪽에 있으므로 대화에 참여할 수 없다.

[그림 24] 외부인과 대화가 차단된 개인공간

개인공간은 물리적으로 반드시 하나의 영역으로 만들 필요는 없다. 쉽게 설명하면 개인공간은 하나의 독립된 대화 영역으로 간주되지만, 물리적으로는 동떨어지게 여러 개를 지정해도 서로 연결되어 대화가 가능해진다는 것이다.

이해를 돕기 위해 실제 어떤 방식으로 분리된 개인공간이 연결되는지 살펴보도록 하자. 현재 자신이 있는 개인공간의 좌측 상단에는 번호(예제에서는 5번)가 새겨져 있다. 그리고 전체 공간에서 아래쪽으로 내려와 보면 [그림 25]와 같이 색상별로 일련의 번호가 쓰여진 작은 영역이 보일 것이다. 개인공간에 새겨진 번호(5번)와 동일한 번호가 있는 영역으로 자신 또는 상대방 아바타(예제에서는 개인공간에 속하지 못한 Guest02)를 이동시켜본다.

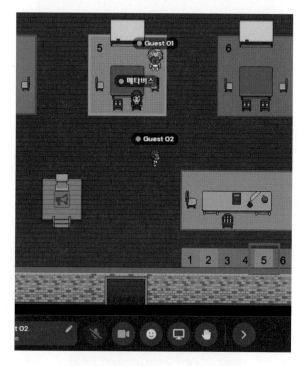

[그림 25] 분리된 개인공간으로 이동

이제 비디오 창이 새로 활성화되면서 분리된 공간에 있는 상대방(Guest02)도 멀리 떨어진 다른 원래의 개인공간에 있는 다른 상대(메타버스, Guest01)들과도 대화할 수 있어지는 것을 볼 수 있다. 떨어져 있지만 이 작은 공간도 원래의 개인공간과 [그림 26]과 같이 연결된 동일한 개인공간이기 때문이다.

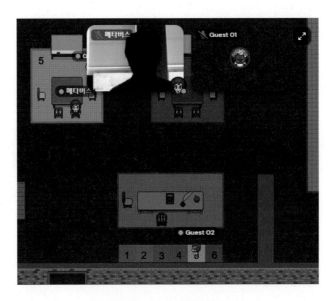

[그림 26] 하나로 연결된 개인공간

이처럼 개인공간은 단순히 한 곳에 몰아서 지정하는 것뿐만 아니라 인접하지 않게 떨어뜨려도 대화가 가능할 수 있다는 것을 알아보았다.

참고로 개인공간에 새겨진 번호와 동일한 번호의 위치에 있다면 어느 개인공간을 선택해도 가능하다. 예로 넓은 개인공간 1번과 하단의 작은 개인공간 1번에 각자의 아바타를 위치시켜도 대화가 가능하게 된다.

 알아두기   **개인공간(Private Areas)에 새겨진 번호의 의미는?**

여기서 번호는 개인공간과 기능적으로 연결되어 있지만 위치상 분리된 또 다른 개인공간을 서로 식별하기 위해 의도적으로 삽입한 시각적 기호일 뿐 다른 의미는 없다. 순서나 등급 등이 아니라 단순히 현재 템플릿에서 사용자가 사용하기 쉽도록 식별을 위해 새겨 넣은 것으로 보면 된다.

개인공간의 수와 넓이, 분리된 개인공간의 위치와 연결, 개인공간에 새겨진 번호 등은 공간을 수정할 수 있는 권한이 있는 사용자가 어떻게 지정하느냐에 따라 자유롭게 구성하고 달라질 수 있으니 여기서는 먼저 개인공간의 개념과 사용법에 대해서만 확실히 이해하고 넘어가도록 하자.

CHAPTER 11

게더타운
부가 기능

화면공유

내가 사용하고 있는 컴퓨터 화면을 상대방과 공유할 수 있는 기능이다. 상대방에게 내 컴퓨터 화면을 보여주면서 설명을 하거나 프레젠테이션할 때 사용한다. 화면을 공유하기 위해서는 화상회의를 할 때처럼 화면을 공유하려는 상대와 대화가 가능한 일정 거리 범위 내에 있어야 한다. 또는 앞에서 배운 개인공간(Private Areas)을 사용하면 개인공간에 함께 있는 모든 사람들과 대화가 가능 상태가 되므로 화면을 아주 손쉽게 공유할 수 있을 것이다.

그렇지 않은 경우에는 발표자 기능(Spotlight)을 통해 거리와 관계없이 공간에 있는 전체 인원에게 발표와 동시에 화면공유가 가능하게 할 수도 있지만 이 기능은 다음 설명에서 배우기로 하고 먼저 기본적인 화상회의에서 화면을 공유하는 방법에 대해 알아보기로 한다.

■ 상대방과 화면 공유하기

먼저 자신의 아바타를 상대방들과 가깝게 이동시키거나 개인공간(Private Areas)을 만든 후에 다른 사람들과 모여 화상회의가 가능한 상태에서 화면을 공유해보자.

① [그림 1] 화면 하단의 메뉴 중 모니터 모양의 화면 공유(Screen share) 메뉴를 선택한다.

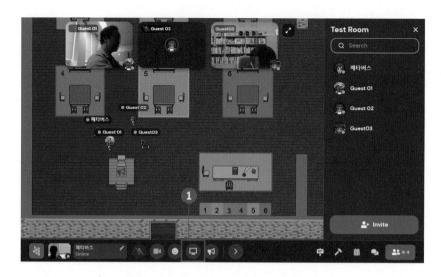

[그림 1] 화면공유(Screen share) 메뉴 선택

② 다음과 같이 어떤 형태로 정보를 공유할 것인지 세 개의 탭 메뉴 중에서 선택할 수 있는 팝업창이 나타난다. 각 탭은 〈표 1〉과 같은 화면의 정보를 의미한다.

<표 1> 화면 공유시 화면 정보와 설명

화면 정보	설 명
전체 화면	공유하려는 모니터(디스플레이)를 선택할 수 있다. 듀얼 모니터를 사용하고 있다면 2개가 보이고 노트북처럼 하나의 모니터라면 1개만 나타난다.
창	현재 화면에 보이는 응용 프로그램(어플리케이션) 화면중에서 선택할 수 있다.
Chrome 탭 또는 Microsoft Edge 탭	구글 크롬(Chrome) 또는 마이크로소프트 엣지(Edge) 브라우저에서 현재 실행 중인 각 탭 중에서 선택할 수 있다.

전체화면, 창 그리고 Chrome(또는 Edge) 탭 중에서 원하는 정보를 선택한다.

[그림 2] 공유정보 선택

 TIP

탭 메뉴 중 '창' 목록에서 실행 중인 응용 프로그램(어플리케이션)이 안보인다면?

실행 중인 창을 공유하려고 하는데 창 목록에서 원하는 응용 프로그램이 보이지 않을 수 있다. 아래의 그림에서 보는 것처럼 실제로는 포토샵, HWP, 엑셀, 파워포인트, 워드, 계산기 등 많은 응용 프로그램이 실행 중이지만 게더타운 화면공유의 창 목록에는 나타나지 않을 수 있다.

여기서 말하는 창 목록은 '실행'되는 응용 프로그램이 아니라 실제로 화면에 지금 떠 있는 응용 프로그램 목록만을 보여주기 때문이다.

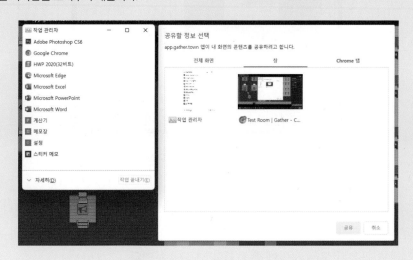

[그림 3] 실행중인 응용 프로그램과 화면 공유의 창 목록 비교

예를 들어 파워포인트를 실행시켰더라도 최소화 버튼으로 창을 안 보이게 숨겼다면 게더타운의 화면 공유 창 목록에는 파워포인트가 나타나지 않게 된다. 따라서 공유하고자 하는 응용 프로그램을 화면에 보이도록 띄운 후에 창 목록에서 선택하도록 한다.

③ 탭 아래에 보이는 목록에서 공유하려는 화면을 선택한다. 선택된 화면에는 색상이 있는 테두리가 적용된다.

④ 만약 자신의 PC에서 나오는 오디오도 함께 공유하려면 [그림 4]와 같이 시스템 오디오 공유 항목을 체크한다. 예를 들어 파워포인트 등에 삽입된 음원이나 영상 등을 프레젠테이션에 사용하거나 YouTube 사이트에서 동영상을 재생할 때 오디오도 함께 공유하길 원한다면 체크하면 된다.

⑤ 공유 버튼을 눌러 화면 공유를 시작한다.

[그림 4] 화면 선택 및 공유 버튼

⑥ '(공유자) 아바타 이름's screen'이 표시된 공유 화면이 상단에 보여지게 된다. 이제 공유를 지정한 화면, 예를 들어 파워포인트 창에서 슬라이드를 넘기는 등의 활동을 시작하면 공유된 모든 사람에게 동일한 화면이 보인다.

⑦ 공유가 시작되면서 화면 하단에 공유 중지 및 숨기기 버튼이 있는 창이 나타나는데 마우스로 클릭한 상태로 드래그해서 위치를 자유롭게 옮길 수 있다. 또는 숨기기 버튼을 눌러 화면에서 아예 사라지게 할 수 있다. 공유를 중지하려면 [그림 5]와 같이 공유 중지 버튼을 누르거나 게더타운 하단의 화면 공유(Screen share) 메뉴를 다시 누르면 된다.

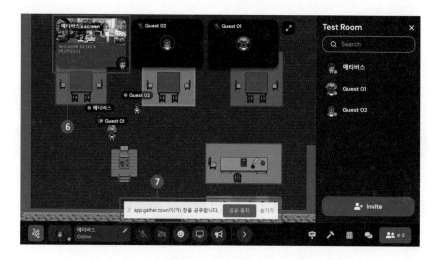

[그림 5] 화면공유 시작 상태와 공유 중지 및 숨기기

■ 비디오 최적화

화면 공유 상태에서 공유된 화면의 화질을 개선할 수 있다. 공유가 시작되면 화면 하단의 화면 공유(Screen share) 메뉴가 녹색으로 변하게 되는데 이때 마우스 커서를 올리면 [그림 6]과 같이 Optimize for video 창이 뜨게 된다. 창에 있는 버튼을 활성화면 화질을 일부 향상시킬 수 있는데 실제로 눈에 띌만한 개선 효과를 체감하기는 어렵다.

최적화를 활성화하게 되면 이전보다 화면전송에 많은 데이터를 사용하게 되므로 사용자가 많을 경우에 오히려 성능이 떨어질 수도 있으니 사용자가 많지 않을 때 활성화하는 것이 좋다.

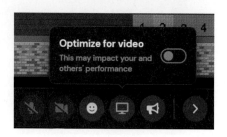

[그림 6] 비디오 품질 향상시키기

■ 공유 화면에서 포인터(Pointer) 사용하기

프레젠테이션 등의 발표에서 일반적으로 자신이 원하는 내용을 가리키거나 강조하기 위해 레이저 포인터 등을 사용하게 되는데 게더타운의 화면 공유에서도 포인터를 사용할 수 있다. 물론 레이저 포인터와 같은 물리적인 포인터는 아니지만, 화면상에서 마우스로 클릭하는 부분을 강조해서 포인터의 효과를 낼 수 있다.

[그림 7]과 같이 화면이 공유된 상태에서 상단에서 '(공유자) 아바타's screen'이 표시된 공유 스크린을 선택해보자.

[그림 7] 화면 상단의 공유 스크린 선택

공유 스크린이 전체화면으로 전환되고 [그림 8] 상단에 마우스 커서 모양의 버튼이 두 개 보일 것이다. 만약 이와 같은 버튼이 보이지 않을 경우 마우스 커서를 공유 화면 위에 올리면 나타나게 된다.

[그림 8] 포인터 활성화 버튼

여기서 왼쪽의 버튼(마우스 커서 1개 모양)을 누르면 공유자 자신의 마우스 포인터의 활성화 여부를 선택할 수 있다. 포인터를 활성화한 후에 공유 화면을 클릭해보면 해당 부분에 붉은색 원 모양의 강조 효과가 나타난다. 공유 화면을 클릭하면 마우스 커서로 클릭한 부분이 붉은색 원 모양의 강조 효과로 표시된다. 강조된 효과 옆에는 포인터를 사용하는 사용자의 아바타 이름이 함께 표시되어 누가 현재 포인터를 사용 중인지 알 수 있다.

[그림 9] 포인터 강조 효과

그리고 오른쪽의 버튼(마우스 커서 2개 모양)을 누르면 화면을 공유한 원래의 사용자가 아닌 다른 사람들에게도 포인터를 사용할 수 있게 해준다. 마찬가지로 클릭한 부분에 붉은색 원 모양의 강조 효과가 생기면서 포인터를 사용하는 사람의 아바타 이름을 표시해준다.

■ 모니터가 1개일 경우

최근에는 PC 1대에 2개 이상의 모니터를 연결하여 사용하는 경우가 많다. 이런 경우에는 화면 공유할 때 어려움이 없지만, 노트북과 같이 1개의 모니터를 사용하는 경우라면 화면 공유에 약간의 불편함이 따르게 된다. 그것은 바로 공유할 화면과 게더타운의 화상회의 화면을 동시에 보기 어렵다는 점이다.

이런 문제는 특히 파워포인트에서 프레젠테이션하기 위해 슬라이드 쇼를 실행할 때 발생한다. 파워포인트에서 슬라이드 쇼가 진행되면 슬라이드의 내용이 전체화면으로 전환되기 때문에 파워포인트 이외의 응용 프로그램들은 파워포인트 슬라이드 쇼의 뒤에 모두 가려지게 된다. 따라서 게더타운의 창은 보이지 않게 되므로 상대방의 비디오 창, 메시지, 아바타의 모습 등을 전혀 확인할 수 없다.

[그림 10] 단일 모니터에서 게더타운을 덮는 파워포인트의 Slide show

이처럼 모니터가 1개일 경우 공유할 프레젠테이션 화면과 게더타운을 동시에 보기 위해서는 다음과 같은 과정이 필요하다.

① 파워포인트 화면을 마우스로 선택하고 [그림 11]과 같이 윈도우 키를 누른 상태에서 좌, 우 방향키(←, →)를 누르면 정확하게 화면의 절반 크기로 파워포인트 창이 [그림 12]와 같이 정렬된다.

② 파워포인트 창이 모니터의 절반 크기로 정렬된 후 현재 실행 중인 응용 프로그램들이 자동으로 축소되어 파워포인트 창 옆에 목록 형태로 나타나게 되는데 이때 게더타운이 실행되고 있는 브라우저를 선택한다.

[그림 11] 윈도우 키 + 좌/우 방향키

[그림 12] 파워포인트 창 정렬

③ 게더타운이 실행되고 있는 브라우저의 창이 나머지 화면의 절반 크기에 맞춰 [그림 13]과 같이 정렬된다.

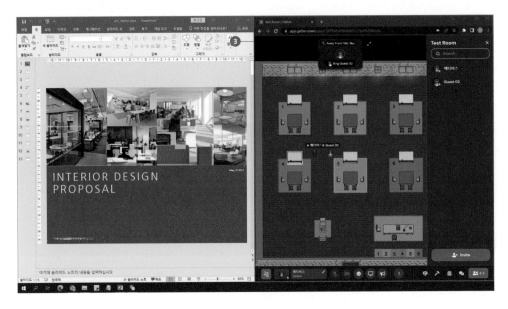

[그림 13] 게더타운 창 정렬

④ [그림 14]의 파워포인트 우측 하단에 있는 책을 펼친 모양의 아이콘인 '읽기용 보기 버튼'을 누른다. 또는 상단의 '[보기] 메뉴 – [프레젠테이션 보기]탭 – 읽기용 보기 '를 선택해도 된다.

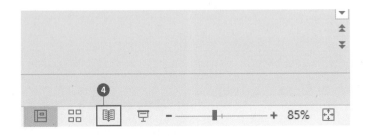

[그림 14] 파워포인트 읽기용 보기 버튼

⑤ 이렇게 하면 파워포인트 창 내부에서 슬라이드가 슬라이드 쇼가 실행되기 때문에 다른 작업이나 응용 프로그램들을 함께 사용할 수 있다.

⑥ 이제 게더타운의 화면 공유를 실행하고 창 목록에서 읽기용 보기로 실행 중인 파워
포인트 창을 선택하여 [그림 15]와 같이 화면을 공유하면 된다.

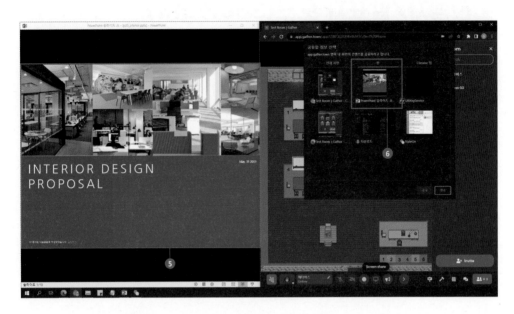

[그림 15] 읽기용 보기 실행 후 화면 공유에서 파워포인트 창 선택

Join the Gathering 2
진행자/발표자 모드(Spotlight)

Spotlight(스팟라이트)는 마치 단상에서 마이크를 켜고 방송하는 것처럼 진행의 권한을 부여하는 기능이다. 공간은 매우 다양하고 복잡한 형태로 구성될 수 있고 많은 사람이 다양한 활동을 할 수 있기 때문에 여러 사람의 주의를 집중시켜 발표 하거나 행사에서 공지를 전달하는 등의 진행이 필요할 때 사용할 수 있다.

 알아두기   **스팟라이트 허용인원**

스팟라이트는 같은 공간에서 최대 100명에게 사용할 수 있다. 100명을 초과될 경우 통신상태가 불안정해지거나 정상적으로 작동되지 않을 수 있다.

스팟라이트가 실행되면 진행자(발표자)의 소리와 화면을 모든 참여자에게 전달할 수 있다. 특정 영역에 있는 사람들끼리만 대화가 가능한 개인공간(Private Areas)에 있다하더라도 스팟라이트가 우선시 되어 진행자의 소리와 화면이 전달된다.

진행자 외의 다른 참여자의 입장에서 볼 때 스팟라이트가 실행되면 공간 상단에 진행자의 비디오(카메라 또는 공유화면) 창 나타나고 비디오 창에는 오렌지색 배경 위에 메가폰(확성기) 아이콘과 진행자의 아바타 이름이 [그림 16]과 같이 표시된다.

[그림 16] Spotlight 실행

스팟라이트는 다음과 같은 세 가지 방법 중 하나를 선택하여 사용할 수 있다.

(1) 스팟라이트 영역으로 이동하기

스팟라이트를 사용할 수 있도록 미리 지정된 영역으로 이동하면 스팟라이트 기능을 사용할 수 있다. 우리가 Class room(small) 템플릿으로 생성한 공간을 [그림 17]과 같이 살펴보면 좌측 하단과 우측 상단에 다음과 같은 메가폰(확성기) 모양의 이미지가 그려진 영역이 보일 것이다.

[그림 17] Spotlight 영역

[그림 18]과 같이 아바타를 이동시키면 'you have stepped on a spotlight square! Now broadcasting to the whole room.'이라는 메시지와 함께 스팟라이트를 사용할 수 있게 된다.

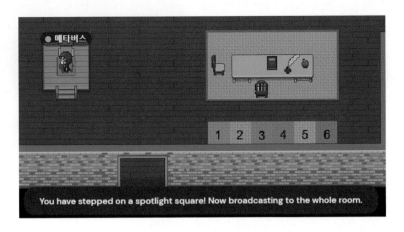

[그림 18] Spotlight 영역으로 이동

(2) 셀프 스팟라이트(Self spotlight) 메뉴로 실행하기

공간에서 Admin 권한이 있는 사용자라면 스팟라이트를 메뉴에서 실행할 수도 있다. [그림 19] 하단의 메뉴에서 메가폰(확성기) 모양의 Self spotlight 메뉴를 선택하면 어디에서든 바로 실행이 가능하다. 스팟라이트가 실행되면 Self spotlight 메뉴의 색상이 주황색으로 바뀌면서 하단의 'You've been spotlighted.~'라는 메시지가 나타나게 된다.

[그림 19] Self spotlight 메뉴 실행

(3) 참가자 목록에서 다른 참여자를 진행자(발표자)로 지정하기

내가 아닌 다른 사람을 진행자(발표자)로 지정할 수 있다. 참가자(Participants) 메뉴를 눌러 나오는 참가자 목록에서 진행자로 지정하려는 대상을 마우스로 선택(왼쪽, 오른쪽 버튼 모두 가능)한다. [그림 20]과 같이 콘텍스트 메뉴가 뜨게 되면 그중에서 Spotlight를 선택하면 지정한 대상이 진행자의 역할을 할 수 있다.

[그림 20] 참가자 목록에서 Spotlight 대상 지정

위와 같은 방법으로 진행자(발표자)를 지정할 수 있다.

다만 같은 공간상에 있더라도 다른 룸(Room)에 있다면 전달되지 않는다. 다른 룸의 사람들에게 전달하려면 해당 룸으로 이동해야 한다.

 알아두기   공간에서의 룸(Room)이란?

게더타운에서 말하는 룸은 현실에서 벽과 문으로 만들어진 '방'을 뜻하는 룸과는 그 의미가 완전히 다르다. 우리가 템플릿으로 공간을 만들었을 때 보이는 바닥과 벽, 가구 등으로 표현된 장소 자체가 하나의 룸이다. 룸(Room)은 공간을 구성하는 단위로 공간은 최소 1개의 룸으로 구성된다.

공간에서는 이러한 룸을 추가할 수 있는데 예를 들어 다른 층을 표현하고 싶거나 완전히 다른 장소로 분리하고 싶을 경우 사용한다. 룸과 룸은 하나의 공간 안에 있어도 서로 분리된 개념이지만 이후에 배우게 될 포털(Portal) 기능을 이용하여 서로 이동이 가능하다. 지금은 하나의 공간에서 서로 분리되어 있는 영역들의 단위 정도라고 이해하고 포털(Portal) 기능에서 자세히 다루어 보도록 하자.

포토모드

사용자의 편의를 위해 제공되는 부가적인 기능으로 화면을 캡처할 수 있는 포토모드
(Photo mode)가 있다. [그림 21] 하단의 메뉴바에서 '>'모양의 버튼(See more)을 선택
하면 메뉴가 확장되면서 나타나는 것을 볼 수 있다. 반대로 '<'모양의 버튼(See less)을
선택하면 메뉴가 축소되면서 감춰지게 된다.

[그림 21] See more 버튼으로 메뉴 확장(사용자 환경에 따라 다르게 보일수 있음)

■ 포토 모드(Photo mode)

게더타운의 공간에서 화면을 캡처할 수 있는 기능이다. 게더타운은 화상회의 외에도
졸업식, 입학식, 전시회 및 기업연수 등 다양한 행사목적으로 사용되기도 하는데 함께
모여 단체로 기념사진을 촬영하거나 중요한 상황 등을 이미지로 남기고 싶을 때 사용
할 수 있다.

[그림 22] 하단의 메뉴에서 카메라 모양의 아이콘이 있는 버튼을 선택하면 캡처를 할
수 있는 포토 모드 창이 나타난다.

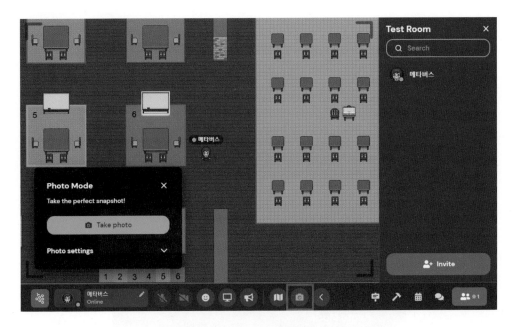

[그림 22] 포토 모드(Photo mode)

포토 모드 창에서 Take photo를 누르면 3초로 세팅된 타이머가 작동된 후 플래시가 터진 듯한 효과가 나타나며 사진이 촬영된 것처럼 캡쳐가 된다. 이후 캡쳐된 이미지와 함

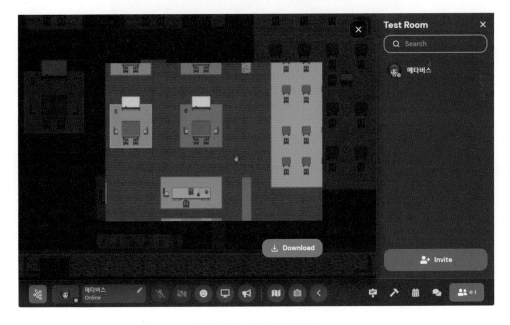

[그림 23] 촬영 후 다운로드

께 이미지를 다운로드할 수 있는 Download 버튼이 [그림 23]과 같이 나타난다. 캡쳐된 이미지에서 벗어나려면 우측 상단의 ×버튼을 클릭한다.

포토 모드 창에 있는 Photo settings를 클릭하면 다음과 같은 사항들을 설정할 수 있다.

- Hide videos : 자신 및 상대방의 비디오 창을 숨길 수 있다. 기념사진 촬영 등에서는 다수의 비디오창이 떠 있는 것이 캡쳐에 방해가 될 수 있기 때문에 이 기능을 사용하여 비디오 창을 숨길 수 있다.
- Canvas Zoom : 자신의 아바타를 중심으로 촬영할 범위를 확대하거나 축소할 수 있는데 [그림 24]와 같이 50~400%까지 설정이 가능하다.

[그림 24] 포토 모드 설정

PART 4

게더타운의
맵메이커

CHAPTER 12

맵메이커

Edit in Mapmaker(맵메이커 편집)

Edit in Mapmaker(맵메이커 편집)는 [그림 1]과 같이 게더타운 홈 화면에서 공간 아래에 있는 점 세 개(⋮)를 눌러 나오는 메뉴에서 Edit Map을 선택한다. 또는 [그림 2]와 같이 공간 내에서 Main menu(포도송이) → Settings → Space 탭 → Space Customization → Open Mapmaker를 선택해도 된다. 다른 방법으로는 [그림 3] 처럼 Main menu(포도송이) → Upgrade Gather Plan(Space dashboard로 이동) → Reservations → Edit Space를 선택하여 편집할 수도 있다.

[그림 1] 게더타운 앱(Home)에서 Mapmaker 실행

[그림 2] 공간(Space)의 Settings에서 Mapmaker 실행

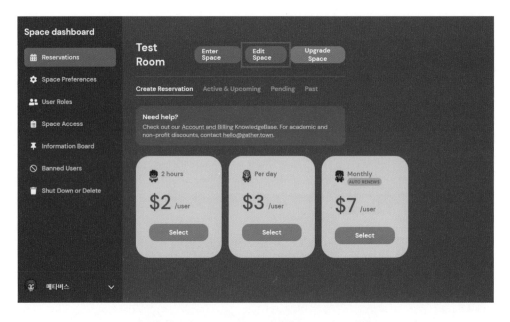

[그림 3] Space dashboard에서 Mapmaker 실행

맵메이커에서는 개체, 타일 효과, 벽과 바닥 그리고 방을 추가하고 제거하거나 편집할
수 있다.

▪ Mapmaker(맵메이커) 화면 구성

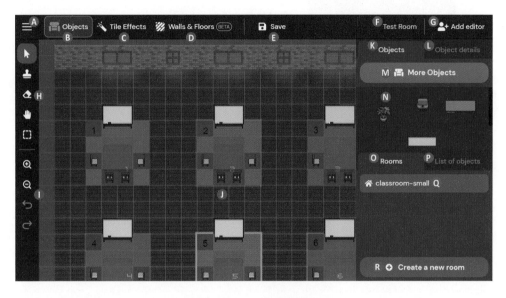

[그림 4] Mapmaker 화면 구성

Ⓐ 확장 메뉴	Ⓙ Map Grid
Ⓑ Objects	Ⓚ 속성 패널 ①
Ⓒ Tile Effects	Ⓛ 속성 패널 ②
Ⓓ Wall & Floors	Ⓜ More Objects
Ⓔ Save	Ⓝ RECENT OBJECTS
Ⓕ Space name	Ⓞ Rooms 패널
Ⓖ Add editor	Ⓟ List of objects 패널
Ⓗ 도구 패널 ①	Ⓠ Room list
Ⓘ 도구 패널 ②	Ⓡ Create a new room

Ⓐ ≡(확장 메뉴)

확장 메뉴는 [그림 5]와 같으며 스페이스로 이동, 공간 관리, 도움말, 배경 및 전경의 변경, 확장 설정등의 기능을 사용할 수 있다.

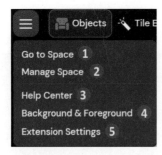

❶ Go to Space(스페이스로 이동)

❷ Manage Space(공간 관리)

❸ Help Center(도움말 센터)

❹ Background & Foreground(배경 및 전경)

❺ Extension Settings(확장 설정)

[그림 5] 확장 메뉴

❶ Go to Space(스페이스로 이동)
현재 작업하고 있는 공간을 참가자 모드로 새 탭을 오픈한다.

❷ Manage Space(공간 관리)
현재 작업하고 있는 공간의 대시보드 페이지를 새 탭에 오픈한다.

❸ Help Center (도움말 센터)
맵 만드는 방법을 설명한 문서를 새 탭에 오픈한다.

❹ Background & Foreground(Upload/Download) (배경 및 전경)
게더타운에서 제공하지 않는 배경 이미지나 전경 이미지를 업로드하거나 다운로드할 수 있다.

❺ Extension Settings (확장 설정)
베타기능에 포함된 확장 기능을 설정할 수 있다.

ⓑ Objects(오브젝트)

[그림 6]의 Objects를 클릭하면 오브젝트를 추가하거나 삭제할 수 있다. 공간에 오브젝트를 배치하려면 탭이 활성화 되어 있어야 한다.

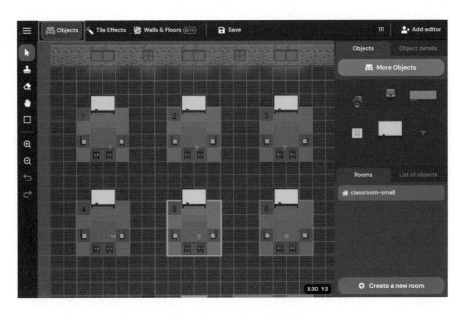

[그림 6] Objects 선택 화면

ⓒ Tile Effects(타일 효과)

타일에 적용된 효과를 이동, 배치, 편집 또는 삭제하려면 [그림 7]의 상단 메뉴에서 타일 효과를 선택한다. 타일 효과는 통과하지 못하는 타일, 처음 진입하는 타일, 다른 공간으로 이동하는 타일을 설정할 수 있다.

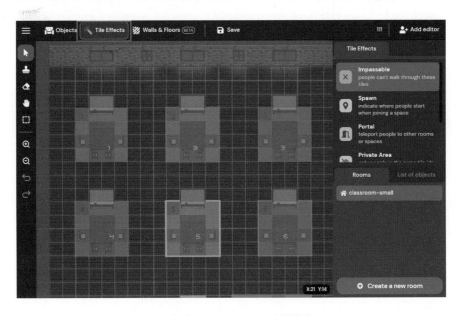

[그림 7] Tiles Effects 선택 화면

타일은 게더타운 공간의 최소 단위로, 정사각형 모양의 그리드이며 방향키를 눌렀을 때 키 방향으로 캐릭터가 한 타일을 이동하게 된다. 모든 타일은 정사각형으로 크기는 32×32픽셀이며 커스텀 맵을 디자인할 때 매우 중요하다. 게더타운 Mapmaker에는 특정 효과를 생성하는 데 사용되는 특수 타일 유형이 있는데 각 타일 유형은 〈표 1〉과 같은 기능을 제공한다.

〈표 1〉 특수 타일 유형과 기능

	icon	tile effects	설명	타일 효과	용도
①	✕	Impassable (통과 불가능)	캐릭터가 통과할 수 없는 타일	빨간색 반투명	구획정리, 가상오피스, 회의실 분리
②	📍	Spawan (스폰)	캐릭터가 공간에 참여할 때 시작하는 위치(나타나는 위치) 표시	녹색 반투명	로비입장, 참가자분산, 게임위치 지정

Spawn 타일은 새로운 참석자가 스페이스를 방문할 때 출연할 위치를 지정하는 데 사용되는데, 게더타운 맵 소유자는 공간 내 아무 곳에나 Spawn 타일을 배치할 수 있다.

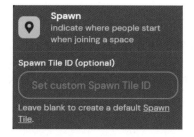

Spawn 타일에는 기본값(Default)과 사용자 정의(ID) 두 가지 유형이 있는데, 기본값(Default) Spawn 타일은 공간에 처음 참석하는 사람이 들어올 때 출연하는 위치를 나타내고 사용자 지정(ID) 타일은 지도상의 한 점으로 사용자를 직접 순간 이동하는 고유 URL이 있는 위치이다.

사용자 정의 타일은 Gather.town 내 Calendar 기능과 연동하여 사용하기 위한 타일이다. Calendar에 회의 일정과 사용자 지정(ID) Spawn 타일 정보를 함께 넣음으로써 사용자는 Calendar를 보고 회의 일정을 클릭해 사용자 지정(ID) Spawn 타일로 이동할 수 있다.

	icon	tile effects	설명	타일 효과	용도
③	🚪	Portal (다른 방)	캐릭터가 다른 룸이나 공간으로 이동하는 타일	파란색 반투명	층/건물/지역이동, 독립작업
④	👁	Private Area (개인 영역)	동일한 공간(같은 ID)에서만 서로 커뮤니케이션 할 수 있도록 하는 타일	숫자 분홍색 반투명	독립공간에서 회의, 원격회의
⑤	📢	Spotlight (스포트라이트)	한 사람이 자신의 오디오, 비디오 및 화면을 최대 100명까지 있는 맵에서 듣고 보고 할 수 있도록 하는 타일로 목소리를 전달할 수 있다.	주황색 반투명	발표, 무대인사, 안내방송

Spotlight 타일은 강단이나 강의실에서 Spotlight를 받는 진행자가 마이크를 이용해 말을 하면 공간에 있는 모든 참여자에게 진행자의 목소리가 전달되는 기능이다. 참여자들은 진행자의 공유화면 및 캠 화면도 있는데 Spotlight 기능은 프레젠테이션에서 참석자가 진행자에게 집중할 수 있도록 도와준다.

진행자는 해당 공간에 있는 모든 참여자의 목소리를 들을 수는 없으며 표준 연결 범위(5타일 이내)에 있는 참여자의 목소리는 들을 수 있다.

Spotlight 타일 위에 올라가면 'You have stepped on a spotlight~~~'라는 문구가 나오고, 주황색 레이블 안에 Spotlight 스피커 모양이 나오게 된다.

ⓓ Walls & Floors(벽 및 바닥)

- 베타버전으로 벽과 타일을 꾸미는 탭으로 사용자가 지정한 이미지를 배경으로 사용하면 이미지가 사라질 수도 있다.

- 맵에서 벽과 바닥을 이동, 배치, 편집 또는 삭제할 수 있다. 벽 및 바닥을 선택하면 "벽 및 바닥 도구는 템플릿 또는 사용자 정의 업로드 된 배경과 호환되지 않는다. 계속하면 템플릿 또는 배경이 영구적으로 삭제됩니다. 계속하시겠습니까?"라는 경고가 [그림 8]과 같이 표시된다.

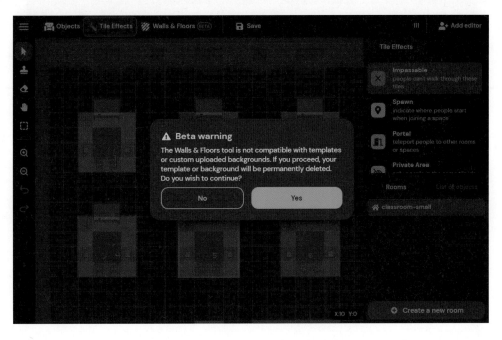

[그림 8] Wall & Floors 선택시 경고 화면

- 계속하려면 '예'를 선택해야 하며 배경 화면이 열리는데 새로운 상위 탐색 메뉴와 오른쪽 패널이 표시되고 배경 이미지가 제거된다. 벽을 선택하여 맵에 벽을 배치하고 바닥을 선택하여 바닥을 배치한다. 벽 또는 바닥에 사용할 수 있는 옵션이 오른쪽 패널에 표시된다. 원하는 벽이나 바닥을 배치한 후 [그림 9, 10]과 같이 Done(완료)을 선택하면 변경이 되고 벽이나 바닥을 변경하지 않으려면 Cancel(취소)을 선택한다.

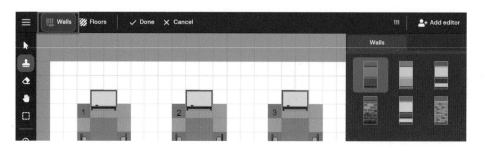

[그림 9] Walls Mode 선택 화면

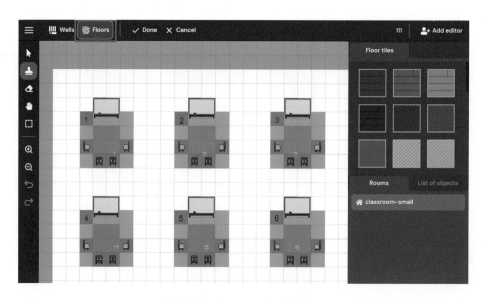

[그림 10] Floors Mode 선택 화면

ⓔ Save(저장)

변경 사항을 저장(자동저장 되지는 않음)하는 기능이다.

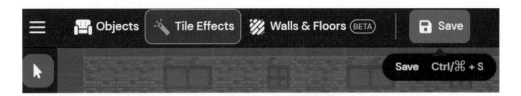

[그림 11]   Save 버튼

❺ 공간 이름

현재 공간이름 (예:'Test Room')이 표시 된다.

⑥ Add editor(편집자 추가)

맵 메이커를 통해 공간을 편집할 수 있는 사람(이메일 주소)을 추가하는 기능으로 Settings 에서도 편집자를 추가할 수 있다.

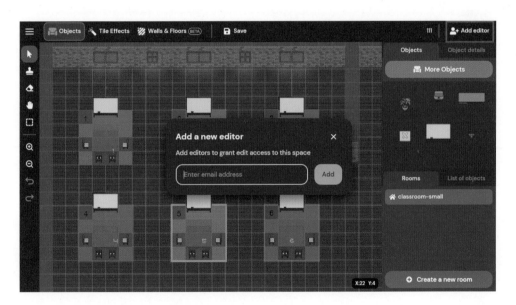

[그림 12]   Add a new editor 화면

ⓗ 도구 패널 ①

❶ Selects(화살표)
❷ Stamp(도장)
❸ Eraser(지우개)
❹ Hand(손)
❺ Box Select

[그림 13] 도구패널 ①

❶ Selects(화살표) V
타일이나 오브젝트를 선택하는 모드(단축키 : V)

❷ Stamp(도장) B
타일이나 오브젝트를 삽입하는 모드(단축키 : B)

❸ Eraser(지우개) E
타일이나 오브젝트를 삭제하는 모드(단축키 : E)

❹ Hand(손) H
캔버스 화면 자체를 움직이는 모드(단축키 : H)

❺ Box Select G
Object(오브젝트)와 Effects(이펙트)를 개별적 또는 동시에 선택할 수 있는 모드(단축키 : G)

Ⅰ 도구 패널 ②

❶ Zoom in(확대)

❷ Zoom out(축소)

❸ Undo(취소)

❹ Redo(복구)

[그림 14] 도구 패널 ②

❶ Zoom in(확대)

캔버스 화면을 확대한다.(단축키 Ctrl + 마우스 휠 밀기)

❷ Zoom out(축소)

캔버스 화면을 축소한다.(단축키 Ctrl + 마우스 휠 당기기)

❸ Undo(취소)

작업한 것을 최근 순서대로 취소한다.(단축키 Ctrl + Z)

❹ Redo(복구)

취소한 작업을 최근 순서대로 복구한다.(단축키 Ctrl + Shift + Z)

Ｊ Map Grid

맵을 그릴 수 있는 사각형의 모눈 그리드가 보이게 된다.

Ⓚ Objects 속성 패널 ①

오브젝트를 추가하는 대화상자를 열거나, 최근에 사용한 오브젝트를 미리 볼 수 있다.

[그림 15] Objects 속성 패널 ①

Ⓛ Objects details 속성 패널②

캔버스에 있는 오브젝트를 선택하면 해당 오브젝트의 속성과 고급 옵션을 보여준다.

[그림 16] Objects details 속성 패널②

Ⓜ More Objects

Object를 선택할 수 있는 창이 나타난다.

Ⓝ Basic Objects

사용되어진 최신 오브젝트가 나타난다.

Ⓞ Rooms

만든 공간에 어떤 방이 있는지를 보여준다.

Ⓟ List of objects(개체 목록)

해당 타일에 놓인 모든 오브젝트 목록을 보여준다.

❶ Bring forward
❷ Send to back
❸ Move up
❹ Move down
❺ Duplicate
❻ Delete

[그림 17] List of objects(개체 목록) 패널

❶ Bring forward
해당 오브젝트를 맨 앞으로 가져옴

❷ Send to back
해당 오브젝트를 맨 뒤로 보냄

❸ Move up

해당 오브젝트를 한 단계 앞으로 가져옴

❹ Move down

해당 오브젝트를 한 단계 뒤로 보냄

❺ Duplicate

해당 오브젝트를 복제함

❻ Delete

해당 오브젝트를 삭제함

ⓠ Room list

방(Room)의 이름이 표시 되는데, 공간에 들어갔을 때 처음 들어가게 되는 기본 방을 설정하거나 방을 삭제할 수 있다.

ⓡ Create a new room(새 방 만들기)

방을 새롭게 생성하는 버튼이다.

맵메이커(Mapmaker) 실행하기

지금까지 우리는 게더타운에서 제공하는 템플릿(Template)을 통해 공간을 만들고 사용법을 익혀왔다. 하지만 엄밀히 말해서 템플릿을 사용한다는 것은 이미 만들어진 공간을 이름만 바꾸어 복사한 것일 뿐 나만의 공간을 새로 만든 것은 아니다.

게더타운에서는 자신만의 개성 있는 공간을 만들 수 있도록 맵메이커(Mapmaker)라는 공간 저작도구를 제공하고 있다. 맵메이커를 사용하면 자신만의 독창적인 메타버스 공간을 만들어 낼 수 있다.

공간을 만든다는 관점에서 볼 때 게더타운의 맵메이커를 사용한다는 것은 현실 세계에서 집을 짓는 공사와 유사하다. 먼저 바닥을 만들고 벽을 세운 후에 내부에 가구와 집기 등을 배치하는 인테리어 작업을 거치게 되면 하나의 공간(Space)이 만들어지게 되는 것이다.

■ 맵메이커 실행하기

맵메이커를 실행하는 가장 기본적인 방법에 대해 알아보자. 그러기 위해서는 게더타운의 Home 화면(https://app.gather.town/app)에서 시작해야 한다.

① Home에서 [그림 18] 우측 상단의 Create Space를 선택한다.

[그림 18] Create Space 선택

② [그림 19]의 팝업창 하단의 Advanced templates and setup for experts를 선택한다.

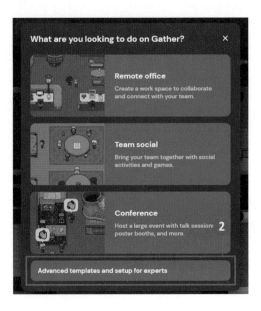

[그림 19] Advanced templates and setup for experts 선택

③ 공간에 아무것도 없는 가장 기본적인 상태에서 시작하기 위해 텅 비어(Blank) 있는 템플릿을 찾아 선택해야 한다. [그림 20] 템플릿 화면 상단에 있는 Start from blank 버튼을 선택한다. 또는 좌측 카테고리에서 Blank를 선택해도 된다.

[그림 20] Start from blank 선택

④ Blank 템플릿 중에서 맨 위에 있는 별표(*) 모양의 Blank(Start from scratch) 템플 릿을 선택한다.

[그림 21] Blank 템플릿 선택

⑤ [그림 22] 창 우측 하단에 생성할 공간의 이름, 패스워드(필요할 경우), 용도 등을 입 력 및 선택하고 하단의 Create space 버튼을 클릭한다. 예제에서는 공간의 이름을 Practice Room, 용도를 Other로 선택했는데 반드시 동일하게 설정할 필요는 없다.

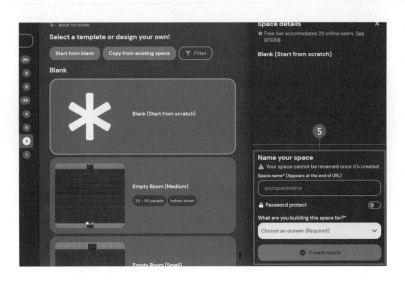

[그림 22] 공간 정보 입력 및 생성

⑥ 캐릭터와 마이크 및 카메라 등을 점검 및 설정하고 [그림 23]과 같이 Join the Gathering을 선택한다.

[그림 23] Join the Gathering 선택

⑦ 공간이 생성되었지만, 완전히 비어있는 공간이기 때문에 배경이 [그림 24]와 같이 전부 검은색으로만 채워져 있고 자신의 아바타 외에는 아무것도 없다. 이제 이곳에 공간을 꾸미기 시작해야 한다. 화면 하단의 메뉴에서 망치 모양의 Build Tool을 선택한다.

[그림 24] Build Tool 선택

⑧ [그림 25] 우측 하단의 Edit in Mapmaker 버튼을 선택한다.

[그림 25] Edit in Mapmaker 선택

⑨ 브라우저의 새 탭에 공간의 바탕이 흰색인 Mapmaker 화면이 나타난다. 흰 공간에는 바둑판처럼 격자무늬 패턴이 자리 잡고 있다. 패턴을 이루는 정사각형 한 칸을 게더타운에서는 '타일(Tile)'이라고 부른다. 타일은 공간을 이루는 단위에 해당한다.

공간의 좌측 상단을 보면 연두색 타일이 있는데 이 타일의 위치가 공간의 원점(좌표축이 교차하는 점, 시작점)을 나타낸다.

알아두기　타일과 화상대화 가능범위

이전에 다루었던 내용 중 상대방과 화상 대화를 하려면 일정 범위 이내로 가까워져야 한다고 하였는데 타일(Tile) 단위로 상하좌우 5칸 이내이면 상대방의 비디오가 보이기 시작한다. 3칸 이내라면 선명하게 볼 수 있다.

⑩ 공간의 우측 하단에는 X, Y 좌표값을 표시해주는 반투명의 검정 박스가 보이는데 마우스 커서가 위치한 타일의 좌표값을 표시해준다. 원점 위치에 있는 연두색 타일에 마우스 커서를 위치시키면 좌표값이 X:0 Y:0 으로 표시되는 것을 알 수 있다.

여기서 오해하지 말아야 할 것은 타일의 위치가 X:0 Y:0이라고 해서 타일의 색이 항상 연두색은 아니라는 것이다. 나중에 타일 효과(Tile Effects)를 배울 때 알게 되겠지만 타일의 색상은 좌표와 관련이 없다. 현재까지는 타일의 좌표값과 위치에만 신경을 쓰도록 하자.

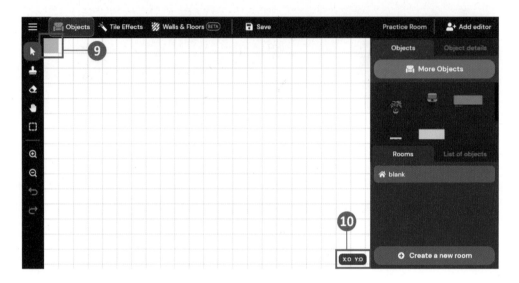

[그림 26] Mapmaker 기준점과 좌표

알아두기 **원점과 좌표값**

연두색 타일이 위치한 원점은 좌표로 0, 0에 해당되며 맵메이커를 실행할 때마다 항상 좌측 상단에 위치하게 된다. 여기를 기준으로 아래, 우측 좌표는 양(+)의 값을 가지고 반대로 위, 좌측의 좌표는 음(-)의 값을 가지게 된다. 공간에서 배경이나 오브젝트 등을 배치할 때는 X, Y 모두 양(+)의 값을 가진 영역에만 배치해야 한다.

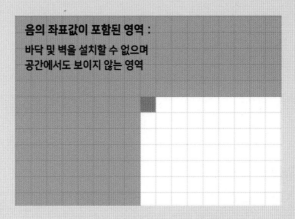

음의 좌표값이 포함된 영역 :

바닥 및 벽을 설치할 수 없으며
공간에서도 보이지 않는 영역

[그림 27] 음의 좌표값이 포함된 영역

음의 좌표값(원점에서 위, 좌측)이 포함된 영역은 Hand 도구로 원점 너머로 이동할 수는 있지만 벽이나 바닥 등을 설치할 수 없다. 또한 맵메이커 작업 완료 후 공간에서는 음의 좌표가 포함된 영역은 보이지 않으며 아바타가 이동할 수도 없다는 점을 참고하도록 하자.

Join the Gathering 2
맵메이커 배경 만들기

빈 공간을 만들고 난 후에 가장 먼저 해야 되는 일이 바로 배경을 만드는 것이다. 배경은 바닥을 깔고 벽을 세우는 작업이라고 보면 된다. 이러한 배경은 맵메이커 상단에 있는 Walls & Floors 메뉴를 통해 만들 수 있다.

(1) 바닥(Floor) 배치하기

맵메이커에서는 바닥 위에 벽이 배치되기 때문에 제일 먼저 바닥을 배치하는 방법에 대해 알아보기로 한다. 하지만 벽을 먼저 세우고 바닥을 배치해도 무방하므로 편리한 방법을 선택하면 된다. 벽이 별로 없는 경우라면 바닥을 먼저 배치하고 벽으로 구획을 많이 구분해야 하는 경우라면 벽을 먼저 설치하는 것이 좋다.

① 맵메이커 상단의 메뉴에서 Walls & Floors를 선택한다.

[그림 28] Walls & Floors 선택

② Walls & Floors를 처음 눌렀다면 다음과 같이 Beta warning 메시지가 팝업으로 뜬다. 현재 생성된 공간에 기존 템플릿이 적용되었거나 업로드한 이미지를 배경으로 사용했을 경우 그 배경이 삭제될 것이라는 내용이다. Walls & Floors는 현재까지도 베타 기능으로 다른 템플릿의 배경, 사용자가 업로드한 이미지 배경과 호환이 되지 않기 때문이다.

하지만 걱정할 필요가 없다. 현재는 배경이 존재하지 않는 빈 상태의 공간을 생성했기 때문에 삭제될 배경이 없으므로 [그림 29]과 같이 Yes를 누르면 된다.

[그림 29] Beta warning 메시지

알아두기 **Beta 기능**

베타(Beta) 기능이란 안정적으로 사용할 수 있지만 개발 및 보완을 진행하고 있는 기능을 의미한다.

③ [그림 30] 상단의 메뉴에서 Floors 모드를 선택한다.

④ 우측 Floor tiles 패널에서 원하는 타일의 패턴을 선택한다.

⑤ 좌측의 도구 메뉴에서 도장 모양의 Stamp를 선택한다(단축키 B).

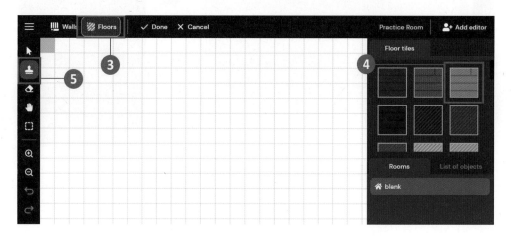

[그림 30] Floor mode 및 Floor tiles 선택

⑥ 이제 흰 공간의 타일 위에 마우스로 한 곳을 클릭해보자. 타일에 선택한 패턴이 도
장처럼 [그림 31]과 같이 찍히게 된다.

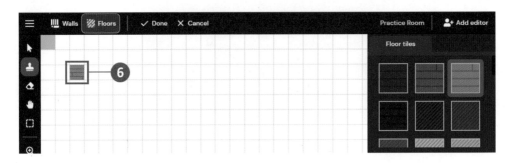

[그림 31] 1개의 타일 공간에 바닥 패턴 입히기

⑦ 이번에는 한 타일에 하나의 패턴이 아니라 넓은 범위의 타일에 동시에 바닥 패턴을
넣는 방법이다. [그림 32]와 같이 바닥 패턴을 넣고 싶은 영역을 마우스 왼쪽 버튼
을 클릭한 채로 드래그하면 된다.

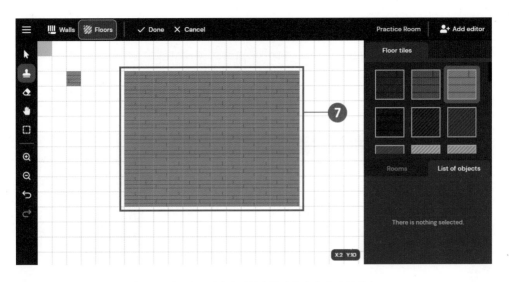

[그림 32] 넓은 범위의 타일에 동시에 바닥 패턴 입히기

⑧ Floor tiles을 삭제하는 방법은 [그림 33] 좌측의 도구 메뉴에서 지우개 모양의
Eraser를 선택하고(단축키 E) 지우고자 하는 타일을 한 번씩 클릭하거나 Stamp와
마찬가지로 마우스 왼쪽 버튼을 클릭한 채 드래그하면 넓은 영역을 지울 수 있다.

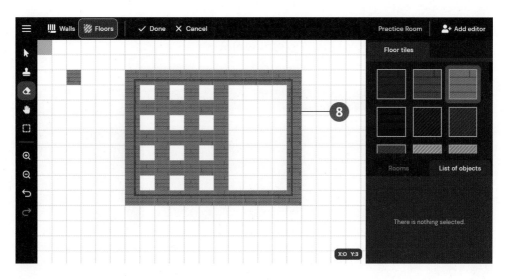

[그림 33] Eraser로 타일의 바닥 패턴 지우기

⑨ 이제 Eraser 도구를 이용해 연습 삼아 배치했던 기존의 바닥 패턴을 모두 삭제하고 Stamp 도구로 원하는 영역만큼 바닥을 새로 채워보자. 반드시 원점(좌표값 X:0, Y:0)부터 채울 필요는 없다. 이번 예제에서는 시작점(바닥의 좌측 상단)을 좌표값 X:1, Y1으로 하고 끝점(바닥의 우측 하단)을 X:20, Y:12로 설정하여 배치하였다.

> **TIP**
>
> **원점에서 먼 곳에서 배치를 시작해도 될까?**
>
> 물론 가능하다. 가령 좌표값 X:100, Y:100과 같은 원점에서 멀리 떨어진 곳에서부터 배치 해도 된다. 하지만 맵메이커를 닫았다가 나중에 다시 열게 되면 타일의 좌측 상단의 좌표값이 X:0, Y:0부터 시작되는 화면으로 리셋된다. 즉 X:100, Y:100의 좌표에 배치한 벽과 바닥은 그대로 남아있지만 맵메이커를 다시 열 경우 화면에 보이는 영역은 원점이 있는 좌표인 X:0, Y:0으로 돌아오게 되는 것이다. 따라서 추가적인 공간 배치하려면 이전에 작업한 벽과 바닥이 있는 곳(좌표값 X:100, Y:100)으로 Hand 도구(단축키 H)를 사용해서 이동해야 하는 불편함이 따른다. 그렇기 때문에 가급적 원점 또는 원점에서 가까운 곳 근처에서 배치를 시작하는 것이 좋다.

⑩ 바닥을 채웠다면 상단의 Done 버튼을 눌러 저장한다. Done은 Walls & Floors 모드에서의 임시저장이며 Done을 눌렀다고 해서 공간에 바로 적용되는 것이 아니다. Walls & Floors 모드에서 빠져나와 맵메이커의 첫 화면에서 Save를 눌러야 공간에

적용이 된다는 점에 유의하고 작업한 내용을 잃어버리지 않도록 [그림 34]와 같이 Done과 Save 버튼을 누르는 것을 잊지 말아야 한다.

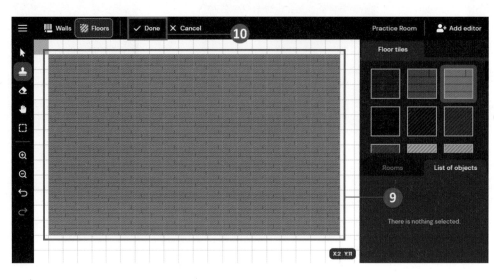

[그림 34] Eraser로 타일의 바닥 패턴 지우기

⏳ **TIP**

작업의 취소와 재실행

맵메이커에서도 워드나 포토샵처럼 작업의 취소와 재실행을 지원한다. 좌측의 도구모음에서 왼쪽으로 향하는 화살표를 선택하거나 단축키 Ctrl + z를 누르면 마지막 작업을 취소(Undo)할 수 있다. 도구모음에서 오른쪽으로 향하는 화살표를 선택하거나 단축키 Ctrl + Shift + z를 누르면 취소한 작업을 재실행(Redo)하게 된다.

[그림 35] Undo(위)와 Redo(아래)

(2) 벽(Walls) 배치하기

바닥을 완료한 후에는 그 위에 벽을 세운다. 앞에서와 같이 맵메이커의 Walls & Floors 모드로 진입한 상태에서 시작한다.

① 상단의 메뉴에서 Walls 모드를 선택한다.

② 우측 창의 Walls 패널에서 원하는 벽 모양을 선택한다.

③ 좌측의 도구 메뉴에서 도장 모양의 Stamp를 선택한다(단축키 B).

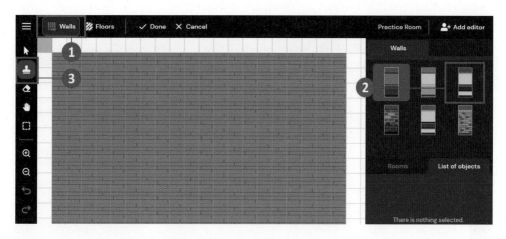

[그림 36] Walls mode 및 walls 선택

④ 바닥의 타일 영역에서 좌측 상단 타일(좌표값 X:1, Y:1)을 클릭하면 [그림 37] 처럼 벽이 생긴다. 하지만 한 칸의 타일만 클릭했는데도 [그림 37]과 같이 벽이 두 칸의 타일을 차지하고 있는 것을 볼 수 있는데 이것은 벽이 기본적으로 세로 두 칸의 타일을 차지하도록 구성되어 있기 때문이다.

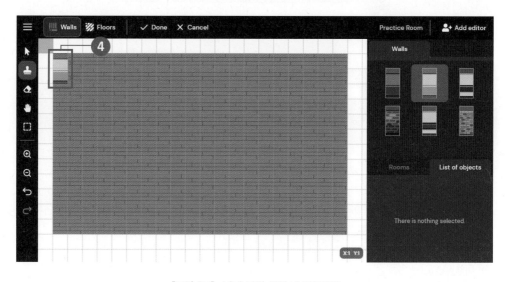

[그림 37] 바닥 타일 위에 벽 배치하기

⑤ 벽도 바닥과 마찬가지로 드래그하여 연속적으로 배치할 수 있다. 처음 벽을 세운 타일(좌표값 X:1, Y:1) 또는 바로 옆의 타일을 클릭해서 바닥의 오른쪽 끝까지 드래그하면 [그림 38]과 같이 위쪽 벽면이 완성된다.

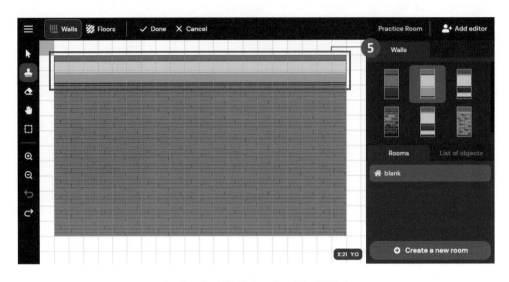

[그림 38]   위쪽 벽면 드래그하여 배치하기

⏳ TIP

기존의 바닥과 벽 수정하기

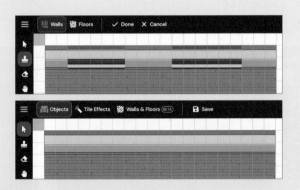

[그림 39]   기존의 벽 모양(위)과 그 위에 덮어쓰기 한 다른 벽 모양(아래)

바닥이나 벽은 이미 배치 했더라도 다른 바닥이나 벽 모양(패턴)으로 수정하는 것이 가능하다. 단지 변경하고 싶은 모양을 선택한 후 그 위에 다시 클릭하거나 드래그하면 된다.
따라서 기존의 바닥이나 벽을 지울 필요가 없이 다시 그 위에 중복해서 배치하거나 새로운 모양을 덮어쓸 수 있다는 점을 참고하자.

⑥ 이어서 오른쪽 벽을 만들기 위해 아래 방향으로 드래그해야 하는데 벽은 세로로
두 칸의 타일을 차지한다는 점을 감안하여 바닥의 맨 아래 마지막 타일(좌표 X:20,
Y:12)이 아닌 [그림 40] 처럼 바로 위의 타일(좌표 X:20, Y:11)까지만 드래그한다.

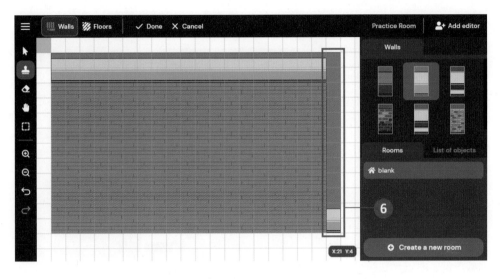

[그림 40] 오른쪽 벽면 드래그하여 배치하기

만약 바닥의 맨 아래 마지막 타일(좌표 X:20, Y:12)까지 드래그할 경우 [그림 41]과
같이 세로로 한 칸을 벗어나게 된다.

만약 이처럼 벗어나 수정이 필요하다면 맵메이커 좌측 도구모음에서 Undo(단축키
Ctrl + z)를 선택하고 다시 드래그 하거나 지우개 모양의 Eraser(단축키 E)를 선택해
서 벗어난 부분을 지우면 된다.

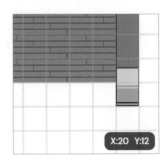

[그림 41] 위치를 벗어난 벽

⑦ 이어서 아래쪽과 왼쪽의 벽을 모두 채워 바닥과 벽을 모두 갖춘 방을 완성한다. 완성 후에는 Walls & Floors 모드에서 빠져나가기 위해 [그림 42] 상단의 Done 버튼을 선택한다.

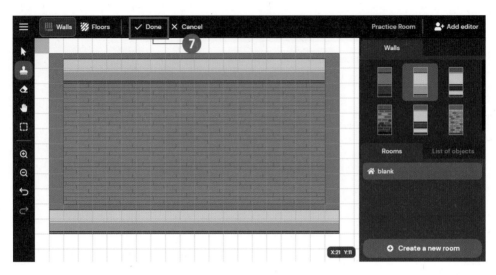

[그림 42] 벽과 바닥을 갖춘 방 완성

⑧ Walls & Floors 모드에서 Done 버튼을 누르고 나왔더라도 아직 저장된 것은 아니다. 맵메이커에 Walls & Floors 모드에서 했던 벽과 바닥의 배치 작업이 화면에 반영된 것일 뿐이다. 현재의 결과물을 공간에 반영하기 위해서는 반드시 맵메이커 상단의 Save 버튼을 눌러 저장하는 것을 잊지 말아야 한다.

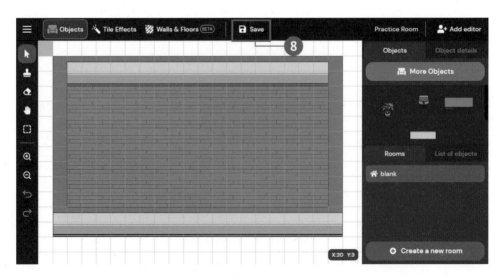

[그림 43] 공간 배치 작업 후 Save 버튼으로 저장

⑨ 이제 맵메이커로 작업하고 저장한 결과가 실제로 공간에 잘 반영이 되었는지 확인 해보자. 입장했던 공간의 화면이 브라우저 탭에 있다면 맵메이커에서 저장(Save)를 함과 동시에 변경된 내용이 반영된다.

만약 공간이 있는 탭을 닫았다면 맵메이커 좌측 상단 구석에 있는 가로 세줄 막대 모양(≡)의 버튼을 클릭하면 나오는 메뉴 중에서 [그림 44]와 같이 Go to Space를 선택한다. 이전에 우리가 공간(Space)에 접속했던 것과 동일하게 캐릭터 및 마이크/ 카메라 설정 과정을 거친 후에 공간에 입장하게 된다.

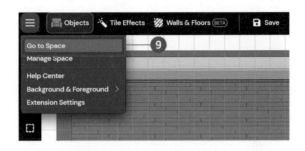

[그림 44] Go to Space로 공간으로 이동하기

이제까지 맵메이커에서 했던 공간 배치가 잘 반영이 되었는지 [그림 45]와 같이 확 인한다. 참고로 배경을 채우지 않은 영역은 검정색으로 표현된다. 만약 틀린 부분이 있다면 맵메이커에서 다시 수정하도록 한다.

[그림 45] 맵메이커 작업 후 공간에서 결과 확인

맵메이커 배경 다루기

'Join the Gathering 2' 실습에서 완전히 빈 공간에 맵메이커의 Walls & Floors 모드를 사용하여 바닥과 벽을 세우는 작업을 해보았다. 이번에는 맵메이커에서 배경을 다루고 활용하는 방법에 대해서 알아보고자 한다.

(1) 기존 템플릿에서 오브젝트만 변경하기

이 방법은 배경을 새로 만드는 것이 아닌 기존의 템플릿을 그대로 사용하는 것이다. 기존의 템플릿으로 공간을 만든 후에 벽과 바닥은 그대로 둔 채로 가구와 같은 오브젝트만을 바꾸는 것이다.

앞서 맵메이커의 Walls & Floors 모드를 통해 벽과 바닥을 배치하는 것이 신축공사라면 기존 템플릿 배경을 사용하는 것은 집을 이사하는 것과 같은 개념이다. 실내외 구조의 변경없이 가구만 바꾸고 인테리어를 새로 하는 것으로 생각하면 된다.

비록 공간의 구조를 바꾸는 것은 아니지만 [그림 46]의 위쪽 그림과 같은 기존 공간에서 [그림 46]의 아래쪽 그림처럼 오브젝트를 변경만 하면 되므로 작업이 비교적 간단하고 수월하다. 시간이 많지 않거나 새로 공간을 구성하는 것이 부담스러울 경우 이 방법을 사용하는 것도 괜찮은 선택이다.

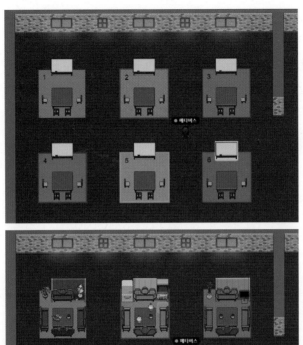

[그림 46] 기존의 템플릿(위)를 활용한 오브젝트 재구성(아래)의 예

맵메이커의 상단메뉴에서 Walls & Floors 모드는 사용하지 않으며 이후 배우게 될 Objects(가구 등의 배치)와 Tile Effects(타일에 기능 설정) 메뉴만을 사용하여 공간을 구성한다.

(2) 이미지를 업로드하여 배경으로 사용하기

이 방법은 사용하고 싶은 이미지를 배경으로 적용하는 방법이다. 포토샵, 일러스트레이터와 같은 그래픽툴을 잘 다룰 수 있다면 자신만의 배경 이미지를 만들어 사용할 수 있다. 또는 공개된 무료 이미지를 사용하거나 저작권이 있는 이미지를 구매해서 배경으로 사용할 수도 있다.

얼핏 보면 게더타운에 등록된 템플릿들은 맵메이커에서 Walls & Floors 모드로 바닥과 벽을 제작한 것처럼 보이지만 실제로는 배경 이미지를 사용한 경우가 대부분이다. 즉 외부에서 작업한 이미지를 배경으로 사용하고 있다는 것이다. 맵메이커의 그래픽 요소만으로는 표현할 수 있는 한계가 있기 때문에 그래픽 프로그램을 사용해서 별도로 제작한 이미지를 적용하는 것이다.

그렇다면 이제 실제로 배경 이미지를 적용해보자.

① 우리가 처음에 Class room(small) 템플릿을 적용해서 만들었던 공간인 Test Room 을 열어보자. 또는 템플릿으로 생성한 다른 공간(Space)을 열어도 무방하다.

② 맵메이커를 실행한다.

③ [그림 47] 좌측 상단에 있는 메뉴 버튼(≡)을 클릭해서 나오는 하위 메뉴 중에서 Background & Foreground – Upload Backgound를 선택한다.

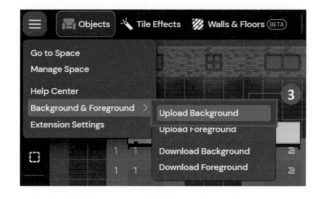

[그림 47] Upload Background 선택

템플릿에 따라 [그림 48]과 같은 경고창이 뜰 수 있다. 배경 이미지가 업로드되면 Walls & Floors 모드로 배치된 기존의 바닥과 벽이 제거된다는 내용이다. 배경 이미지를 사용해야 하므로 Yes를 선택한다. 물론 Walls & Floors를 사용한 템플릿이 아닐 경우에는 경고창이 생략된다.

[그림 48] 기존의 바닥과 벽이 제거된다는 경고창

④ [그림 49]와 같이 Update background 창이 뜨면 Upload a background 버튼을 선택한다.

⑤ 열기 창에서 업로드할 배경 이미지를 선택하고 열기 버튼을 클릭한다.

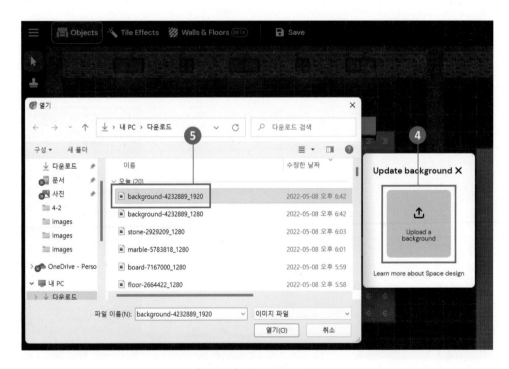

[그림 49] 배경 이미지 선택

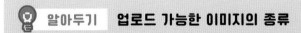

게더타운에서 이미지를 업로드할 때는 Jpg 또는 Png 형식의 이미지 파일을 사용한다. 애니메이션이 포함된 Gif 파일도 업로드할 수 있지만 애니메이션은 작동하지 않고 첫 번째 프레임의 이미지로 고정된다. 또한 Gif는 색상 표현의 한계가 256색(8비트)에 불과하기 때문에 사용하지 않는 것을 권장한다.

⑥ 맵메이커에 업로드한 배경이 삽입된 것을 확인할 수 있다. 이상이 없다면 상단의 Save 버튼을 눌러 공간에 반영이 되도록 한다.

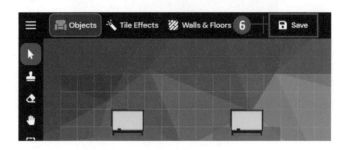

[그림 50] 배경 이미지 삽입 후 Save 선택

이제 공간이 있는 탭으로 이동하면 배경이 적용된 것을 확인할 수 있다. 배경 이미지를 벗어난 영역은 검정색으로 표현된다.

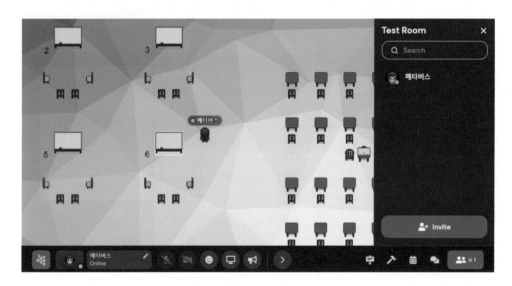

[그림 51] 배경 이미지 적용 완료

만약 배경 이미지를 지우고 싶다면 맵메이커 상단의 Walls & Floors 모드를 이용한다. [그림 52]와 같이 Walls & Floors 모드에 들어간 후 Beta warning 경고창에서 Yes를 선택하면 배경 이미지는 삭제된다. 이후 Walls & Floors 모드에서 Done 버튼을 눌러 맵메이커로 나와 Save 버튼을 반드시 눌러야 한다.

[그림 52] Walls & Floors 모드 진입

⏳ TIP

배경 이미지의 크기 맞추기

게더타운에서 타일 한 칸은 가로 세로의 크기가 픽셀단위로 32px이다. 맵메이커에서는 배경 이미지 뿐만 아니라 오브젝트도 이미지로 업로드가 가능한데 이때 가로 세로 32px의 배수단위로 만들 것을 권장한다. 물론 꼭 32px의 배수가 아니어도 이미지 업로드가 가능하지만 다른 배경이나 오브젝트들과의 조화를 고려한다면 가급적 32px 단위로 맞추는 것이 좋다.

(3) 배경 이미지 다운로드하여 사용하기

템플릿에 사용된 배경 이미지를 다운로드한 후 그 배경 이미지를 그대로 다시 사용하거나 포토샵과 같은 외부 프로그램으로 일부 수정하여 배경 이미지로 업로드하는 방식이다.

템플릿에서 다운로드한 배경 이미지를 살펴보면 벽과 바닥 외에도 필요에 따라 테이블이나 단상 같은 오브젝트를 배경에 직접 포함하는 경우도 있다.

예를 들어 배경에 미리 오브젝트를 포함해서 이후에 맵메이커에서 다른 오브젝트를 삽입할 때 위치나 크기의 기준으로 삼을 수 있다. 또한 공간 내의 오브젝트의 수가 많아지면 게더타운이 느려질 수도 있기 때문에 오브젝트를 포함한 한 장의 이미지로 미리 제작하는 것도 하나의 이유다.

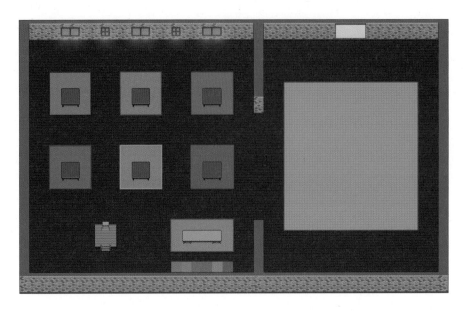

[그림 53] 다운로드한 Class room(small) 템플릿 배경 이미지

템플릿의 배경 이미지를 다운로드하는 방법은 다음과 같다.

① 이번에도 Class room(small) 템플릿을 적용해서 만들었던 공간인 Test Room을 열어보자. 또는 템플릿으로 생성한 다른 공간(Space)을 열어도 무방하다.

② 맵메이커를 실행한다.

③ 좌측 상단에 있는 메뉴 버튼(☰)을 클릭해서 [그림 54]와 같이 나오는 하위 메뉴 중에서 Background & Foreground – Download Backgound를 선택한다.

[그림 54] Download Background 선택

④ 확장자가 없는 22자리의 파일명을 가진 파일로 다운로드된다. 윈도우 탐색기 등에서 확장자를 Png 또는 Jpg로 수정하면 이미지 파일로 사용할 수 있다.

[그림 55] 템플릿 배경 이미지의 빈 확장자(위) 와 Png 확장자(아래)

> **TIP**
>
> **배경 이미지가 다운로드되지 않고 브라우저 새 탭에서 이미지로 보일 경우**
>
> 확장자 없는 파일 형식으로 다운로드되지 않고 브라우저의 새탭에서 이미지로 보여지는 경우가 있다. 주소 표시줄에 'http://cdn.gather.town/storage~'와 같이 표시되고 배경 이미지가 보여질 경우 이미지에 마우스 오른쪽 버튼을 눌러 이미지를 복사하거나 다른 이름으로 저장하면 된다.

⑤ 이렇게 다운로드 받은 이미지를 그대로 또는 일부 수정한 다음에 앞에서 배운 맵메이커의 Upload Background 기능을 이용하여 업로드하면 편리하게 공간의 배경으로 사용할 수 있다.

(4) 전경 이미지 사용하기

배경(Background) 이미지와 다르게 전경(Foreground) 이미지라는 개념이 있다. 계층적으로 보았을 때 배경 이미지는 아바타의 아래 위치하는 레이어(Layer)이며 전경 이미지는 배경과 아바타의 위에 위치하는 레이어로 [그림 56]을 참고 하기 바란다.

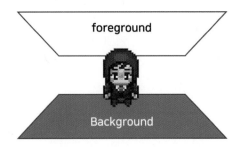

[그림 56] 아바타와 Background/Foreground 계층구조

그렇다면 전경 이미지는 언제 사용하는 것일까? 아바타가 가려지는 효과가 필요할 때 사용한다. 지붕이 있는 곳에서 아바타가 지붕위에 올려져 있거나 숲을 지나갈 때 나무 위로 아바타가 지나간다면 가상의 공간이라 할지라도 현실성이 떨어질 것이다. 그 외에도 눈이나 비, 안개가 낀 날씨를 표현할 수도 있어 활용하기 나름이다.

다음의 그림을 보자. 자동차보다 앞쪽에 아바타가 있을 때에는 아바타가 보이는 것이 맞지만 자동차 내부나 뒤편에 있을 때는 아바타가 안보이거나 자동차의 크기만큼 가려져 보이는 것이 맞을 것이다. 이러한 경우 전경 이미지를 만들어 아바타가 가려지는 효과를 나타낼 수 있다.

단, 전경 이미지 뒤로 아바타가 가려질 때에도 아바타의 이름은 그대로 노출되는데 [그림 57]을 참고하기 바란다.

[그림 57] 전경 이미지 사용 전(좌측)과 사용 후(가운데, 우측) 비교

전경(Foreground)이미지를 사용하기 위해서는 다음과 같은 조건이 따른다.

- 전경 이미지는 배경 이미지와 사이즈가 동일해야 한다.
- 가려지는 부분 외에는 투명하게 보여야 하기 때문에 Png 형식의 파일로 만들어야 한다.

전경 이미지는 공간상에서 가려져야 할 부분을 고려해야 하므로 백그라운드의 작업이 모두 끝난 후에 만드는 것이 좋다. 전경 이미지를 업로드하는 방법은 배경 이미지의 업로드와 거의 동일하다.

① 이번에도 Class room(small) 템플릿을 적용해서 만들었던 공간인 Test Room을 열어보자. 또는 템플릿으로 생성한 다른 다른 공간(Space)을 이용해도 된다.

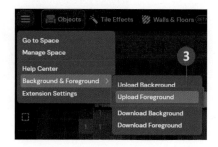

② 맵메이커를 실행한다.

③ [그림 58]과 같이 좌측 상단에 있는 메뉴 버튼(≡)을 클릭해서 나오는 하위 메뉴 중에서

[그림 58] Upload Foreground 선택

Background & Foreground – Upload Backgound를 선택한다.

④ [그림 59]와 같이 Update Foreground 창이 뜨면 Upload a foreground 버튼을 선택한다.

⑤ 열기 창에서 업로드할 전경 이미지를 선택하고 열기 버튼을 클릭한다.

[그림 59] 전경 이미지 선택

⑥ 맵메이커에 업로드한 전경이 삽입된 것을 확인할 수 있다. 이상이 없다면 상단의
Save 버튼을 눌러 공간에 반영이 되도록 한다.

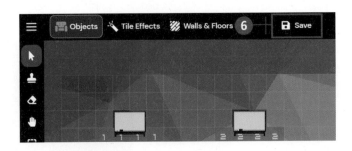

[그림 60] 전경 이미지 삽입 후 Save 선택

공간이 있는 탭으로 이동해서 전경이 적용된 것을 확인해보자. 전경 이미지가 배
치된 곳으로 아바타를 위치시키면 아바타가 가려지는 것을 [그림 61]과 같이 볼 수
있다.

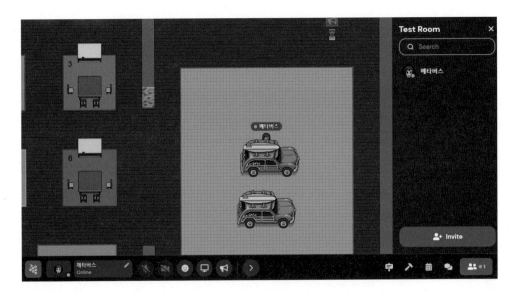

[그림 61] 전경 이미지 적용 완료

만약 전경 이미지를 삭제하고 싶다면 [그림 62] 맵메이커 좌측 상단에 있는 메뉴 버튼(≡)을 클릭해서 나오는 하위 메뉴 중에서 Background & Foreground – Upload Foreground를 선택한다. Update Foreground 창에서 Remove Foreground 버튼을 선택하면 전경 이미지가 삭제된다. 삭제된 후에는 공간에 반영을 하기 위해 Save 버튼을 누르는 것을 잊어서는 안된다.

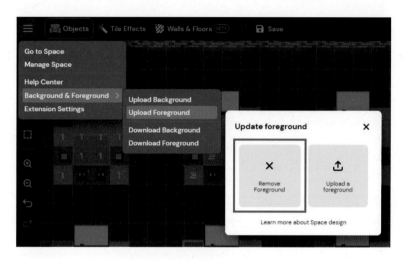

[그림 62] Remove Foreground 선택

⌛ TIP

템플릿의 전경 이미지 다운로드

배경 이미지와 마찬가지로 템플릿에 사용된 전경 이미지를 다운로드할 수 있다. 그렇다고 해서 모든 템플릿이 전부 전경 이미지를 가지고 있는 것은 아니다. 다운로드는 맵메이커에서 메뉴 버튼(≡)을 클릭해서 나오는 하위 메뉴 중에서 Background & Foreground - Download Foreground를 선택해서 파일을 다운로드 할 수 있다.

CHAPTER 13

맵메이커 타일 효과

타일 효과(Tile Effects) – (1)

타일 효과(Tile Effects)는 공간에 다양한 효과를 주기 위한 일종의 장치이다. 공간을 구성한 후에 개별 타일 또는 타일의 그룹에 상호작용이나 동작 등과 같은 기능을 부여하는 것이다.

앞에서 우리는 Classroom(Small) 템플릿으로 생성한 공간에서 발표자가 되기 위해 확성기 모양이 그려진 곳으로 가서 전체 참여자들에게 발표하거나 개인공간(Private Areas)에 모여 외부와 차단되는 비밀스러운 대화를 경험하는 등 이 모든 것들이 타일 효과에 의해 가능해진다.

이런 특정한 기능들은 타일 단위(한 개의 타일 이상)로 공간의 운영자가 부여할 수 있으며 공간의 설계와 구성에 영향을 받기 때문에 배경이나 오브젝트가 일정 부분 완성되어야 진행할 수 있다. 실제로 템플릿을 사용하지 않았거나 업로드한 배경(Background) 이미지가 없거나 Walls & Floors 모드로 배치하지 않아 타일의 배경이 비어있는 경우 타일의 효과를 지정할 수 없다.

또한 타일 효과(Tile Effects)는 타일에 지정해도 맵메이커에서는 보이지만 공간에서는 보이지 않는 특성이 있다.

타일 효과의 종류는 총 5가지로 〈표 1〉과 같은 기능을 가지고 있다.

<표 1> 타일 효과(Tile Effects)의 종류와 기능

아이콘	이펙트 명칭	기능
☒	Impassable	벽과 같이 아바타가 지나갈 수 없는 영역을 지정한다.

아이콘	이펙트 명칭	기능
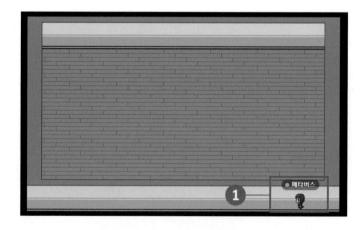	Spawn	아바타가 공간에 등장할 때 나타나는 영역을 지정한다.
	Portal	공간(Space) 내의 방(Room)에서 다른 방으로 이동하는 영역을 지정한다.
	Private Area	독립적이고 방음이 되는 대화 영역을 지정한다.
	Spotlight	같은 방에 있는 모든 사람들에게 발표나 진행(방송)을 할 수 있는 영역을 지정한다.

(1) 통행할 수 없는 영역을 만드는 Impassable

Impassable은 아바타가 통행할 수 없는 영역을 지정할 때 사용한다. 벽과 같이 막힌 구조물들은 지나갈 수 없어야 한다. 그런데 배경에 벽을 만들어 놓고도 아바타들이 마음대로 지나갈 수 있다면 공간을 구획한 의미가 사라질 것이다. 책상이나 테이블과 같은 가구들도 마찬가지이다.

Impassable을 사용하는 방법은 다음과 같다.

① 이전에 만들었던 Practice Room 공간으로 입장한다. 만약 Practice Room 공간을 삭제했거나 없으면 맵메이커에서 유사한 형태로 배치해서 배경을 만들어 놓아도 된다. 아바타를 벽으로 이동시키면 벽 위로도 아바타가 이동 될 수 있다는 것을 알 수 있다.

[그림 1] Impassable이 지정되지 않은 타일

② 맵메이커를 실행한 후 상단의 Tile Effects 메뉴를 선택한다.

③ [그림 2] 우측의 Tile Effects 속성 패널에서 Impassable을 선택한다. 이때 좌측 도구모음의 Stamp(단축키 B)가 자동으로 활성화된다. 타일 효과는 기본적인 사용법이 Walls & Floors 모드와 동일하기 때문에 배치할 때는 Stamp, 삭제할 때는 Eraser를 사용하면 된다.

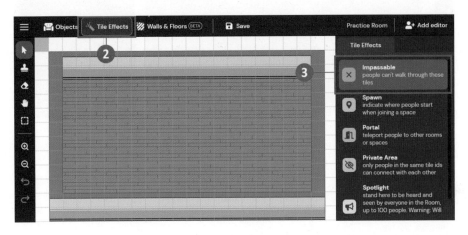

[그림 2]   Tile Effects 속성 패널의 Impassable 선택

④ 타일 위로 마우스 커서를 이동시키면 타일이 [그림 3]과 같이 붉은색으로 표시된다. 이제 벽처럼 통행을 막아야 하는 타일을 클릭하거나 드래그해서 Impassable을 지정한다.

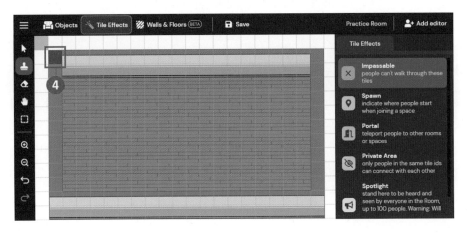

[그림 3]   붉은 색의 Impassable 배치

⑤ 효과를 지정한 후에 Save 버튼을 눌러 공간에 반영한다.

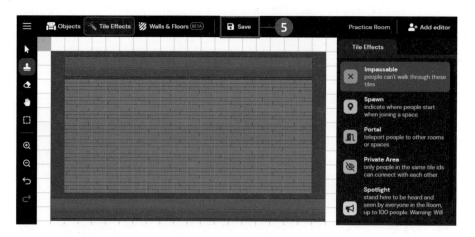

[그림 4] Impassable 지정 후 Save 선택

⑥ 공간으로 돌아와서 벽을 통과할 수 있는지 확인한다. Impassable을 지정한 벽은 막혀서 아바타가 통과할 수 없다는 것을 [그림 5] 처럼 확인할 수 있다.

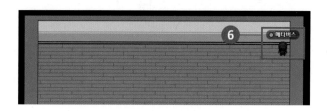

[그림 5] Impassable로 지정된 타일 통과 불가

(2) 아바타의 최초 등장 위치를 지정하는 Spawn

Spawn은 참여자가 공간(Space)에 최초로 입장할 때 등장하는 위치를 지정할 때 사용한다. 참여자들의 동선 등을 고려하여 적절한 위치를 지정해야 한다. 예를 들어 뜬금없이 책상 위에서 나타나는 것보다는 시작점을 의미하는 출입문 앞이나 다양한 장소로 연결되어 있어 이동이 편리한 로비와 같은 곳들을 선정하는 것이 좋다.

Spawn은 공간에 최소 1개 이상 있어야 하며 여러 개를 배치할 수 있다. 많은 인원이 참여하는 공간의 경우는 동시에 여러 사람이 입장해서 혼란스러울 수도 있기 때문에 Spawn의 면적을 넓게 하거나 여러 곳으로 분산시켜야 한다.

Spawn을 사용하는 방법은 다음과 같다.

① 이번에도 Practice Room 공간을 다시 사용하거나 유사한 공간을 만든다.

② 맵메이커를 실행한 후 상단의 Tile Effects 메뉴를 선택한다.

③ [그림 6] 우측의 Tile Effects 속성 패널에서 Spawn을 선택한다. 타일 위에서 Spawn의 색상은 연두색이다.

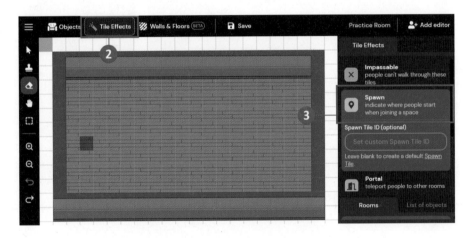

[그림 6] Tile Effects 속성 패널의 Spawn 선택

맵메이커를 실행할 때마다 원점이 되는 좌표값(X:0, Y:0)에 있는 연두색 타일은 사실 템플릿에 기본으로 미리 배치된 Spawn이다. 그렇기 때문에 이전에 템플릿으로 공간을 만들고 난 후 처음 들어왔을 때 이 위치에서 시작했을 것이다.

> 🔍 **알아두기** **재등장 위치**
>
> 공간을 나갔다가 다시 들어올 경우 최초 입장이 아니기 때문에 spawn이 지정된 위치에서 나타나는 것이 아니라 마지막으로 있었던 위치에서 나타나게 된다.

④ 이제 새로 Spawn의 위치를 지정할 것이기 때문에 기존의 Spawn을 먼저 지워야 한다. [그림 7] 좌측 도구모음에서 Eraser(단축키 E)를 선택한다.

⑤ 기존의 Spawn을 제거한다.

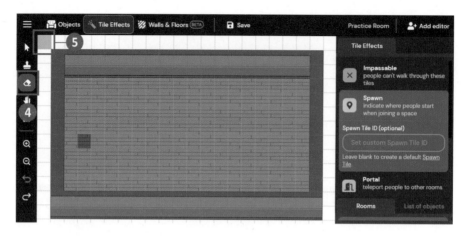

[그림 7] Eraser 도구로 기존 Spawn 지우기

⑥ 도구모음에서 Stamp(단축키 B)를 선택한다.

⑦ 공간의 중심이 되는 부분에 [그림 8]과 같이 4개의 타일에 Spawn을 지정한다.

⑧ Save 버튼을 눌러 공간에 반영한다.

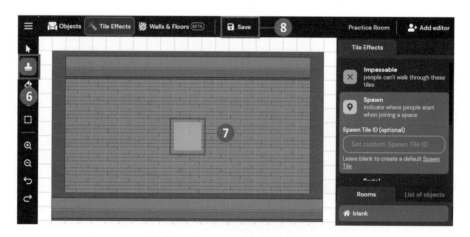

[그림 8] 연두색의 Spawn 배치

⑨ Spawn이 제대로 동작하는지 확인하려면 공간에 재입장해야 한다. 맵메이커 좌측 상단에 있는 가로 세줄 모양(≡) 메뉴의 하위 메뉴 중에서 Go to Space를 선택한다. 하지만 공간에 재입장해도 중심 부분에서 시작하지 않을 것이다. Spawn은 최초 입장한 위치만을 지정하기 때문에 재입장은 Spawn에 영향을 받지 않고 마지막으로 남아 있었던 이전의 위치에서 등장하게 된다. 새로 지정한 Spawn을 확인하려면 [그림 9] 공간 하단에 있는 Personal 메뉴를 선택하면 나오는 하위 메뉴 중에서 Respawn을 선택하면 된다.

[그림 9] Personal 메뉴의 Respawn 선택

⑩ Spawn을 지정한 곳에서 아바타가 등장하는 것을 확인할 수 있다.

[그림 10] 새로 Spawn이 지정된 타일에서 등장

(3) 다른 공간(Space)이나 방(Room)으로 이동할 수 있는 Portal

Portal은 '입구', '관문'을 의미한다. 게더타운에서 다른 장소로의 이동을 가능하게 해주는 것이 바로 Portal이다. Portal을 사용하기 위해서는 먼저 공간(Space)의 구조에 대해 좀 더 자세히 살펴볼 필요가 있다.

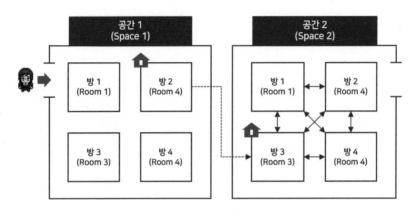

[그림 11] 게더타운의 공간(Space)과 방(Room)의 개념

게더타운에서 공간(Space)을 생성하면 기본적으로 공간 내부에 방(Room)이 함께 생성된다. 즉 1개의 공간은 최소 1개 이상의 방으로 구성된다는 것을 의미한다. 사실 우리가 이제까지 실습했던 보이는 모든 것들은 '공간'이라는 범위 안에 있는 '방'의 모습들이라고 할 수 있다.

공간을 생성할 때 만들어진 최초의 방이 기본 방(Primary room)으로 지정되는데 기본 방은 공간에 입장할 때 바로 보이는 방을 말한다. 방이 2개 이상 만들어지면 이 기본방을 원하는 방으로 변경할 수 있다. [그림 11]에서는 〈공간 1의 방 2〉, 〈공간 2의 방 3〉이 기본방으로 지정되어 있는데 방이름 앞에는 집 모양의 아이콘이 표시된다.

한 공간에는 방을 추가로 만들 수 있다. 이렇게 생성된 방들은 〈공간 1〉과 같이 아무런 연결 없이 폐쇄된 각자의 방, 즉 방끼리 이동이 불가능한 방으로 둘 수도 있고 〈공간 2〉처럼 서로의 방을 통로로 연결하여 자유롭게 이동이 가능한 방으로 구성할 수도 있다.

현재의 같은 공간에 있는 방들끼리의 이동 외에도 다른 공간에 있는 방으로도 이동할수도 있는데 이때는 다른 공간의 기본방으로만 이동이 가능하다. 예를 들어 〈공간 1〉의 어느 방에 있더라도 〈공간 2〉로 갈 경우 기본방으로 지정된 〈공간 2의 방 3〉으로 이동하게 되는 것이다.

이제 공간과 방의 구조를 파악하였으니 장소를 이동할 수 있는 기능인 Portal을 사용해 보자.

■ 같은 방(Room)에서 다른 위치로 이동할 때

방(Room)의 한 곳에서 다른 곳으로 이동하는 경우인데 방의 구조가 넓고 복잡할 때 사용하면 편리하다. Portal을 이용하면 방의 어느 곳이든 바로 갈 수 있게 된다. 가령 휴게실에서 비교적 거리가 먼 회의실로 이동하는 경우 아바타를 직접 키보드나 마우스로 이동시키는 것보다 Portal을 이용하면 순간적인 이동이 가능해진다.

① 공간을 새로 생성하는데 공간의 이름은 TE Room으로, 용도는 Other로 설정하였는데 다르게 해도 무방하다. 맵메이커를 실행하면 우측 창 하단에 Room 패널이 있고 blank라는 이름이 보일 것이다. 이것이 현재 방의 이름이라는 것만 우선 기억하자.

② 벽과 바닥을 배치하기 전에 타일 공간에서 좌측 상단에 있는 기존의 Spawn을 지운다. 예제의 바닥 면적은 좌표값 X:0, Y:0에서 시작하여 X:20, Y:10까지이다. Walls & Floors 모드로 중간에 벽을 세우고 가운데를 비워 놓는다. 벽에는 모두 Tile Effects의 Impassable을 지정한다.

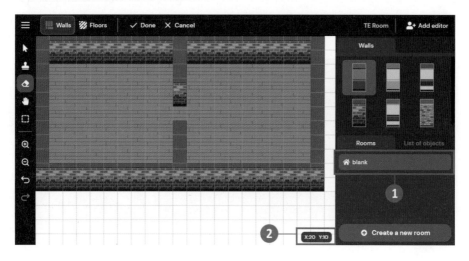

[그림 12] 좌표를 참고하여 면적을 배치

③ 중간의 벽에 비워놓은 자리에 Spawn을 [그림 13]과 같이 지정한다.

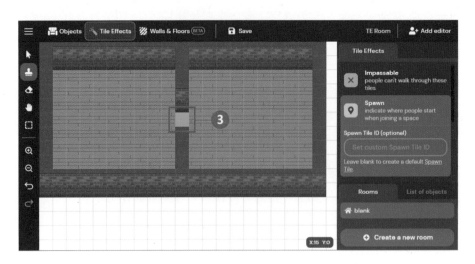

[그림 13] 중앙에 Spawn 지정

④ 다시 Walls & Floors 모드로 들어가서 상단의 좌측과 우측 끝에 잘 보이는 색의 타일을 하나씩 배치한다. 이렇게 타일을 추가로 배치하는 것은 Tile Effects는 지정해도 공간상에서는 보이지 않기 때문에 Portal이 지정된 위치를 알기 쉽게 표시하기 위해서일 뿐 특별한 기능이나 의미는 없다. Portal에는 입구와 출구가 필요하다. 이제 좌측 상단(파란 타일)을 입구로 해서 우측 상단(노란 타일)을 출구로 순간 이동하는 Portal을 [그림 14]와 같이 지정해 보자.

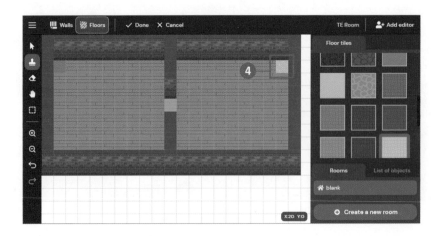

[그림 14] Portal 지정 위치 표시하기

⑤ Tile Effects 패널에서 Portal을 선택하면 타일 위에서 파란색으로 표시된다. 마우스 커서를 움직여 좌측 상단(파란 타일)의 타일을 선택하면 자동으로 입구로 지정이 되면서 [그림 15]와 같이 Pick portal type 창이 뜨고 출구 유형을 선택할 수 있다.

- Portal to a room : 현재의 방에 출구를 지정할 경우
- Portal to another space : 다른 공간(Space)에 있는 방에 출구를 지정할 경우

여기서는 현재의 방 안에서만 이동할 것이기 때문에 Portal to a room을 선택한다.

[그림 15] Portal to a room 선택

⑥ Portal로 연결될 방으로 현재의 방 이름인 blank를 선택한다.

[그림 16] 현재의 방 이름 선택

⑦ 우측 상단(노란 타일)의 타일을 선택해서 Portal의 출구를 지정한다. 처음 Portal로 입구를 지정했던 좌측 상단의 타일은 진한 파란색으로 변하고 출구로 지정한 우측 상단의 타일은 아무 색상 변화가 없지만 정상이다. 유의할 점은 출구를 지정한 후에는 다른 곳을 클릭하지 않아야 한다는 점이다. Stamp 도구가 선택된 상태이기 때문에 만약 한 번 더 타일을 클릭하게 되면 Portal의 입구와 출구 지정을 다시 하게 되니 이 점 참고하도록 하자.

⑧ 상단의 Save 버튼을 눌러 공간에 변경 사항을 반영한다.

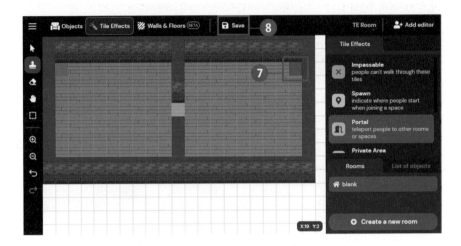

[그림 17] 출구를 Portal로 지정

⑨ 공간에서 아바타를 좌측 상단의 입구로 이동시키면 우측 상단의 출구에서 아바타가 나오는 것을 확인할 수 있다.

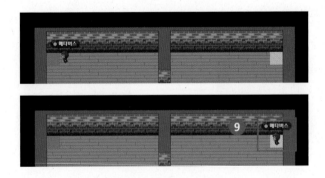

[그림 18] 출구를 Portal로 지정

■ 한 공간(Space)의 다른 방(Room)으로 이동할 때

한 공간(Space) 내에 여러 개의 방(Room)을 만들고 방에서 다른 방으로 이동하는 경우이다. 건물에서 다른 건물로 혹은 층에서 다른 층으로 이동하는 것과 같은 연출이 가능하다.

① 이전에 사용했던 TE Room 공간을 그대로 사용한다. 없으면 TE Room을 참고하여 유사하게 만들어도 된다. 이번에는 방 밖으로 나가야 하므로 벽의 일부를 출구로 표시하기 위해 벽을 [그림 19]와 같이 뚫어준다. Walls & Floors 모드에서 벽을 지우고 Tile Effects에서 Impassable 효과를 제거할 수 있다.

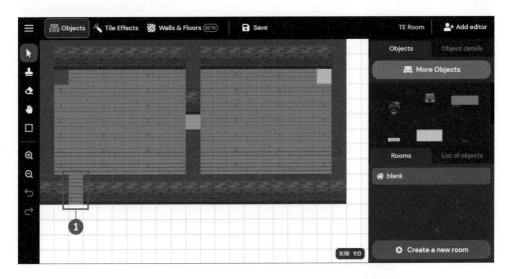

[그림 19] 방에 출입구 표시하기

② 우측 하단의 Room 패널에서 Create a new room 버튼을 선택해서 방을 새로 생성한다.

③ 방 이름을 입력한다. 여기서는 Next Room으로 지정하였다. 새로 방을 추가할 때는 한글로도 입력이 가능하다. 방 이름을 입력한 후에 [그림 20] 아래의 Create a new room 버튼을 선택한다.

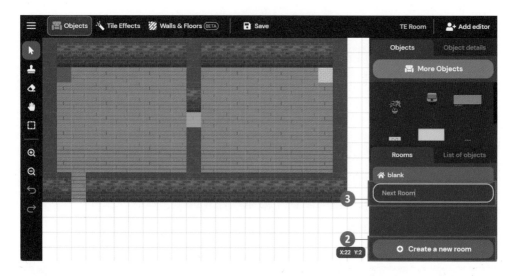

[그림 20] 새로운 방을 생성

④ Create A New Room 창이 뜨면 좌측에 있는 Create a blank room을 선택한다. 방을 만들 때는 [그림 21]과 같이 새로 만들거나 기존의 방 중에서 선택할 수 있다.

- Create a blank room : 맵메이커에서 새로운 방을 직접 만든다.
- Choose from template : 템플릿(Template)으로 만들어진 방을 선택할 수 있다.
- Choose from an existing space : 사용자가 기존에 만들었던 공간(Space)에 있는 방 중에서 선택한다.

[그림 21] Create a blank room 선택

⑤ 벽과 바닥을 배치해서 방을 만들 예정이므로 [그림 22]와 같이 Update background
창에서 Draw your own background를 선택한다. 만약 배경 이미지를 업로드할 것
이라면 Upload a background를 사용하면 된다.

[그림 22]   Draw you own background 선택

⑥ 벽과 바닥을 [그림 23]과 같이 배치한다. 예제에서는 이전에 만들었던 방과 같이
X:0, Y:0부터 X:20, Y:10까지의 바닥 면적을 가지는 방으로 만들었다. 상단에는 출
입이 가능한 곳을 표시하기 위해 [그림 23]과 같이 벽을 한 칸 비워 통로를 만든다.

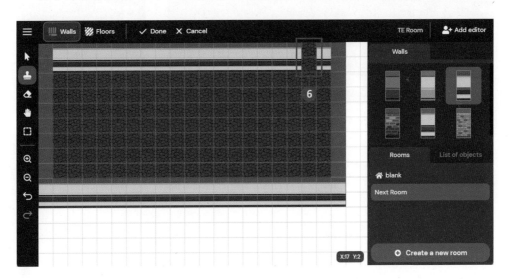

[그림 23]   벽과 바닥 배치 후 통로 만들기

타일이나 효과가 지워지지 않는다?

단순히 Eraser 도구를 선택한다고 해서 타일이나 효과를 모두 지울 수 있는 것은 아니다. 벽이나 바닥의 타일은 Walls & Floors 모드에서 벽을 지울 때는 Wall을 선택한 후 지우고 바닥은 Floors를 선택한 후에 지울 수 있다. 타일 효과를 지우려면 Tile Effects의 5가지 효과 중에서 해당하는 효과를 선택해야 지우는 것이 가능하다.

⑦ Tile Effects의 Impassable로 벽을 통과하지 못하도록 막아준다. 그리고 방에는 무조건 1개 이상의 Spawn이 존재해야 하므로 적절한 곳에 Spawn도 지정해야 한다. 배치가 모두 끝났다면 반드시 [그림 24]와 같이 Save 버튼을 선택해서 공간에 반영될 수 있도록 저장을 한다.

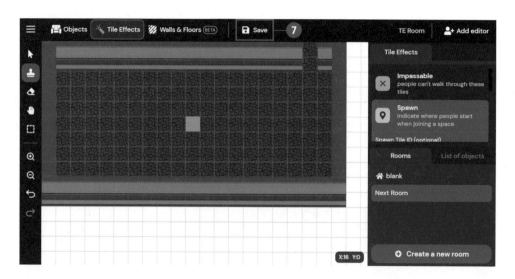

[그림 24] 타일 효과 지정 후 Save 선택

⑧ 이제 Room 패널에서 각각의 방을 선택해서 볼 수 있다. 방이름 앞에 집 모양의 아이콘이 붙은 방이 기본(Primary)인데 기본방은 공간에 들어갔을 때 바로 보이는 방이다. 나머지 방들은 포털(Portal)로 이동해야 볼 수 있다. 두 번째로 만든 Next Room을 기본 방으로 지정해보자. 방 이름 좌측에 세로 점 세 개(⋮)를 누르면 다음과 같은 선택항목이 나온다.

- Set as primary : 선택된 방을 기본 방으로 변경한다.
- Delete : 선택된 방을 삭제한다.

[그림 25]의 Set as primary를 눌러 기본 방으로 설정하면 현재의 방 이름 앞에 집 모양의 아이콘이 생기게 된다.

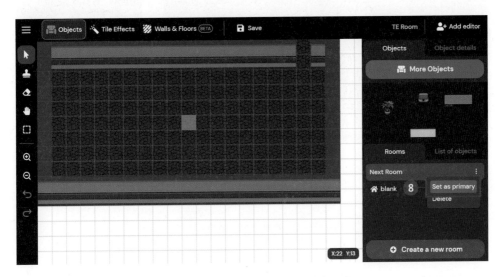

[그림 25] Set as primary로 기본 방 변경

TIP

기본 방을 변경했는데도 공간에 가면 이전의 방이 보인다면?

Set as primary로 다른 방을 기본 방으로 설정했는데도 공간에 입장했을 때 기존의 방이 다시 보여질 수 있다. 이때 하단의 Personal 메뉴에서 Respawn을 선택하면 변경된 방으로 보이게 된다. 기본 방을 변경한 후에는 참여자들에게 Respawn 요청을 전달하는 것이 좋다. 단, 해당 공간에 처음 들어오는 참여자에게는 변경된 방으로 보이게 된다.

⑨ Tile Effects의 Portal을 선택한 후 우측 상단 출입구로 만든 통로 위쪽 타일을 지정한다.

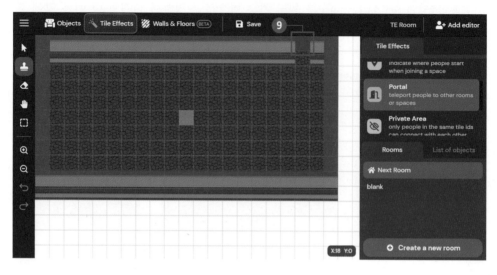

[그림 26] 새로 만든 방의 통로에 출구 Portal 지정

⑩ Pick portal type 창이 뜨면 Portal to room을 선택한다.

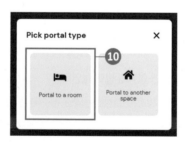

[그림 27] Portal to a room 선택

⑪ 방을 선택하는 창에서 현재의 방이 아닌 다른 방, 즉 처음에 만들었던 방인 blank를 선택한다.

[그림 28] Portal로 이동하려는 방 선택

⑫ 맵메이커에서 방이 blank로 전환되고 방 좌측 하단의 통로 아래 칸 타일을 [그림 29]와 같이 Portal로 입구를 지정한다.

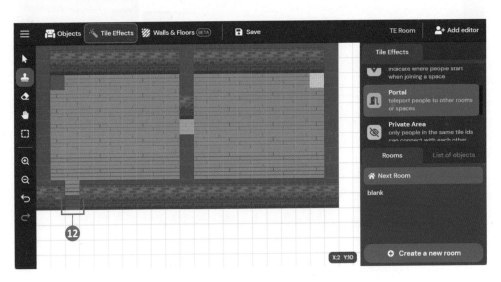

[그림 29] 기존의 방 통로에 입구 Portal 지정

⑬ 지정되는 순간 다시 새로 만든 방인 Next Room으로 맵메이커가 전환된다. 이제 다른 방으로 이동하는 Portal은 완성되었지만, 기본적으로 Portal은 단방향이다. 지금 만든 것은 Next Room에서 blank로 가는 것만 가능하기 때문에 다시 Next Room으로 갈 수 있도록 blank에 Portal을 추가해서 양방향으로 만들어야 한다. Room 패널에서 blank를 선택하여 방을 전환한다.

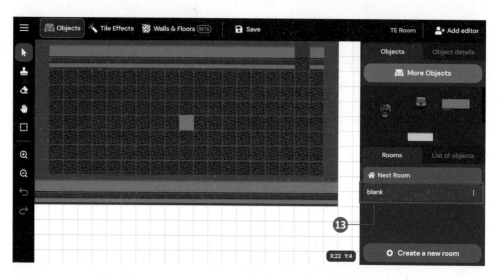

[그림 30] Portal을 지정할 기존의 방 선택

⑭ 기존의 방인 blank로 오면 통로에 Portal로 지정한 부분이 보이지 않을 것이다. Portal은 맵메이커에서 출구로 지정한 부분만 파란색으로 보이고 입구로 지정한 곳은 색의 변화가 없다는 점을 참고하자. 이제 기존의 방인 blank에도 Next Room으로 갈 수 있는 출구를 [그림 31]과 같이 만들어 보자. 일반적으로 입구와 출구는 동일하기 때문에 blank에서 입구로 지정했던 타일을 출구로 지정하면 양방향으로 오갈 수 있다. Tile Effect의 Portal 효과가 선택된 상태에서 방 좌측 하단의 통로 아래 칸의 타일을 Portal로 출구를 지정한다. 이후의 과정은 동일하다. 새로 만든 방에 있는 출구에 Portal로 입구를 지정하기만 하면 된다.

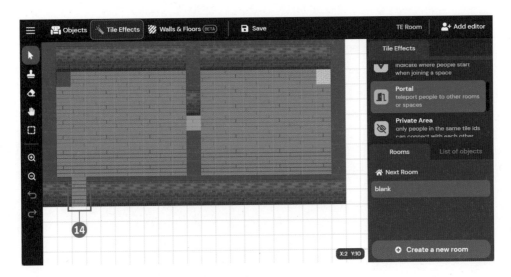

[그림 31] 기존의 방 입구에 출구 Portal 지정

⑮ 기존의 방에도 파란색의 Portal이 생긴 것을 볼 수 있다. 마지막으로 Save 버튼을 눌러 공간에 변경 사항을 반영한다.

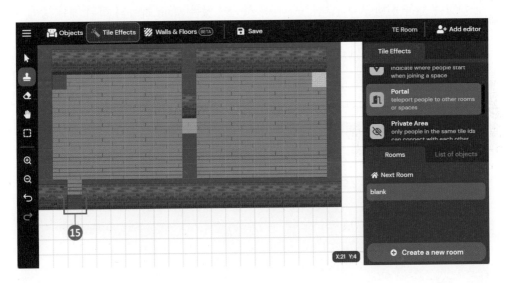

[그림 32] 기존의 방 입구에 생성된 출구 Portal

브라우저에서 공간이 있는 탭을 선택하거나 맵메이커 좌측 상단에 있는 가로 세줄 모양(≡) 메뉴의 하위 메뉴 중에서 Go to Space를 선택해서 확인해보자. 이제 어느 방에서든 아바타가 양방향으로 이동하는 것이 가능하다.

Portal이 타일 한 칸이라 너무 좁다고 생각될 때는?

Portal은 지정할 때 Impassable이나 Spawn처럼 한 번에 여러 타일에 지정할 수 없기 때문에 Portal을 넓게 하려면 여러 타일에 반복적으로 작업을 진행해야 한다.

■ **다른 공간(Space)의 다른 방(Room)으로 이동할 때**

현재 입장한 공간(Space)이 아닌 다른 공간의 방(Room)으로 이동할 수도 있다. 단, 다른 공간으로 이동할 때는 그 공간의 기본(Primary) 방으로만 이동이 가능하다.

다른 공간으로 이동할 때는 그 공간의 URL을 이용해서 이동한다. 예제에서는 앞서 Classroom(Small) 템플릿으로 만들었던 Test Room을 이동하려는 공간으로 사용하려고 한다. 물론 다른 공간을 사용해도 무방하다.

① 먼저 이동하려는 공간인 Test Room의 URL을 알아야 한다. 브라우저에서 공간이 열려있는 탭을 선택한 후 [그림 33] 좌측 하단에 있는 Main 메뉴의 하위 메뉴 중에서 상단의 Home을 선택해서 이동한다. 만약 브라우저에 공간이 열린 탭이 없다면 맵메이커 좌측 상단에 있는 가로 세줄 모양(≡) 메뉴의 하위 메뉴 중에서 Go to Space를 선택해서 공간으로 입장할 수 있다.

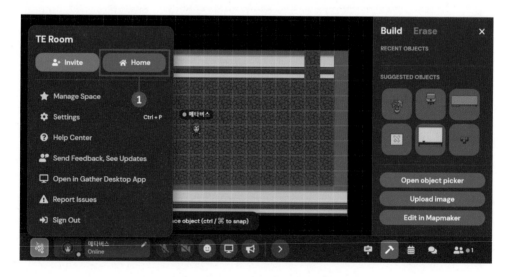

[그림 33] Main 메뉴의 Home 선택

② Test Room으로 입장해서 상단의 URL을 윈도우의 메모장 등에 복사해 둔다.

[그림 34] Space의 URL 복사

③ 다시 Home으로 돌아와서 TE Room 공간으로 입장한다. 맵메이커를 실행한 후 기본(Primary) 방으로 지정한 Next Room이 선택된 상태에서 Walls & Floors 모드로 들어가 [그림 35]와 같이 좌측 벽면 타일 한 칸을 지워 통로를 만든다. 물론 Impassable 효과도 함께 지워야 한다. 그리고 Tile Effects의 Portal을 선택해서 비워둔 통로의 타일에 지정한다.

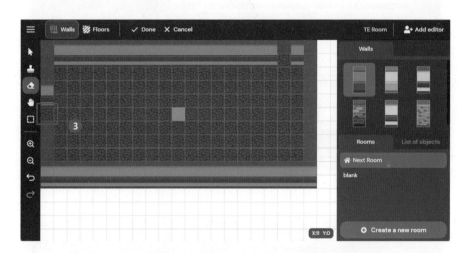

[그림 35] 새로 만든 방에 통로 추가하기

④ [그림 36]과 같이 Pick portal type 창이 뜨면 Portal to another space를 선택한다.

[그림 36] Portal to another space 선택

⑤ Input space to portal to 창이 뜨면 아까 복사
해두었던 Test Room의 URL을 [그림 37]과 같이
붙여넣기 한 후에 CONFIRM 버튼을 누른다. 맵
메이커에서 Save 버튼을 누르고 공간(Space)에
서 확인해보자.

[그림 37] 이동할 Space의 URL 입력

⑥ 아바타를 Portal이 있는 통로 쪽으로 이동시키면
아바타가 뒤로 살짝 물러나게 되면서 [그림 38]과 같은 메시지가 뜬다. Portal로 다
른 공간으로 이동하려면 Enter 키를 눌러야 한다는 뜻이니 Enter를 눌러보자. 여느
공간을 입장할 때처럼 카메라/마이크 및 캐릭터 설정화면을 거쳐 [그림 39]와 같이
Test Room으로 이동하면 성공한 것이다.

[그림 38] 다른 공간으로 이동할 때는 Enter 키가 필요!

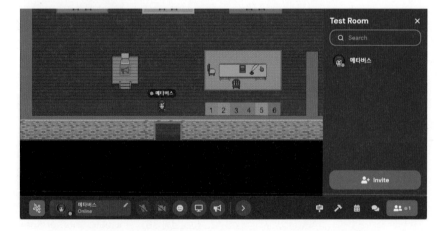

[그림 39] 다른 공간(Space)의 기본(Primary)방으로 이동

타일 효과(Tile Effects) – (2)

(1) 독립된 영역에서 함께 대화를 할 수 있는 Private Area

독립된 영역에서 대화를 나눌 수 있는 기능이다. 이전의 Classroom(Small) 템플릿으로 만든 Test Room 공간에서 다룬 적이 있다. 현실 세계에서는 방음이 되는 격리된 회의실 같은 곳이라고 할 수 있다. 이런 독립된 대화 영역을 넓게 그리고 여러 개로 분리해서 만들 수도 있다.

게더타운에서는 기본적으로 상대방에게 가까이(타일 5칸 이내) 다가가야만 대화가 가능하다. 하지만 Private Area로 독립된 대화 영역을 만들면 해당 영역에 있는 사람들끼리는 가까이 있지 않더라도 모두 대화에 참여가 가능하다는 것이 특징이다.

① 이번에는 TE Room을 변경해서 사용한다. 좌표값 X:20, Y:13까지 Walls & Floors 모드로 벽과 바닥을 [그림 40]과 같이 면적을 넓혀서 재배치한다. 우측 상단의

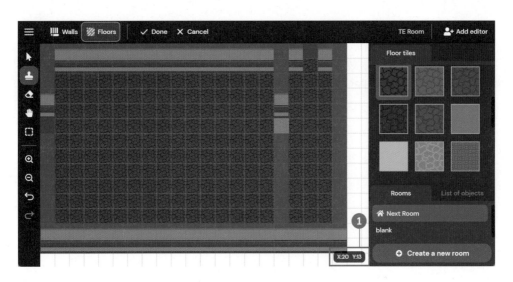

[그림 40] 방 구조 변경하기

Portal 통로 근처에 중간이 뚫린 세로벽도 추가한다. 그리고 Tile Effects로 Spawn 도 새롭게 지정한다. 예제에서는 편의를 위해 한정된 곳에 지정했을 뿐 Spawn의 위치와 크기는 나중에 적절하게 변경해도 된다.

타일 효과는 나중에 공간에서 확인할 때 보이지 않으므로 Private Area가 지정된 타일의 위치를 식별하기 위해 서로 다른 색의 Floor tiles로 구분하여 [그림 41]과 같이 배치한다. 타일의 색상대로 총 5개의 Private Area를 지정할 예정이다. 작은 방에도 같은 색상으로 타일 한 칸씩 동일한 색상의 타일을 배치한다.

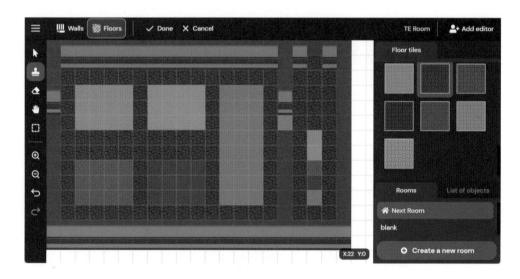

[그림 41]　서로 다른 색의 타일 배치하기

② Tile Effects의 속성 패널에서 Private Area를 선택한다. [그림 42]와 같이 Area name을 지정할 수 있는 입력란(Private Area name)이 있는데 Area name은 Private Area 영역 간의 고유 식별값으로 동일한 name을 가진 Private Area 영역에 있다면 서로 대화가 가능해진다. Private Area 영역에 있더라도 name이 다르면 함께 대화할 수 없다. 마치 같은 무전기를 사용하더라도 동일한 채널을 사용하는 무전기끼리만 서로 통신할 수 있는 것과 비슷하다고 볼 수 있는데 name을 다르게 부여하면 Private Area는 name별로 각각 독립적으로 작동한다.

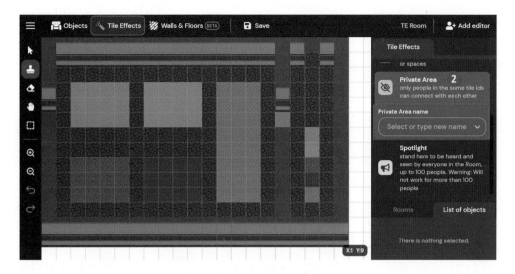

[그림 42] Private Area의 Area name

name은 반드시 입력해야 하며 입력된 문자는 지정된 타일에 표시된다. 만약 입력하지 않고 타일에 Private Area를 지정하게 되면 [그림 43]과 같이 name을 입력하라는 경고창이 뜨게 된다.

[그림 43] Private Area name 오류 경고창

한글도 입력은 가능하지만 타일에 name이 표시되지 않는 문제가 있기 때문에 영문 또는 숫자를 입력한다. 일반적으로 구분이 쉽게 숫자로 입력하는 것을 권장한다. Area name 입력란에 숫자 '1'을 입력하고 [그림 44]와 같이 입력란 아래의 Create "1"을 눌러 name을 등록한다.

[그림 44] Area name 입력 및 등록

③ [그림 45]와 같이 색상으로 구분된 타일에 Private Area를 지정한다. 지정된 타일에
는 Area name인 숫자 '1'이 표시된다. 작은 방에 있는 같은 색상의 타일에도 지정해
준다.

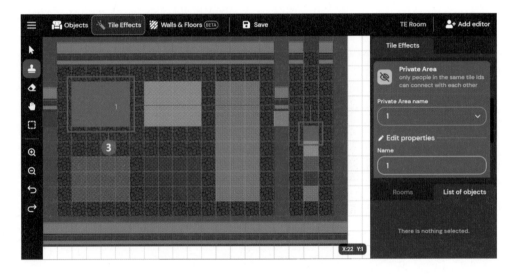

[그림 45] 타일에 Private Area 지정하기

④ 동일한 방법으로 [그림 46]과 같이 '2'부터 '5'까지의 Area name을 가진 Private
Area를 추가로 지정한다. 그리고 Save 버튼을 눌러 공간에 변경 사항을 반영한다.

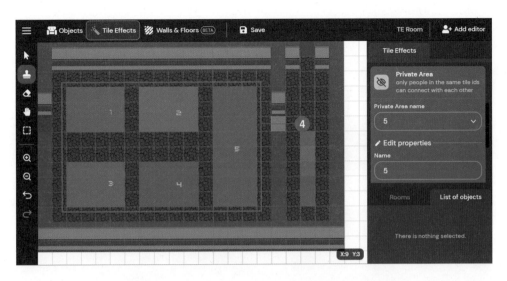

[그림 46] 여러 개의 다른 Area name을 가진 Private Area

⑤ 공간(Space)으로 돌아와서 확인해보자. Area name을 1로 지정했던 타일 위로 아바타를 이동시키면 해당 타일이 밝게 변하고 주위가 어두워지는 것을 알 수 있다. 동시에 작은 방에 지정한 Area name이 1인 타일도 동일하게 밝게 변한 것이 보일 것이다. [그림 47]과 같이 Area name을 가진 Private Area에 있다면 떨어져 있어도 서로 연결이 되어 대화가 가능한 상태임을 의미한다.

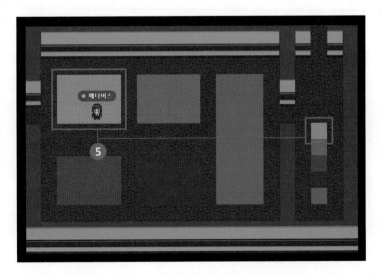

[그림 47] 같은 Area name을 가진 Private Area의 활성화

⑥ 그룹 회의가 여러 곳에서 동시에 진행될 때 주최자나 운영자가 각 회의실에 직접 찾
아가지 않아도 멀리 떨어진 곳에서 회의에 바로 참여할 수 있다는 장점이 있다.

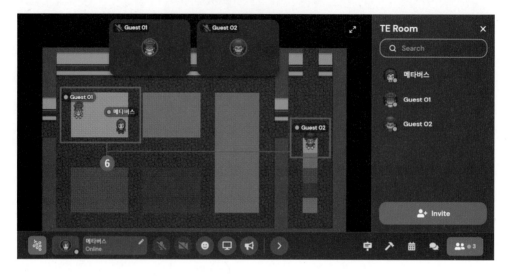

[그림 48] 같은 Area name을 가진 Private Area에서의 대화

또한 Private Area를 얼마든지 넓게 만들 수 있으므로 다수의 인원이 거리에 제한없
이 함께 대화하는 것이 가능하다. 그리고 [그림 49]와 같이 Area name만 다르게 지
정하면 여러 개의 Private Area를 지정할 수 있기 때문에 대규모의 행사 등에서 유
용하게 사용할 수 있다.

[그림 49] 다른 Area name을 가진 Private Area에서의 독립적인 대화

(2) 방(Room) 전체에 방송을 할 수 있는 Spotlight

Spotlight는 공간(Space)의 현재 방(Room)에 있는 모든 참여자에게 전체방송을 할 수 있는 기능이다. Spotlight가 지정된 타일에 사용자가 위치하게 되면 다른 참여자들의 마이크는 모두 자동으로 꺼지게 되며 Spotlight를 사용하는 사람의 말소리만 들을 수 있게 된다. 많은 인원이 참여하는 대규모 강의나 행사 등을 할 때 방송용으로 사용할 수 있다.

독립적인 대화가 가능한 개인공간(Private Area)에 있어도 방송이 전달되지만, 현재의 방(Room)에 한해서 방송이 되고 Portal로 이동해야 하는 다른 방에는 전달되지 않는다.

① 이번에도 TE Room을 그대로 사용한다. Spotlight를 지정할 타일을 식별하기 위해 작은 방 위쪽에 타일 한 칸을 다른 패턴의 바닥으로 배치한다. 방(Room)을 새로 만들어도 무방하지만, 최소 Private Area를 1개 이상 포함하도록 한다.

② Tile Effects에서 Spotlight를 선택한다.

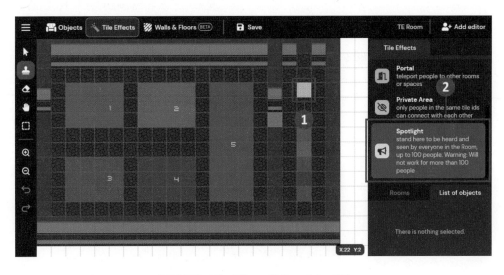

[그림 50] Tile Effects의 Spotlight 선택

③ 작은 방에 표시해 둔 타일을 [그림 51]과 같이 Spotlight으로 지정하면 타일이 주황색으로 전환된다. Save 버튼을 누르고 공간(Space)으로 돌아와서 확인한다.

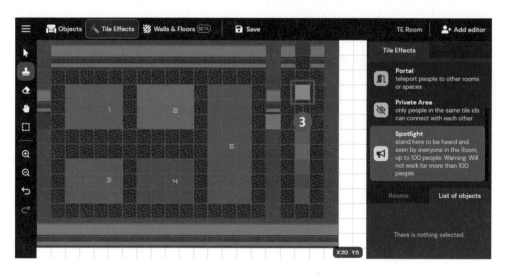

[그림 51] Spotlight 지정하기

④ 아바타를 Spotlight로 지정된 위치로 이동하게 되면 공간의 하단에 You have stepped on a spotlight square! Now broadcasting to the whoe room이라는 메시지가 나타나고 방(Room) 전체에 방송이 가능하게 된다. 멀리 있거나 독립적인 대화 영역인 Private Area로 지정된 곳에 있어도 방송이 전달된다.

⑤ Spotlight 사용자에게는 [그림 52]와 같이 참여자들의 비디오 창에 있는 마이크가 모두 소거된 상태로 표시되어 보이게 된다. 참여자들에게는 [그림 53]과 같이 Spotlight 사용자의 비디오 창에 오렌지색 바탕에 확성기 아이콘이 캐릭터 이름 앞에 표시된다.

[그림 52] Spotlight 위치로 이동

[그림 53] 오렌지색의 확성기 표시

CHAPTER 14

맵메이커 오브젝트
활용하기

오브젝트 활용하기 - (1)

오브젝트(Objects)는 게더타운의 공간을 구성하는 핵심적인 요소로 가구나 집기, 가전제품 등과 같은 사물과 같은 것들이다. 공간(Space)의 배경에 영향을 주지 않고 이동, 편집 및 삭제를 할 수 있도록 배경 위에 배치된다.

오브젝트는 다음과 같이 크게 두 가지의 형태로 분류할 수 있다.

- 장식용 오브젝트 : 상호작용 없이 심미적인 요소로 사용되는 이미지(예: 가구, 식물, 음식 등)

- 상호작용 오브젝트 : 사용자에게 미디어, 웹사이트 연결 등에 대한 접근을 제공하는 이미지(예: TV, 화이트보드 등)

지금까지 공간의 배치는 하단의 망치 모양의 Build tool을 누르면 나오는 패널에서 Edit in Mapmaker를 선택해서 실행하였다. 오브젝트(Objects)의 경우 맵메이커(Mapmaker)를 사용하지 않아도 Build tool 패널의 Build와 Erase로 오브젝트를 추가하거나 삭제할 수 있다. 또한 Open object picker를 통해 오브젝트를 빠르게 추가하거나 삭제하는 것이 가능하지만 세부적인 작업이 어렵고 벽과 바닥, 타일 효과 등의 배치는 사용할 수 없다.

실제로 공간을 설계하고 배치하다 보면 오브젝트와 함께 벽과 바닥, 타일 효과를 함께 병행해서 작업하는 경우가 많기 때문에 따라서, 가급적 간단한 오브젝트 작업은 Build tool로 하고 그 외에는 바로 맵메이커(Mapmaker)에서 실행할 것을 권장한다.

(1) 오브젝트 배치하기

먼저 오브젝트를 배치하는 기본적인 방법은 다음과 같다.

① 예제로 사용할 공간을 만들기 위해 Create Space로 Blank 카테고리의 Empty Room(Small) 템플릿을 사용해 새로운 공간을 [그림 1]과 같이 새로 생성한다. 방 이름은 Obj Room으로, 용도는 Other로 한다.

[그림 1] Empty Room(Small) 템플릿으로 공간 생성

② 맵메이커를 실행한다.

③ 우선 테이블과 좌석 등이 있는 회의 공간을 만들어보자. 이전 Test Room에 있던 Private Area의 오브젝트 배치와 유사한 구조로 만들어보려 한다. 단, 여기서는 오브젝트의 배치에 방해되지 않도록 Tile Effect의 Private Area는 적용하지는 않을 예정이다. 우측 창의 Objects 패널에서 [그림 2]와 같이 More Objects를 선택한다.

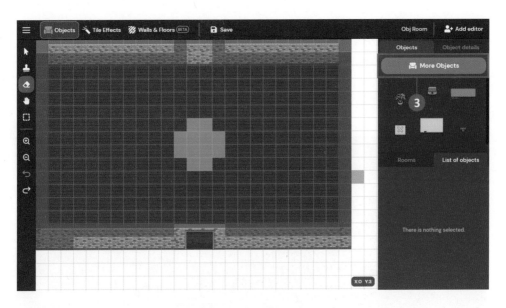

[그림 2] More Objects 선택

④ Objects 창이 뜨면 좌측에는 오브젝트를 카테고리별로 선택해서 볼 수 있는 리스트가 있다. 여기서 배치하려는 오브젝트를 찾아도 되고 상단의 검색창에 키워드 입력해서 오브젝트를 찾을 수도 있다. 좌측 카테고리에서 전체 목록인 See All을 선택하고 [그림 3]과 같이 검색창에 'table'을 입력한다. 단, 한글은 지원되지 않는다.

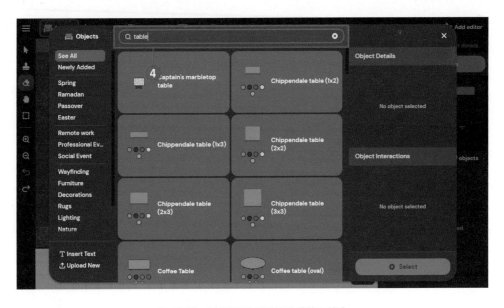

[그림 3] 오브젝트의 검색창에 키워드 입력

⑤ 오브젝트 중에서 Chippendale table(2×2)를 선택한다.

⑥ 우측의 Objects Details에서 오브젝트의 색상을 선택할 수 있다.

⑦ [그림 4]의 하단에 있는 Select 버튼을 누른다.

[그림 4] Object Details 속성 선택

⑧ [그림 5]와 같은 위치(좌표값 X:3, Y:4)에 클릭하면 오브젝트가 배치된다. 이때 마우스를 좌우 버튼 상관없이 클릭만 하면 계속 복사가 가능한 Stamp(단축키 B) 도구 상태를 유지하게 되는데 이를 해제하기 위해 도구 패널의 Select(단축키 V)를 누른다.

⑨ 방금 배치한 테이블 오브젝트를 선택하면 우측 창의 속성 패널에 있는 Objects details 탭에서 색상을 수정할 수 있다. 이제 의자를 배치하기 위해 옆에 있는 Objects 탭을 선택한다.

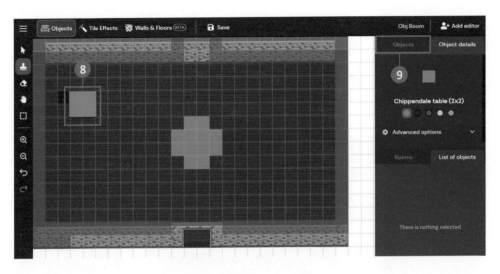

[그림 5] 테이블 오브젝트 배치

⑩ 같은 방법으로 More Objects를 선택하면 나오는 Objects 창에서 'chair'로 검색란에 키워드를 입력한다. 오브젝트 중에서 Chair(simple)를 선택하고 우측 창의 Objects Details에서 색상을 선택한다. 그런데 오브젝트 이미지 좌우에 이전의 table 오브젝트에서는 볼 수 없었던 둥근 화살표가 놓여 있는 것을 [그림 6]과 같이 볼 수 있다. 화살표를 누를 때마다 90도씩 회전을 시킬 수 있으며 이런 회전 기능은 오브젝트에 따라 없을 수도 있다. 여기서 의자의 뒤가 보이도록 회전시키고 Select를 선택한다.

[그림 6] 의자 오브젝트 배치

⑪ 연속으로 의자를 테이블 아래와 양쪽에 총 6개를 배치하고 도구 패널의 Select(단축키 V)를 선택한다. 이렇게 배치된 오브젝트를 선택하면 [그림 7] 우측 창의 속성 패널에서 오브젝트의 속성을 변경할 수 있다. 양쪽에 있는 의자들은 테이블을 바라보게 해야 되므로 의자를 선택한 후 속성 Objects Details 탭에서 방향을 바꿔준다.

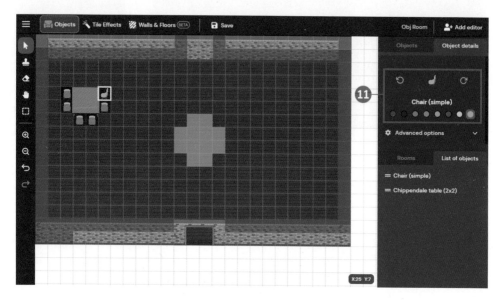

[그림 7] 의자 오브젝트 배치 및 속성 변경

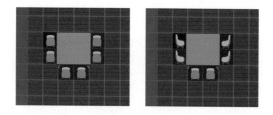

[그림 8] 오브젝트의 방향 전환 전(좌)과 후(우)

⑫ 이번에는 테이블과 의자 아래에 러그(카펫)를 놓을 차례이다. Objects 창에서 'rug'로 검색하여 [그림 9]와 같이 North American rugs를 선택하고 속성 등을 변경한 후에 공간의 테이블과 의자에 배치해보자.

[그림 9] North American rugs 오브젝트 선택

배치해 보면 러그가 테이블과 의자 위에 놓인 것을 볼 수 있다. 오브젝트는 마치 파워포인트의 도형처럼 배치를 나중에 할수록 위로 올라가는 계층적인 구조를 가지고 있다. 따라서 현재 맨 위로 올라간 오브젝트인 러그를 테이블과 의자 아래로 순서를 변경해 줄 필요가 있다.

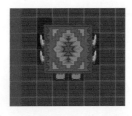

[그림 10] 러그(카펫)이 테이블과 의자 위에 올려진 상태

⑬ 맨 위에 있는 러그를 선택하면 [그림 11] 우측 창 하단에 List of objects 패널이 활성화되고 선택된 위치의 타일에 겹쳐있는 모든 오브젝트가 표시된다.

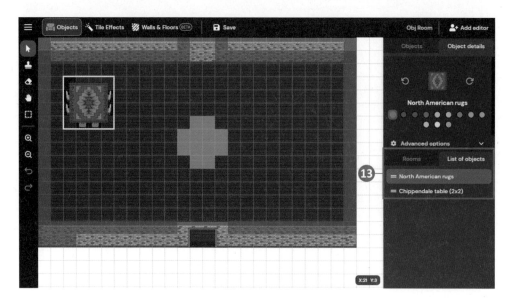

[그림 11] List of objects 패널

List of objects 패널은 현재 선택한 타일에 따라 겹친 오브젝트의 목록과 순서를 나타낸다. [그림 12]를 보면 타일의 위치에 따라 오브젝트의 리스트가 달라지는 것을 알 수 있는데 이것은 오브젝트가 차지하는 타일의 크기가 다르기 때문이다.

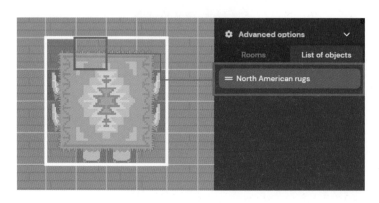

[그림 12] 겹치는 오브젝트가 1개일 때

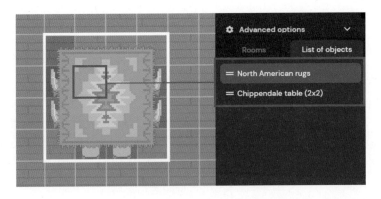

[그림 13] 겹치는 오브젝트가 2개일 때

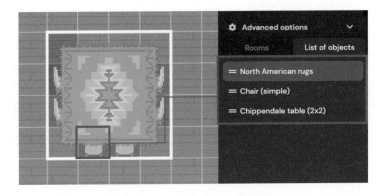

[그림 14] 겹치는 오브젝트가 3개일 때

순서(계층)를 변경하려면 먼저 의자, 테이블, 러그가 모두 겹쳐있는 타일을 선택해야 한다. List of objects 패널에서 맨 위에 있는 North American rugs 앞에 있는 두 줄 막대(=)를 마우스로 클릭한 채로 맨 아래에 있는 Chippendale table(2×2)의 위치까지 끌어 내리면 순서가 변경되어 러그(카펫)의 테이블과 의자의 아래에 놓이게 된다.

다른 방법으로는 각 오브젝트 리스트의 우측에 있는 점 세 개(⋮) 버튼을 선택하면 나오는 하위메뉴를 이용하는 것이다. 여기서 맨 뒤로 보내기 위해서는 Send to back을 선택하면 된다. 각 메뉴는 〈표 1〉과 같은 기능을 수행한다. 물론 오브젝트가 1개일 때 또는 겹치는 오브젝트가 없을 경우는 오브젝트의 순서가 없으므로 명령이 실행되지 않는다.

메뉴	기능
Bring forward	오브젝트를 맨 위로 이동시킨다
Send to back	오브젝트를 맨 아래로 이동시킨다.
Move up	오브젝트를 한 계층 위로 이동시킨다.
Move down	오브젝트를 한 계층 아래로 이동시킨다.
Duplicate	오브젝트를 복사하여 Stamp 도구 상태로 전환시킨다.
Delete	오브젝트를 삭제한다.

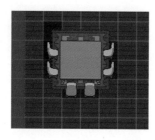

[그림 15] 러그(카펫)이 테이블과 의자 아래에 놓여진 상태

⑭ 순서(계층)를 변경하는 방법을 배웠으므로 오브젝트를 조금 더 보완해보도록 하자. [그림 15] 러그(카펫)가 약간 작아 의자가 러그 밖에 놓여 있다. 더욱 큰 러그로 교체하기 위해 러그를 삭제해야 한다. Eraser 도구로 러그를 선택해서 지우거나 Select 도구로 선택한 후 키보드의 Delete 키를 눌러 삭제한다.

⑮ [그림 16]과 같이 Objects 창을 열어 'rug'로 다시 검색해서 Bat rug(4×4)를 선택하고 다시 테이블과 의자 위에 배치하도록 한다. 그리고 List of objects 패널에서 러그(카펫)의 순서를 맨 아래로 이동시킨다.

 알아두기 **잊지마세요~ Save!**

맵메이커는 자동저장(Autosave)을 지원하지 않는다. 브라우저 탭이나 창이 닫히면 작업한 내용이 모두 사라지게 되므로 주의해야 한다. 작업을 진행하면서 틈틈이 Save를 눌러 저장할 것을 권장한다.

[그림 16] Bat rug(4×4) 오브젝트 선택

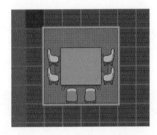

[그림 17] 새 러그로 교체 후 순서(계층) 이동

⑯ 이렇게 해서 회의 공간이 만들어졌다. 이러한 회의 공간을 3개 또는 그 이상 만들어야 한다면 많은 시간과 노력이 들어갈 것이다. 맵메이커에 새롭게 추가된 도구 기능을 이용하면 이렇게 이미 배치가 끝난 오브젝트 그룹뿐만 아니라 지정된 타일 효과까지 한 번에 쉽게 선택하고 복사할 수 있다. 바로 Box Select(단축키 G) 도구이다. [그림 18] 도구 패널에서 Box Select를 선택해보자.

⑰ Box Select 도구가 선택되면 상단에 Objects와 Effects의 포함 여부를 체크할 수 있는 Select 항목이 나타난다. 체크된 항목에 따라 Box Select 도구를 타일 위로 드래그할 때 Objects 또는 Effects만 선택할 것인지 모두 선택할 것인지를 결정할 수 있다.

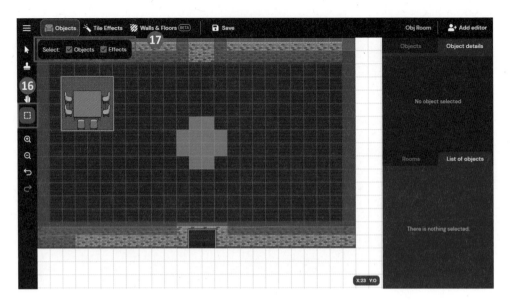

[그림 18] Box Select 도구 선택

⑱ Box Select로 드래그하면 선택 중인 범위가 [그림 19]와 같이 파란색 영역으로 나타
난다.

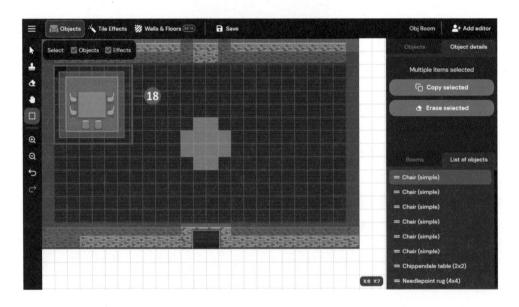

[그림 19] 선택영역을 드래그하여 선택

⑲ 선택이 완료되면 선택된 범위는 파란 선으로 둘러서 쌓이게 된다. [그림 20] 우측 창의 Objects details 패널에서 Copy selected를 선택한다. 만약 Erase selected를 선택할 경우 선택한 내용들이 모두 삭제된다.

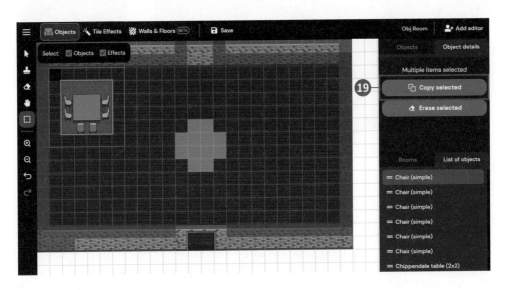

[그림 20] Copy selected 선택

⑳ Box Select 도구에서 Stamp 도구로 자동으로 전환되면서 복사를 할 수 있는데, 3개를 추가로 배치한다.

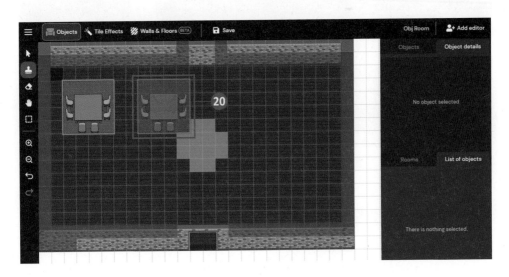

[그림 21] 복사가 가능한 Stamp 도구로 자동 전환

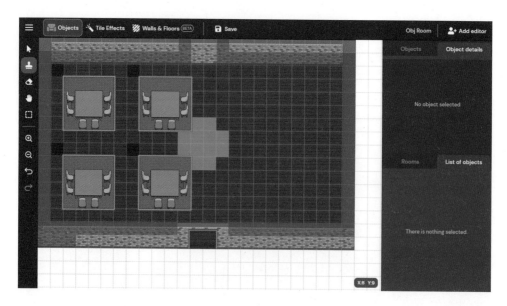

[그림 22] 오브젝트를 그룹으로 복사하여 배치하기

㉑ [그림 23]과 같이 Objects details에서 그룹별로 오브젝트의 색상을 다르게 변경한다.

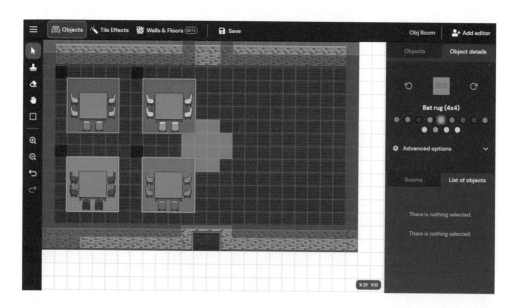

[그림 23] 오브젝트 속성 변경하여 색상 변화주기

(2) 오브젝트에 상호작용 적용하기

몇몇 특수한 오브젝트를 제외한 대부분의 오브젝트에는 상호작용이 없는 상태로 존재한다. 오브젝트에 필요한 상호작용을 사용자가 직접 포함시킬 수 있다. Objects 창에서 아무 오브젝트나 선택한 후 우측 창의 Objects Interactions를 보면 [그림 24]와 같이 상호작용을 위한 다음과 같은 항목들을 사용할 수 있다.

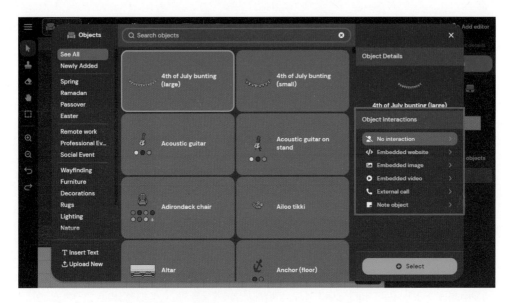

[그림 24] 상호작용 적용을 위한 Objects Interactions 항목

각 항목의 기능은 다음과 같다.

- No interaction : 오브젝트에 상호작용을 사용하지 않는다.
- Embedded website : 상호작용으로 웹사이트를 연결한다.
- Embedded image : 상호작용으로 업로드된 이미지를 보여준다.
- Embedded video : 상호작용으로 Youtube 등과 같은 동영상 플랫폼의 영상을 URL로 연결하여 보여준다.
- External call : 상호작용으로 줌(Zoom)이나 구글 팀즈와 같은 화상통화 프로그램을 연결한다.
- Note objcet : 상호작용으로 입력된 메시지를 보여준다.

여기서 No interaction을 오브젝트에 적용하면 단순한 장식용 오브젝트가 되고 No interaction 이외의 사항을 적용하면 상호작용 오브젝트가 된다. 상호작용을 적용할 오브젝트는 무엇을 선택해도 상관없다. 하지만 상호작용과 가급적 연관성이 있는 오브젝트로 선택하는 것이 사용자가 인식하기 쉬울 것이다. 동영상이라면 TV, 모니터 등의 오브젝트를 사용하고 메모나 메시지라면 노트와 게시판 같은 오브젝트를 사용하는 것이 좋다.

■ 웹사이트 연결하기(Embedded website)

상호작용으로 웹사이트를 연결하기 위해서는 웹사이트의 URL이 필요하다. 다만 모든 웹사이트를 모두 연결할 수 있는 것이 아니라 해당사이트에서 iframe에 임베드 (Embed) 연결이 막혀있다면 사용할 수 없다.

 알아두기　**iframe? embed? 연결가능한 웹사이트?**

iframe은 일반적인 웹페이지 문서(HTML)에 또 다른 웹페이지를 삽입하는 방식으로 웹페이지에 다른 외부 자원(영상, 웹사이트 등)을 끼워 넣는(embed) 방법이라 할 수 있다. 하지만 모든 웹사이트를 iframe으로 넣을 수 있는 것은 아니다. 사용자가 오브젝트에서 상호작용을 시도했을 때 웹사이트 연결에 실패할 경우 다음과 같은 메시지를 마주하게 된다.

www.google.com에서 연결을 거부했습니다.

따라서 해당 사이트가 iframe에서 정상적으로 돌아가는지 확인하려면 오브젝트에 넣고 확인하면 되지만 사전에 확인할 방법이 있다. 게더타운의 Help Center에서는 이에 대한 문제해결을 [그림 25]와 같이 제시하고 있다.

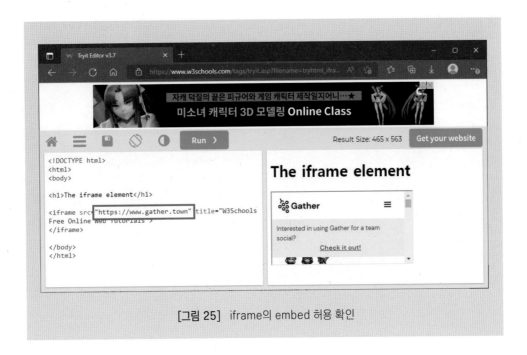

[그림 25] iframe의 embed 허용 확인

그리고 URL은 반드시 https로 시작해야 한다. 게더타운은 보안에 대한 이유로 http 사이트를 허용하지 않기 때문이다.

이제 오브젝트에 상호작용으로 웹사이트를 직접 연결해보자.

① 이전에 사용한 Obj Room을 이어서 사용하기로 한다. 맵메이커에서 Objects 창을 열어 computer로 검색창에 키워드를 입력한다. [그림 26]의 오브젝트 중에서 Desktop computer를 선택한다.

② 웹사이트를 연결하기 위해 우측 창의 Objects Interactions에서 Embedded website 항목을 선택한다.

[그림 26] 상호작용으로 Embedded website 항목 선택

③ 연결하려는 Website의 URL을 입력한다.

④ Activation distance는 아바타가 오브젝트에 몇 타일(Tile)만큼 가까워졌을 때 활성화 될 것인지, 즉 X 키를 눌러 상호작용이 가능해지는 근접거리를 [그림 27]과 같이

[그림 27] 연결할 Website와 Activation distance 입력

숫자로 입력한다. 여기서는 3을 입력했다. 오브젝트와 아바타의 거리가 타일 세 칸 이내에 있으면 상호작용을 사용할 수 있다. 숫자가 너무 높으면 다른 오브젝트의 상호작용과도 겹칠 수 있기 때문에 적당한 거리를 입력하는 것이 좋다. 입력을 마친 후에는 하단의 Select를 누른다.

⑤ 처음에 배치한 회의 공간의 테이블에 Desktop computer 오브젝트를 배치하고 맵메이커 상단의 Save 버튼을 선택하여 작업내용을 반영한다. 그리고 확인을 위해 브라우저 탭 중 공간(Space)이 열려있는 화면에서 아바타를 방금 배치한 오브젝트 근처로 이동시킨다. Press X to interact라는 메시지와 함께 오브젝트의 테두리가 노란색으로 빛나게 된다. [그림 28] 처럼 X를 누르면 연결한 웹페이지 화면이 나타나는 것을 확인할 수 있다.

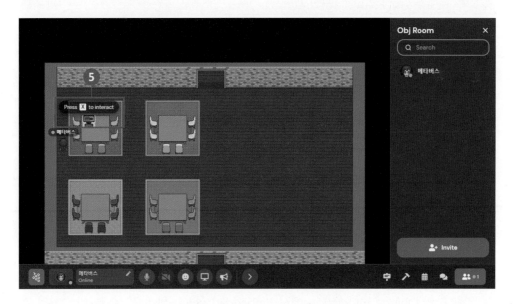

[그림 28] 오브젝트 근처에서 X키 입력

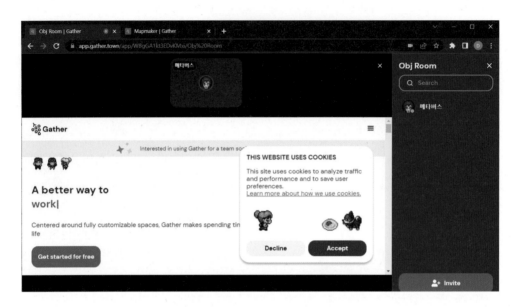

[그림 29] 오브젝트 상호작용 확인

■ 동영상 연결하기(Embedded video)

유튜브, 비메오, 트위치 등 동영상 플랫폼에 있는 영상들을 상호작용으로 연결해서 보여줄 수 있다.

① [그림 30] 맵메이커에서 Objects 창을 열어 TV로 검색창에 키워드를 입력한다. 동영상을 연결할 것이므로 영상과 관련된 오브젝트인 TV를 선택한다. 물론 TV가 아닌 다른 오브젝트도 가능하다. 여기서는 검색된 TV 오브젝트 중에서 TV(Flatscreen)를 선택하였다.

② 우측 창의 Objects Interactions에서 Embedded video 항목을 선택한다. TV의 경우 Embedded video가 이미 선택되어 있을 것이다.

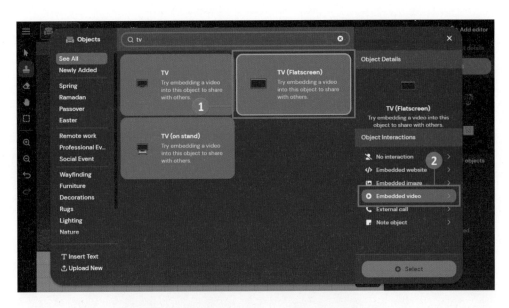

[그림 30] 상호작용으로 Embedded video 항목 선택

③ 연결하려는 Video의 URL을 입력한다.

④ Activation distance는 3을 입력하고 하단의 Select를 선택한다.

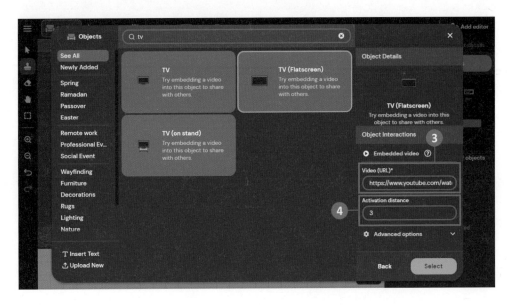

[그림 31] 연결할 video(URL)와 Activation distance 입력

⑤ 비어있는 다른 회의 공간의 테이블 위쪽에 TV 오브젝트를 배치하고 맵메이커 상단의 Save 버튼을 선택해서 작업내용이 공간에 반영되도록 한다. 이제 제대로 작동 하는지 확인하기 위해 브라우저 탭 중 공간(Space)이 열려있는 화면에서 아바타를 방금 배치한 TV 오브젝트의 위치로 이동시킨다.

⑥ 오브젝트와의 상호작용 가능 범위 내로 아바타가 이동하게 되면 하단에는 동영상 미리보기(Preview) 화면이 나타난다. 미리보기 화면에 있는 Play 버튼을 누르면 미리보기 상태에서 영상이 재생된다. X를 누르면 [그림 32]와 같이 연결된 동영상 화면이 나타나는데 X를 누르지 않아도 미리보기 화면을 마우스로 선택하면 동일한 화면으로 전환된다.

[그림 32] 오브젝트 근처에서 X키 입력 / 동영상 미리보기 출력

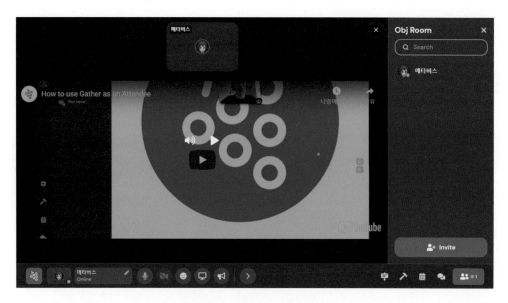

[그림 33] 오브젝트 상호작용 확인

- ■ 이미지 연결하기(Embedded image)

업로드된 이미지를 보여주는 상호작용도 적용할 수 있다. 단, 이미지 파일형식은 반드시 .Png 또는 .Jpg로 업로드해야 한다. 정확한 치수나 비율이 절대적으로 요구되는 것은 아니지만 이미지의 규격은 가로 세로 1000px * 600px, 종횡비 16:9 그리고 최대파일 크기는 3MB를 권장하고 있다.

또한 Embedded video처럼 미리보기를 제공하는데 별도로 이미지를 등록해야 한다. 미리보기 이미지의 사이즈는 가로, 세로 500px * 300px가 적합하다.

① [그림 34] 맵메이커에서 Objects 창을 열어 검색창에 'book'을 키워드로 입력한다. 잘 어울리거나 자신이 원하는 다른 오브젝트를 선택해도 무방하다. 여기서는 검색된 book 오브젝트 중에서 Book(open)을 선택하였다.

② 우측 창의 Objects Interactions에서 Embedded image를 선택한다.

[그림 34] 상호작용으로 Embedded image 항목 선택

③ Image 항목에서 파일선택 버튼으로 업로드하려는 이미지를 선택한다.

④ Preview Image 항목에서 파일선택 버튼으로 업로드하려는 이미지를 선택한다.

⑤ Activation distance는 3을 입력하고 하단의 Select를 선택한다.

[그림 35] 연결할 Image와 Activation distance 입력

⑥ 비어있는 다른 회의 공간의 테이블에 Book 오브젝트를 배치하고 맵메이커 상단의
Save 버튼을 선택해서 작업내용이 공간에 반영되도록 한다. 그리고 브라우저 탭 중
공간(Space)이 열려있는 화면에서 아바타를 방금 배치한 Book 오브젝트의 위치로
이동시킨다.

⑦ 오브젝트와의 상호작용 가능 범위 내로 아바타가 이동하게 되면 하단에는 이미지
미리보기(Preview) 화면이 나타난다. 스크롤로 이미지를 살펴볼 수 있다. X키를 누
르면 업로드된 이미지를 [그림 36]과 같이 볼 수 있다.

[그림 36] 오브젝트 근처에서 X키 입력 / 이미지 미리보기 출력

[그림 37] 오브젝트 상호작용 확인

■ **외부 화상회의 도구 연결하기(External call)**

게더타운 내에서 상호작용으로 Zoom, Google Meet, Teams와 같은 외부 화상회의 플랫폼을 호출하는 것이 가능하다. 화상회의 방식으로 진행이 필요하고 참석인원이 게더타운의 무료 동시접속자 수인 25명을 초과할 경우 Zoom과 같은 외부 화상회의 도구를 사용하는 것이 더 효율적일 수 있다.

① 맵메이커에서 Objects 창을 열고 검색창에 'monitor'로 키워드를 입력해서 검색을 한다. [그림 38]의 monitor 오브젝트 중에서 Monitor(triple)를 선택하였다.

② 우측 창의 Objects Interactions에서 External call을 선택한다.

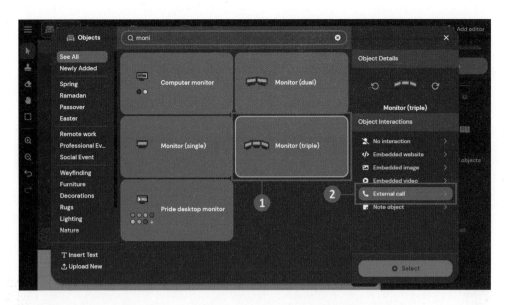

[그림 38] 상호작용으로 External call 항목 선택

③ 연결하려는 화상회의 플랫폼에서 초대 링크를 복사하여 URL을 입력한다.

④ Activation distance는 3을 입력하고 하단의 Select를 선택한다.

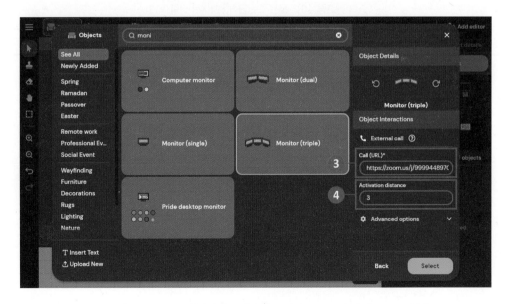

[그림 39] 연결할 외부 화상회의 초대링크(URL)와 Activation distance 입력

⑤ 남아있는 빈 회의 공간의 테이블에 Monitor(triple) 오브젝트를 배치하고 맵메이커 상단의 Save 버튼을 선택해서 작업내용이 공간에 반영되도록 한다. 브라우저 탭 중 공간(Space)이 열려있는 화면에서 아바타를 방금 배치한 Monitor(triple) 오브젝트 의 위치로 이동시킨다.

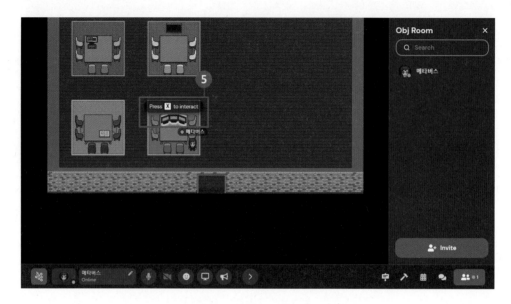

[그림 40] 오브젝트 근처에서 X키 입력

⑥ X를 누르면 화상회의 연결을 위한 초대 링크 URL과 안내 메시지가 있는 화면으로 전환된다. 여기서는 Zoom을 외부 화상회의 도구로 선택하였다. 안내 메시지에는 링크를 클릭하면 게더타운의 비디오와 오디오가 방해되지 않도록 자동으로 비활성화 된다는 내용을 보여주고 있다. [그림 41]과 같이 초대링크를 클릭해서 확인해 보자.

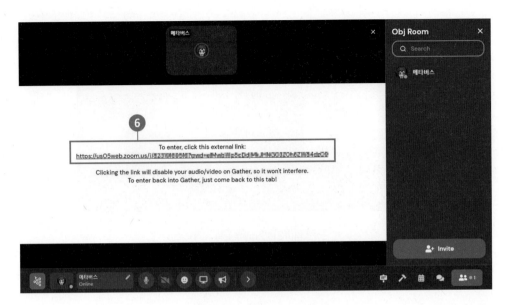

[그림 41] 초대링크 URL 클릭

⑦ 브라우저의 새 탭으로 Zoom이 열리고 회의 시작 여부를 묻는 안내창이 뜨면 Zoom
Meeting 열기 버튼을 선택해서 회의실로 입장한다. 회의가 종료되면 탭을 닫고 다
시 게더타운이 있는 탭으로 돌아오면 된다.

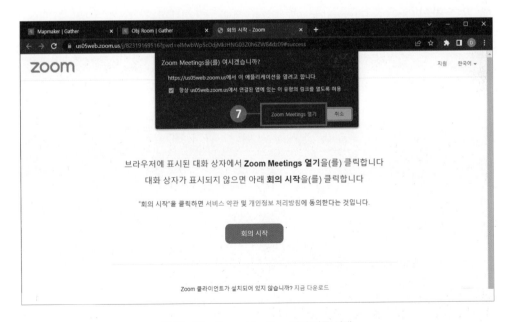

[그림 42] Zoom Meeting 열기 버튼 선택

[그림 43] Zoom 회의 시작

■ **노트 오브젝트 사용하기(Note object)**

오브젝트에 입력된 메시지를 상호작용으로 보여주는 것이다. 내용을 전달하기 위한 공지 또는 메모 등으로 활용할 수 있다.

① [그림 44] 맵메이커에서 Objects 창을 열고 검색창에 'bulletin'으로 키워드를 입력해서 검색을 한다. 여기서는 bulletin 오브젝트 중에서 Bulletin(note)을 선택하였다.

② 우측 창의 Objects Interactions에서 Note object를 선택한다.

[그림 44] 상호작용으로 Note object 항목 선택

③ Message 입력란에 전달할 메시지를 입력한다.

④ Activation distance는 3을 입력하고 하단의 Select를 선택한다.

[그림 45] 전달할 메시지와 Activation distance 입력

⑤ 공간의 출입문 근처 위치에 Bulletin(note) 오브젝트를 배치하고 맵메이커 상단의
Save 버튼을 선택해서 작업내용이 공간에 반영되도록 한다. 그리고 브라우저 탭 중
공간(Space)이 열려있는 화면에서 아바타를 방금 배치한 Monitor(triple) 오브젝트
의 위치로 이동시킨다.

⑥ X를 누르면 화상회의 연결을 안내 메시지가 표시된다.

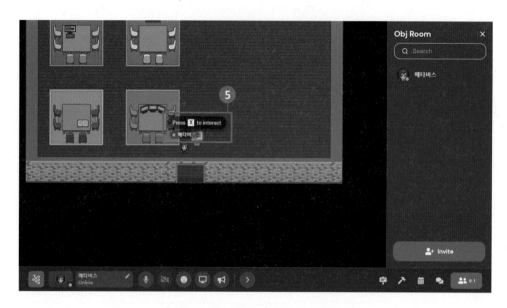

[그림 46]　오브젝트 근처에서 X키 입력

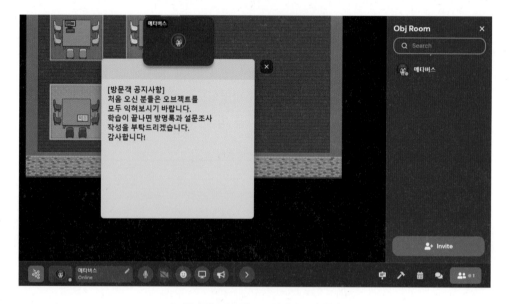

[그림 47]　오브젝트 근처에서 X키 입력

메시지 줄 바꿈 하기

Note object의 Message 입력란에 적힌 텍스트들은 Enter 키를 눌러도 줄 바꿈이 되지 않는다. 줄바꿈을 하기 위해서는 줄 바꿈 할 위치에 '₩n' 또는 '₩r'을 넣어야 한다. 여기서 '₩'는 역 슬래 시(Backslash)라고 하며 왼쪽 위에서 오른쪽 아래로 그은 선모양의 기호로 키보드 배열에서 보통 Enter 키를 바로 위에 원화(₩) 기호가 새겨진 키이다.

[그림 48] 줄 바꿈을 위한 '₩n' 입력

오브젝트 활용하기 - (2)

(1) 기본 상호작용이 지정된 오브젝트 적용하기

오브젝트 중에서는 상호작용이 기본으로 사전에 지정된 오브젝트들이 있다. 이 중에서
몇 개의 오브젝트를 예제로 소개한다.

■ 화이트보드

화이트보드는 앞서 Classroom(Small) 템플릿으로 생성한 Test Room에서 설명했던 오
브젝트로 판서를 하거나 노트를 작성하고 아이디어 등을 공유할 수 있는 기능을 제공
한다.

① [그림 49]의 맵메이커에서 Objects 창을 열어 검색창에 'board'를 키워드로 입력한
   다. 검색된 오브젝트 중에서 Whiteboard를 선택한다.

② 실제로 상호작용이 기본적으로 지정되어 있는지 확인해보자. 우측 창의 Objects
   Interactions에서 Embedded website를 선택한다.

[그림 49] Whiteboard 오브젝트 선택

③ [그림 50] Website(URL)의 입력란에 'Autogenerated if left blank'라고 되어 있다. 즉 비워두면 자동으로 미리 설정된 웹사이트 연결이 생성된다는 의미이다. 만약 비워두지 않고 다른 URL을 입력하면 화이트보드의 기능 대신 입력한 URL의 웹사이트로 연결된다. 별도의 URL 입력 없이 비워놓은 생태로 둔다.

④ 필요한 경우 Activation distance를 수정하고 하단의 Select를 선택한다.

[그림 50] 비어있는 상태의 Website(URL) 입력란 화면

⑤ [그림 51]과 같이 배치하고 화이트보드가 적용되어 있는지 확인하기 위해 Select 도구(단축키 V)를 선택한 상태에서 화이트보드를 클릭한다. 우측의 Object details 패널에서 Website(URL)의 주소가 'https://app.tryeraser.com/~'로 되어 있는 것을 알 수 있다. 비워둔 Website(URL)에 자동으로 화이트보드의 URL이 연결된 것이다. 맵메이커 상단의 Save 버튼을 선택해서 작업내용이 공간에 반영되도록 한다.

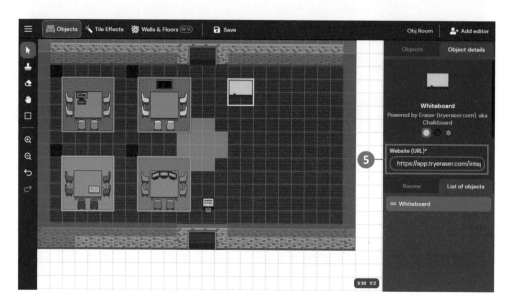

[그림 51] 상호작용 자동 생성

⑥ 브라우저 탭 중 공간(Space)이 열려있는 화면에서 아바타를 방금 배치한 Whiteboard 오브젝트의 위치로 이동시키고 X를 누른다.

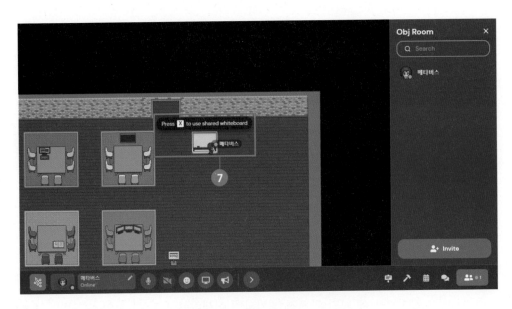

[그림 52] 오브젝트 근처에서 X키 입력

[그림 53]과 같이 화이트보드가 열리면 캔버스(Canvas)에 판서 및 그림을 그리거나 노트(Note)에 내용을 타이핑을 할 수 있다. 화이트보드 상단 가운데 있는 Both를 선택하면 Note와 Canvas 둘 다 사용이 가능하며 Note 또는 Canvas를 선택하면 해

[그림 53] 화이트보드 실행

당 기능만 전체적으로 사용할 수도 있다. 화이트보드는 삭제하지 않으면 내용이 그대로 유지되기 때문에 협업으로 자료를 작성하는 것이 가능하다.

■ 게임

오브젝트 중에는 상호작용으로 게임을 할 수 있는 게임 오브젝트도 있다. 이런 게임 오브젝트들은 키워드로 검색하거나 Objects 창의 좌측에 있는 오브젝트 카테고리 중 Games에서 찾을 수 있다. 여기서는 테트리스 게임이 포함된 오브젝트를 사용해 보기로 한다.

① 맵메이커에서 Objects 창을 열고 'table'과 'chair'로 검색해서 테트리스 오브젝트를 놓을 테이블과 의자를 배치한다. 테이블과 의자가 없어도 되지만 테트리스 오브젝트가 매우 작기 때문에 바닥에 직접 배치하면 어색하거나 잘 안 보일 수 있다. 타일 한 칸 크기의 테이블과 의자 중에서 자신이 원하는 오브젝트를 [그림 54]와 같이 선택하면 된다. 여기서는 Small square table(antique)과 Dining chair(round) 오브젝트를 사용하였다.

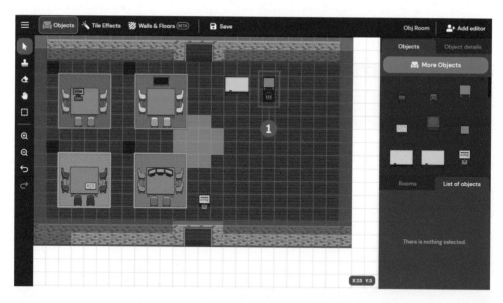

[그림 54] 타일 한 칸 크기의 table과 chair 오브젝트 배치

② 다시 Objects 창을 열고 좌측의 오브젝트 카테고리에서 스크롤을 내려 Games를 선택한다.

③ 게임 오브젝트 중에서 Battle tetris를 선택한다.

[그림 55] 게임 카테고리에서 Battle tetris 오브젝트 선택

④ 이번에도 오브젝트에 미리 지정된 기본 상호작용을 사용할 것이므로 Embedded website의 Website(URL)를 입력할 필요가 없다. 적절한 상호작용 범위를 갖도록 Activation distance를 수정하고 하단의 Select를 선택한다.

⑤ 앞서 배치한 테이블 위에 Battle tetris 오브젝트를 배치하고 맵메이커 상단의 Save 버튼을 선택해서 작업내용이 공간에 반영되도록 한다.

⑥ 브라우저 탭 중 공간(Space)이 열려있는 화면에서 아바타를 방금 배치한 Battle tetris 오브젝트의 위치로 이동시키고 X를 누르면 테트리스 게임을 실행할 수 있다.

[그림 56] 오브젝트 근처에서 X키 입력

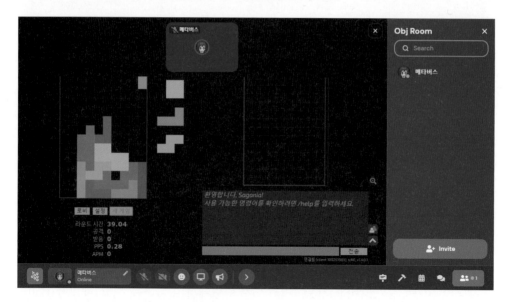

[그림 57] 테트리스 게임 실행

■ 피아노 연주

키보드 또는 마우스로 피아노를 연주할 수 있는 오브젝트도 있다. 구글이 크롬에 실험적인 기능으로 넣기 위해 개발한 프로젝트의 일종인 크롬 뮤직랩(Chrome Music Lab)을 오브젝트에 연결한 것이다.

① [그림 58] 맵메이커에서 Objects 창을 열어 검색창에 'piano'를 키워드로 입력한다. 검색된 오브젝트 중에서 Piano를 선택한다.

[그림 58] Piano 오브젝트 선택

② 상호작용이 기본적으로 지정되어 있으므로 Embedded website의 Website(URL)를 입력할 필요가 없다. 상호작용 범위인 Activation distance를 적절한 값으로 수정하고 하단의 Select를 선택한다.

③ 피아노 오브젝트를 [그림 59]와 같이 배치하고 장식을 위해 의자도 추가한 후에 맵메이커 상단의 Save 버튼을 선택해서 작업내용이 공간에 반영되도록 한다.

④ 브라우저 탭 중 공간(Space)이 열려있는 화면에서 아바타를 방금 배치한 Piano 오브젝트의 위치로 이동시키고 X를 누르면 [그림 60]과 같이 피아노 연주를 키보드나 마우스로 할 수 있다.

[그림 59] 오브젝트 근처에서 X키 입력

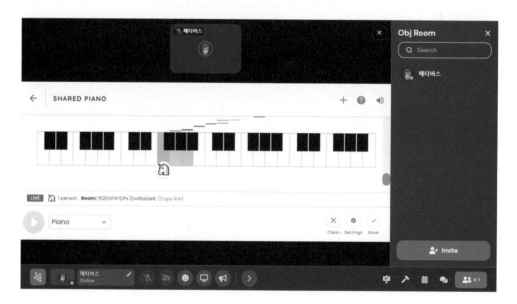

[그림 60] 크롬 뮤직랩(Chrome Music Lab) 피아노 연주 실행

(2) 기타 오브젝트들

특별한 기능은 없지만, 효과음으로 분위기를 연출하거나 표시로 특정 타일의 위치를 알려주는 역할을 하는 오브젝트들이 있다.

■ 사운드

사운드 오브젝트는 오브젝트 자체에서 효과음을 내는 오브젝트이다. [그림 61]과 같이 키워드로 검색하거나 Objects 창의 좌측에 있는 오브젝트 카테고리 중 Sounds에서 찾을 수 있다. 오브젝트에 따라 캠프파이어의 장작 타는 소리, 시냇물 흐르는 소리 등을 낼 수 있는데 여기서는 물방울이 떨어지는 소리를 내는 분수를 배치해 보도록 하자.

① 맵메이커에서 Objects 창을 열고 좌측의 오브젝트 카테고리에서 스크롤을 내려 Sounds를 선택한다.

② 사운드 오브젝트 중에서 작은 분수인 Fountain(small)을 선택한다.

[그림 61] 사운드 카테고리에서 Fountain(small) 오브젝트 선택

③ 사운드 오브젝트는 기본적으로 Objects Interactions의 No interaction으로 지정되어 있으므로 바로 하단의 Select 버튼을 선택한다.

④ [그림 62]와 같이 분수를 배치하고 Objects 창에서 추가로 'bench'를 검색해서 긴 의자도 좌우로 어울리도록 배치한다. 여기서는 Park bench(small)를 긴 의자로 사용했다.

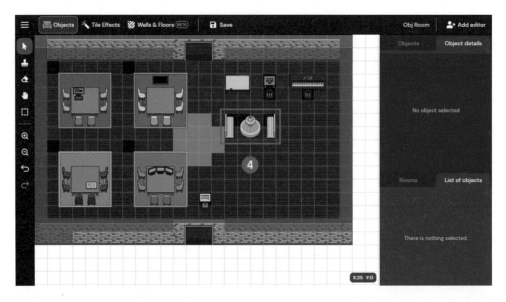

[그림 62] Fountain(small)과 bench 오브젝트 배치

⑤ 맵메이커 상단의 Save 버튼을 선택해서 작업내용이 공간에 반영되도록 한다.

⑥ 브라우저 탭 중 공간(Space)이 열려있는 화면에서 아바타를 방금 배치한 Fountain (small) 오브젝트의 위치로 이동시키면 스피커나 이어폰으로 분수에서 물방울이 떨어지는 소리가 나는 것을 확인할 수 있다.

■ 인디케이터

인디케이터(Indicator)는 타일에 배치된 기능을 명시적으로 표시할 때 사용하는 데 주로 전체방송을 위한 Spotlight를 표시하는데 쓰인다. Classroom(Small) 템플릿으로 생성했던 Test Room에서도 단순하고 평면적인 확성기 모양의 사각형 오브젝트를 본 적이 있을 것이다.

[그림 63] Spotlight indicator

맵메이커로 타일 효과에서 Spotlight를 타일에 지정하면 실제로 공간에서는 Spotlight 가 보이지 않는다. 단상이나 마이크 같은 오브젝트를 주위에 배치하더라도 정확한 Spotlight 위치를 찾기 어렵다. 이때 Spotlight의 위치를 알려주는 표시 역할을 해주는 것이 바로 Spotlight indicator이다.

이외에도 외부 화상회의 도구 연결을 표시하는 External call indicator, 단순히 표시만 을 위한 Indicator가 있다. 여기서는 사용 빈도가 높은 Spotlight indicator를 배치해 보 도록 한다.

① 맵메이커에서 Objects 창을 열고 'table'과 'microphone'으로 검색해서 테이블과 마 이크를 [그림 64]와 같이 배치한다. 오브젝트의 종류와 모양이 달라도 상관이 없으 니 방송이나 발표에 어울리는 오브젝트를 적절히 선택하여 꾸미면 된다.

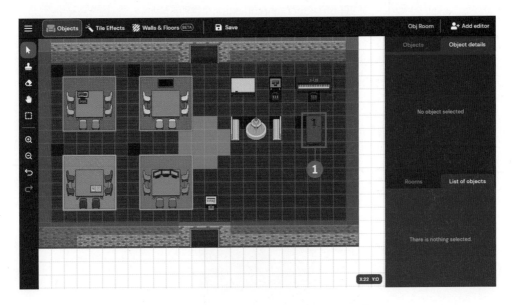

[그림 64] table과 microphone 오브젝트 배치

② 다시 Objects 창을 열고 [그림 65]와 같이 검색창에 'indicator'로 검색해서 나오는 오브젝트 중에서 Spotlight indicator를 선택한다. 단순한 표시자 역할이므로 기본 적으로 상호작용이 No interaction이다. 하단의 Select 버튼을 선택해서 Spotlight indicator를 배치한 후에 바로 Save 버튼을 누르고 작업내용을 공간에서 확인해본다.

[그림 65] Spotlight indicator 오브젝트 선택

③ 평면적인 확성기 모양의 오브젝트가 배치되었다. 여기서는 오브젝트가 잘 보이도록
  타일 효과 적용을 생략하였지만, 타일 효과에서 Spotlight를 지정한 후 그 타일 위에
  Spotlight indicator를 배치해야 한다. 이렇게 인디케이터로 Spotlight가 가능한 위치
  를 명확하게 표시하고 있기 때문에 전체 방송이나 발표 모드에서 진행자가 쉽게 알
  아볼 수 있다.

[그림 66] Spotlight indicator 오브젝트 배치

(3) 유용한 외부 도구 연결

오브젝트의 Objects Interaction에 있는 Embedded website 연결을 통해 사용할 수 있는 유용한 외부 어플리케이션에 대해 좀 더 알아보도록 한다.

■ 방명록

Padlet이라는 웹 어플리케이션을 사용하여 방명록 또는 학습 게시판 등을 만들어 연결할 수 있다. https://padlet.com으로 접속해서 가입한 후 콘텐츠를 만들고 공유할 URL을 게더타운 오브젝트의 Website(URL)에 입력하면 상호작용으로 방명록처럼 글을 남길 수 있다.

① https://padlet.com 사이트에 접속해서 가입 절차를 마친 후 [그림 67]과 같이 사이트 상단의 Padlet 만들기를 선택한다.

[그림 67] Padlet 만들기 선택

② [그림 68]과 같이 Padlet 만들기 화면에서 '담벼락'을 선택한다.

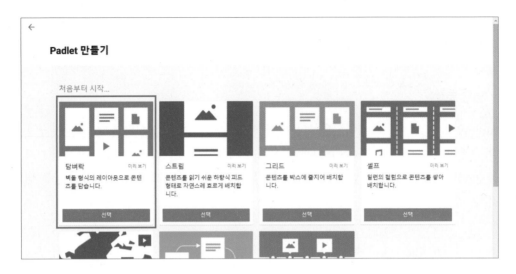

[그림 68] Padlet 만들기에서 담벼락 선택

③ 제목을 방명록 등 원하는 콘텐츠의 이름으로 정하고 세부 사항을 설정한다. 새 게시물의 위치는 '처음', 댓글 기능과 반응은 필요에 따라 활성화하도록 한다.

[그림 69] Padlet 만들기에서 담벼락 선택

④ 콘텐츠가 생성되면 상단의 공유 버튼을 선택한다.

[그림 70] 콘텐츠가 생성 후 공유 선택

⑤ 화면 우측에 공유 설정 창이 열리면 '클립보드로 링크 복사'를 선택하여 URL을 복사
한다.

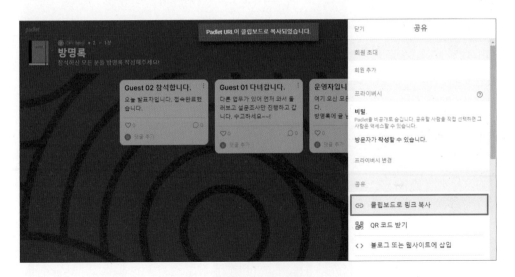

[그림 71] 공유에서 클립보드로 링크 복사 선택

⑥ 이제 게더타운의 맵메이커에서 방명록을 연결할 적당한 오브젝트를 선택하여 배치
한다. 여기서는 Booth set(small)과 Bulletin board 오브젝트를 사용했다. Bulletin
board 오브젝트에 복사해두었던 Padlet 사이트의 URL을 연결하고 Save 버튼을 선
택해서 작업내용이 공간에 반영되도록 한다.

⑦ 브라우저 탭 중 공간(Space)이 열려있는 화면에서 아바타를 방금 배치한 Bulletin board 오브젝트의 위치로 이동시키고 X를 누르면 방명록을 공유하여 사용할 수 있다.

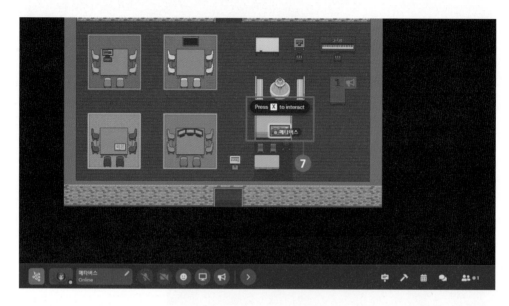

[그림 72] 오브젝트 근처에서 X키 입력

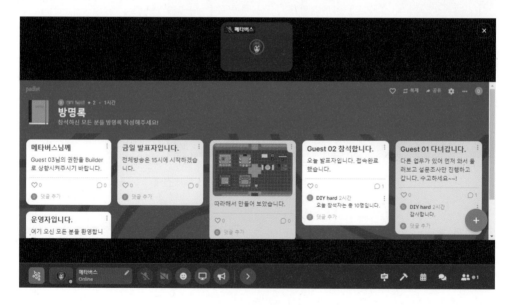

[그림 73] 방명록 실행

▪ PDF 열람

PDF 문서를 구글 드라이브에 업로드 한 후 공유링크를 게더타운의 오브젝트에 연결하면 PDF 문서를 열람할 수 있다.

① 구글 드라이브에 PDF 문서를 [그림 74]와 같이 업로드 한 후 문서를 마우스 오른쪽 버튼으로 클릭하여 나오는 컨텍스트 메뉴 중 공유를 선택한다.

[그림 74] 구글 드라이브 문서 공유 선택

② 공유설정 창의 링크 보기에서 링크를 '링크가 있는 인터넷상의 모든 사용자가 볼 수 있음'으로 변경하고 링크 복사를 선택해서 URL을 복사해둔다.

[그림 75] 구글 드라이브 문서 공유 선택

③ 게더타운의 맵메이커에서 PDF 문서를 연결할 적당한 오브젝트를 선택하여 배치한다. 여기서는 Booth set(small)과 Poster 오브젝트를 사용했다.

④ Poster 오브젝트에 복사해두었던 PDF 문서의 URL을 그대로 사용하면 연결이 거부된다. 이 문제를 해결하려면 URL에서 끝부분의 '/view?usp=sharing'을 '/preview'로 수정하면 된다.

⑤ 이제 Poster 오브젝트에 복사해두었던 PDF 문서의 URL을 연결하고 Save 버튼을 선택해서 작업내용이 공간에 반영되도록 한다.

⑥ 브라우저 탭 중 공간(Space)이 열려있는 화면에서 아바타를 방금 배치한 Poster 오브젝트의 위치로 이동시키고 X를 누르면 공유된 PDF 문서를 열람할 수 있다.

[그림 76] 구글 드라이브 문서 공유 선택

[그림 77] PDF 문서 열람

(4) 텍스트와 이미지 삽입

텍스트를 넣거나 외부에서 작업한 이미지를 오브젝트로 배치할 수 있다.

■ 텍스트 넣기

텍스트를 입력해서 오브젝트로 배치할 수 있다. 하지만 폰트 자체의 가독성이 좋지 않고 배경이나 오브젝트와 잘 어울리지 않는 편이다. 또한 정교하게 배치하기가 쉽지 않다는 단점이 있다.

① [그림 78] 맵메이커에서 Objects 창을 열고 좌측의 오브젝트 카테고리의 하단에서 Insert Text를 선택한다. 그리고 중앙의 Insert text 입력란에 텍스트를 입력한다. 여기서는 두 자리 숫자 01을 입력하였다.

② 우측의 Object Details 패널에서 Font size(px)를 기본값 24 그대로 사용하고 하단의 Create and select 버튼을 선택한다.

[그림 78] Insert Text 오브젝트 선택 및 텍스트 입력

③ 이전에 배치했던 테이블의 빈 곳에 텍스트 오브젝트를 [그림 79]와 같이 배치한다. 추가로 동일한 방법으로 02부터 04까지 각각의 테이블에 텍스트 오브젝트를 배치해보자. Save 버튼을 선택해서 작업내용을 공간에 반영한 후에 브라우저 탭 중 공간(Space)이 열려있는 화면에서 작업내용을 확인한다.

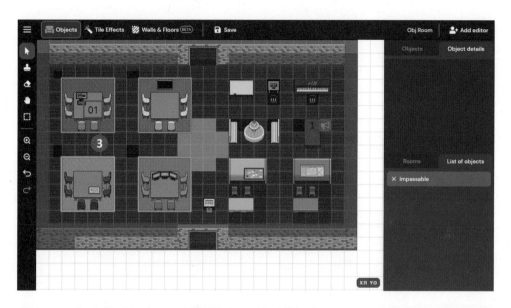

[그림 79] 텍스트 오브젝트 배치

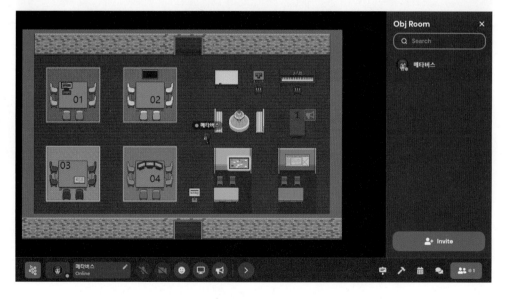

[그림 80] 텍스트 오브젝트 완성

텍스트 오브젝트의 한계

현재는 폰트의 색상은 검정색만 지원하며 글꼴은 산세리프(San-serif)체로 단일 고딕체만 지원한다. 다른 색이나 다양한 글꼴을 적용하려면 이미지 편집프로그램이나 파워포인트에서 텍스트를 투명한 배경의 .PNG 파일로 저장해서 이미지로 업로드하는 방식을 사용해야 한다.

▪ 이미지 업로드

외부의 이미지를 업로드하여 오브젝트로 배치할 수 있다. 단, 타일 한 칸의 크기가 32px이므로 이미지를 가급적 32px의 배수에 맞는 크기로 작업을 해야 공간에 배치하는데 무리가 없다.

① 게더타운의 로고를 이미지 오브젝트로 사용해보자. [그림 81]과 같이 공간에서 빠져나와 Home으로 이동한 후에 상단의 게더타운 로고인 포도송이 이미지를 마우스 오른쪽 버튼으로 클릭해서 다른 이름으로 이미지를 저장한다.

[그림 81] 이미지 다운로드

② 다시 Obj Room의 공간으로 돌아와 맵메이커를 실행하고 Objects 창을 연다. 좌측의 오브젝트 카테고리의 하단에서 Upload New를 선택한다.

③ 저장했던 게더타운 로고 이미지 파일을 윈도우 탐색기에서 찾아 클릭한 채로 Objects 창 중앙으로 드래그한다.

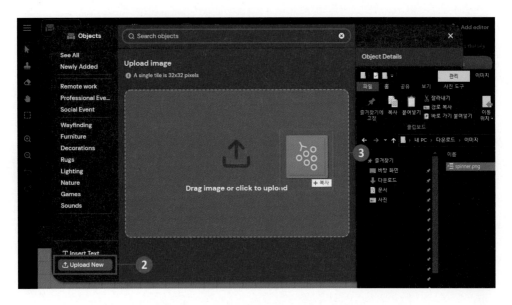

[그림 82] 이미지 파일을 Objects 창으로 드래그

④ [그림 83]과 같이 업로드할 이미지가 미리보기 나타나고 하단에 파일 이름이 표시된
다. 다른 이미지로 교체하려면 Replace image를 선택하고 다른 이미지 파일을 드래
그하면 된다.

⑤ 우측 창의 Object Details에서 이미지의 이름과 설명을 입력할 수 있는데 둘 중 하
나라도 입력해야 하단의 Create and select 버튼이 활성화된다. 입력을 마쳤다면
Create and select 버튼을 선택한다.

⑥ 공간의 정중앙에 로고를 배치하고 Save 버튼을 선택해서 작업내용을 공간에 반영한
다. 그리고 브라우저 탭 중 공간(Space)이 열려있는 화면에서 작업내용을 확인한다.

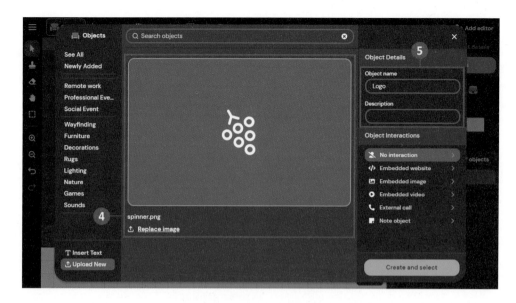

[그림 83] 이미지 오브젝트 업로드

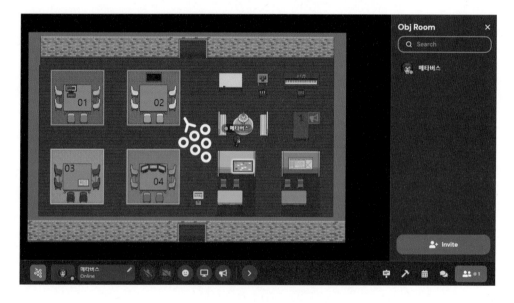

[그림 84] 이미지 오브젝트 배치

(5) 오브젝트 고급옵션 설정하기

Objects 창을 열어 Object Interaction 항목에서 Embedded website 등과 같은 상호 작용을 선택하면 하단에 Advanced options, 즉 고급 설정 기능이 나타나게 된다. 오브 젝트의 종류에 따라 설정항목은 달라질 수 있지만 기본적인 기능은 [그림 85]와 같으며 〈표 2〉에 설정 항목을 설명하였다.

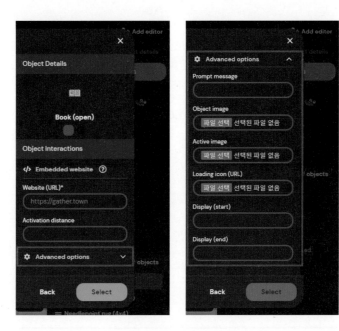

[그림 85] 오브젝트 고급 설정

<표 2> Advanced options 항목

설정항목	설명
Prompt message	아바타가 접근하면 입력된 메시지가 팝업으로 나타난다.
Object image	오브젝트를 해당 이미지로 대체한다.
Active image	아바타가 접근하면 오브젝트가 해당 이미지로 전환된다.
Loading icon(URL)	웹 사이트를 상호작용으로 사용하는 경우에만 해당하는 것으로 웹 사이트가 로딩되는 동안 로딩 아이콘을 사용자가 업로드한 이미지로 대체할 수 있다.
Display(start)	설정한 날짜에 오브젝트가 나타난다.
Display(end)	설정한 날짜에 오브젝트가 사라진다.

용어정리

Activation Distance(활성화 거리)

대각선을 포함하여 사용자가 상호 작용할 수 있는 대화형 개체에서 얻을 수 있는 최대 타일 수 입니다.

Admin(관리자)

공간을 완전히 제어할 수 있는 사용자 역할입니다. 관리자는 중재자와 빌더의 권한을 모두 가집니다. 관리자는 다른 관리자를 추가하거나 삭제할 수 있습니다.

Auto Idle Mute(자동 유휴 음소거)

브라우저에서 Gather 외부로 이동할 때 자동으로 카메라를 끄고 오디오를 음소거합니다. 이 기능은 설정(Settings)의 사용자 탭에서 켜고 끌 수 있습니다 .

Background(배경)

지도의 맨 아래 레이어입니다. Gather Space는 샌드위치와 같습니다. 배경은 하단 빵, 캐릭터와 개체는 채우기, 전경은 상단 빵입니다.

Beta Features(베타 기능)

모든 사용자에게 완전히 롤아웃(배포 또는 공개)되지 않은 Gather의 새로운 기능. 설정(Settings)의 사용자 탭에서 베타 기능을 켜거나 끕니다 .

Buffer Time(버퍼 시간)

이벤트 체크리스트 를 사용할 때 사용자 지정 버퍼 시간을 추가하여 지정할 때 최대 25명의 게스트가 스페이스에 입장할 수 있습니다. 버퍼 시간은 이벤트 시작/종료 시간 전후 15분, 30분, 60분, 1일 또는 1주일로 설정하거나 이벤트 공간을 항상 열어둘 수 있습니다.

Build Tool(빌드 도구)

Space에 있는 동안 개체를 관리할 수 있습니다. 열려면 Space의 도구 모음에서 Build (망치 아이콘)를 클릭하십시오.

Builder(빌더)

공간 맵을 수정할 수 있는 사용자 역할입니다. 빌더는 다른 빌더를 추가 또는 제거하거나 다른 사용자 역할을 관리할 수 없습니다.

Character(캐릭터)

스페이스에서 귀하를 나타내기 위해 선택한 디지털 캐릭터(아바타라고도 함)를 말합니다.

Chat Panel(채팅 패널)

개별 참가자, Nearby, 현재 회의실 또는 모든 사람과의 채팅을 표시합니다. 열려면 도구 모음에서 채팅 (채팅 풍선 아이콘)을 선택합니다.

Check Your Hair Screen(헤어 스크린을 확인하십시오)

게더타운의 공간에 입장할 때마다 표시되는 창입니다. (비디오 미리보기를 보고 머리카락을 확인하기 때문에 이것을 호출합니다!). 이 창은 Gather 캐릭터의 미리보기, 비디오 피드의 미리보기 및 카메라, 마이크 및 스피커에 대한 A/V 선택을 보여줍니다.

Concurrent Users(동시 사용자)

동시에 같은 공간에 있는 사람들로 공간을 생성할 때 동시에 같은 공간에 있을 것으로 예상되는 최대 인원수(최대 동시 사용자)를 말하며 이것은 공간의 용량을 뜻하기도 합니다.

Context Menu(컨텍스트 메뉴)

캐릭터를 마우스 오른쪽 버튼으로 클릭(모바일에서는 탭)하면 표시되는 메뉴입니다. 메뉴에는 버블 시작, 팔로우, 리드 요청, 채팅 보내기 및 여기로 이동하는 옵션이 포함되어 있습니다.

Custom Spawn Location(사용자 지정 생성 위치)

게스트가 공간에 표시되도록 선택한 사용자가 지정한 이름의 생성 타일(또는 타일)입니다. 이 Custom Spawn Location은 Gather Calendar 도구를 통해 새 이벤트를 생성할 때 생성되는 URL로 변환됩니다.

※ 힌트: Custom Spawn URL의 경로에는 "Spawntoken"이 있습니다.

Decorative Object(장식 개체)

상호작용을 포함하지 않고 장식용으로만 사용되는 개체를 말합니다. 예를 들면 테이블과 의자가 있습니다.

Default Spawn Location(기본 생성 위치)

공간에 스폰(Spawn)될 때 처음 게스트가 나타나는 타일입니다. 게스트가 공간을 떠났다가 다시 입장하면 떠나기 전에 있던 타일로 리스폰됩니다.

Do Not Disturb Mode(방해 금지 모드)

한 타일 내에 있는 사람들에게만 연결하도록 A/V 설정을 변경합니다. 키보드 단축키 Ctrl/⌘+U 를 사용하여 켜고 끕니다. 방해 금지 모드에 있을 때 이름 옆의 상태 표시기는 녹색 대신 빨간색입니다.

Emcee(사회자)

행사장(MC). 이벤트를 주도하는 사람.

Emotes(이모티콘)

기본 제스처를 위한 6개의 아이콘. 도구 모음에서 스마일 아이콘을 클릭하면 모든 옵션을 볼 수 있습니다. 이모티콘 아이콘을 사용하거나 1~6 키를 눌러 캐릭터의 머리 위에 다음 아이콘을 표시할 수 있습니다. 1 = 손 흔들기, 2 = 하트, 3 = 파티 폭죽, 4 = 엄지손가락, 5 = 물음표, 6 = 손들기이며 6을 제외하고 감정 표현은 3초 후에 사라집니다. 이모티콘 메뉴에서 ×를 클릭하거나 0을 입력하여 손들기를 제거합니다.

Foreground(전경)

Gather Map의 최상위 레이어. Gather Space는 샌드위치와 같습니다. 배경은 하단 빵, 캐릭터와 개체는 채우기, 전경은 상단 빵입니다.

Global Build(글로벌 빌드)

게스트를 포함한 모든 참가자의 빌드 도구에 대한 액세스를 활성화하여 Object Picker(개체 선택기)와 Eraser(지우개)를 엽니다. Mapmaker를 열려면 구성원이 Admin 또는 Builder 여야 합니다.

Grid View(그리드 보기)

공간 상단에서 참가자 비디오 창의 갯수를 확장하여 한 번에 최대 16명의 참가자 비디오 또는 공유 화면을 볼 수 있습니다. 누가 먼저 대화에 연결했고 누가 적극적으로 말하고 있는지에 따라 비디오가 표시됩니다. 비디오/화면 공유를 클릭하면 콘텐츠나 인물을 더 크게 볼 수 있습니다.

Info Card(정보 카드)

참가자 창에서 사람의 이름을 선택할 때 열리는 창입니다 .
정보 카드에서 그 사람에게 메시지를 보내고, 지도에서 찾고, 팔로우하고, 안내를 요청하고, 사용자 역할에 따라 스포트라이트를 받을 수 있습니다. 또한 오른쪽 상단 모서리에 있는 세 개의 점을 선택하여 사람을 차단하고 역할에 따라 차단하거나 공간에서 추방할 수 있습니다.

Interactive Object(대화형 개체)

일종의 대화형 기능을 포함하는 개체입니다. 사용 가능한 상호작용에는 웹 사이트, 이미지, 비디오, 외부 호출 또는 메모 개체가 포함됩니다.

Main Menu(메인 메뉴)

공간 하단의 맨 왼쪽에 있는 포도송이 아이콘. 기본 메뉴에서 공간에 사람들을 초대하거나, 도움말 센터를 열거나, 피드백을 보내거나, 문제를 보고하거나, 데스크탑 앱에서 Gather를 열 수 있습니다. 로그인한 경우 사용자 역할에 따라 계획을 업그레이드하거나

Space 대시보드 및 설정에 액세스할 수도 있습니다.

Mapmaker(지도제작기)

배경 및 전경 이미지, 개체, 타일 효과, 벽과 바닥을 관리하고 공간 내에서 새 방을 만들거나 연결할 수 있는 편집 도구입니다. Mapmaker를 열려면 도구 모음에서 빌드(망치 아이콘)를 클릭한 다음 Mapmaker에서 편집을 선택합니다. Mapmaker는 대부분의 브라우저에서 새 탭으로 열립니다. 공간 위에 타일 그리드가 표시되면 맵메이커에 있는 것입니다.

Member(회원)

해당 공간에서 중재자, 빌더 또는 소유자로 설정된 Gather 계정으로 공간에 로그인한 사용자. 구성원 및 게스트는 원격 작업 공간의 참가자 패널에 표시됩니다.

Moderator(중재자)

설정(Settings)의 공간 기본 설정 및 스페이스 액세스 탭에 있는 모든 컨트롤에 액세스할 수 있는 사용자 역할입니다. 중재자(Mod)는 다른 모드와 빌더를 추가하거나 제거할 수 있지만 관리자는 추가할 수 없습니다.

Multi-Persona(멀티페르소나)

가면을 바꿔 쓰듯이 상황에 따라 분리되는 현대인의 다중적 자아를 의미합니다. 현실세계에서는 본캐(본래의 캐릭터)로 살면서 사색이나 경험을 하고 가상세계에서는 부캐(부캐릭터, 서브캐릭터)로 활동하면서 지식검색이나 습득을 하는 디지털 트랜스포메이션의 실현을 볼 수 있습니다.

Object Active End Time(개체 활성 종료 시간)

지도에서 개체가 사라지는 시간을 설정합니다. 개체 선택기의 개체 상호 작용 옵션에서 사용할 수 있습니다.

Object Active Start Time(개체 활성 시작 시간)

객체가 지도에 나타나는 시간을 설정합니다. 개체 선택기의 개체 상호 작용 옵션에서 사용할 수 있습니다.

Participants Pane(참가자 창)

공간 내의 모든 게스트를 표시합니다. 열려면 도구 모음에서 참가자(두 사람 모양의 아이콘)를 클릭합니다.

Personal Calendar(개인 캘린더)

개인 Google 캘린더의 이벤트를 표시하는 도구 모음에서 사용할 수 있는 캘린더입니다. 이 개인 캘린더는 Google 통합(OAuth)을 통해 원격 작업 공간에 추가할 수 있습니다.

Personal Menu(개인 메뉴)

이름과 상태를 보여주는 공간 하단 왼쪽에 있는 메뉴입니다. 메뉴를 클릭하여 이름과 상태를 편집하고, 캐릭터 선택기에 액세스하고, 방해 금지 모드를 켜거나, 부활하십시오.

Portal Tile Effect(포털 타일 효과)

방과 공간 사이를 이동할 수 있도록 타일에 적용되는 효과입니다.

Primary Room(프라이머리 룸)

공간을 방문하면 첫 번째 방에 새로운 게스트가 나타납니다. 공간 하단의 Personal menu에서 Respawn 클릭하면 재설정되는 방이기도 합니다 .

Private Area(개인 공간)

비공개 영역 타일 효과가 적용된 타일 또는 타일 그룹으로, 참가자는 비공개 영역에 있는 다른 사람들과 외부의 방해를 받지 않고 대화를 할 수 있습니다.

Private Area Tile Effect(개인 영역 타일 효과)

참가자가 동일한 Area name의 타일에 있는 다른 사람만 보고 들을 수 있도록 타일에 적용되는 설정입니다.

Remote Work Space(원격 작업 공간)

작업 환경을 지원하는 기능을 갖춘 공간입니다. 원격 작업 공간은 처음 공간을 만들 때

"What are you building this space for?" 질문 항목에서 Remote office를 선택할 경우에 원격 작업 공간으로 인식됩니다.

Respawn(리스폰)

공간에서 캐릭터의 위치를 재설정하여 기본 생성 위치로 보냅니다. 공간 하단의 Personal menu에서 Respawn을 선택하십시오.

Room(방)

공간 내의 개별 맵(map). 각 맵(map)은 공간에 속하지만 일부 공간에는 하나의 방만 있습니다. 참고: 일부 공간은 벽과 문으로 표시된 여러 "방"이 있는 개별 맵으로 설계되었습니다. 방을 언급할 때 공간에 연결된 별도의 맵을 의미합니다.

Settings(설정)

Smart Zoom, 자동 유휴 음소거, 로그아웃 등과 같은 사용자 및 공간 설정에 대한 액세스를 제공합니다. 키보드 단축키 Ctrl/⌘+P를 사용하거나 Main menu에서 Settings를 클릭합니다.

SFX Volume(SFX 볼륨)

주변 소음과 같은 공간 내의 모든 음향 효과에 대한 볼륨을 설정할 수 있는데, 설정의 사용자 탭에서 제어할 수 있습니다.

Smart Zoom(스마트 줌)

게더타운의 공간이 보여지는 범위를 자동으로 조정해서 최적화된 범위로 제공합니다. 설정의 사용자 탭에서 스마트 줌을 비활성화 하여 공간을 수동으로 확대(최대 400%) 또는 축소(25%) 할 수 있습니다.

Space(공간)

게더타운에서 생성된 독립형 가상세계를 의미하며 각 공간은 별도의 URL을 가지고 있습니다. 하나 이상의 방/맵(map)을 포함할 수 있습니다.

Space Calendar(공간 달력)

공간 내의 모든 참가자에게 이벤트를 표시하는 도구 모음에서 사용할 수 있는 공개 캘린더입니다. 이 Space 전체 캘린더는 Space dashboard의 Space Preferences 또는 설정(Settings)의 Space 탭에 iCal 링크로 추가됩니다.

Space Capacity(공간 용량)

주어진 시간에 수용가능한 공간으로, 최대 사용자 수입니다. 유료 이벤트 예약 또는 진행 중인 구독의 경우 이벤트에 참여하거나 동시에 스페이스를 방문하는 사람의 수를 추정합니다. 스페이스 대시보드에서 언제든지 스페이스 용량을 늘릴 수 있습니다.

Space Dashboard(스페이스 대시보드)

공간을 예약하고 조정할 수 있습니다. 열기 위해서는 공간 하단의 Main menu에서 Upgrade Gather Plan을 선택합니다.

Spawn Tile Effect(스폰 타일 효과)

공간 내에서 참가자가 나타날 수 있는 위치가 되는 타일에 적용되는 설정입니다. 맵메이커에서 이 타일은 반투명 녹색입니다.

Spotlight Tile Effect(스포트라이트 타일 효과)

타일 위에 서 있는 사람이 현재 방에 있는 모든 사람에게 오디오, 비디오 또는 화면을 브로드캐스트할 수 있도록 타일에 적용되는 설정입니다.

Tile(타일)

32*32 픽셀로 이뤄진 공간을 구성하는 측정단위입니다.

Tile Effect(타일 효과)

지도에서 상호작용 또는 동작을 추가하기 위해 개별 타일 또는 타일 그룹에 적용되는 설정입니다. 타일 효과에는 Impassable(통과 불가능), Spawn(아바타 등장위치), Portal(출입구 생성), Private area(개인공간), Spotlight(진행자 모드)의 5가지 유형이 있습니다.

Toolbar(도구 모음)

공간에 있을 때 하단의 메뉴는 main menu (포도송이 모양, 주메뉴), video preview(비디오 미리보기), personal menu(개인 메뉴), screen share(화면공유), Emotes(이모티콘), Build(빌드 도구), Calendar(달력), Chat(채팅) 그리고 Participants(참가자 메뉴)를 제공합니다.

맵메이커에서는 Go to Space(공간으로 가기), Manage Space(공간 관리), Guides and Tutorials(안내), Background & Foreground(전경 및 배경) and Extension Settings(확장 설정), Select(선택), Stamp(오브젝트 및 타일 배치), Erase(제거), Navigation(탐색), Zoom In(확대), Zoom Out(축소), Undo(실행 취소), and Redo(다시 실행) 기능이 있습니다.

Use Case(사용 사례)

공간을 만든 목적 및 이유에 해당합니다. https://app.gather.town/get-started에서 선택한 옵션이나 공간을 만들 때 나오는 "What are you building this space for?" 질문 항목에서 선택을 할 수 있습니다. Remote office, Event, Social experience, Education, Other이 있습니다.

User(사용자)

호스트, 게스트, 방문자 및 사용자 역할에 관계없이 게더타운 공간 내에서 현재 온라인 상태인 모든 사람을 말합니다.

Video Carousel(비디오 캐러셀)

둘 이상의 사람과 연결할 때 화면 상단에 표시되는 스크롤 가능한 비디오를 의미합니다. 왼쪽 및 오른쪽 <, > 모양을 클릭하여 추가 비디오/화면 피드를 보거나 단일 비디오/화면을 클릭하여 확대합니다. 표시되는 비디오 수는 화면 너비에 따라 다릅니다.

(W)

Worldview(세계관, 世界觀)

세계관(世界觀, 영어: worldview)이란 어떤 지식이나 관점을 가지고 세계를 근본적으로 인식하는 방식이나 틀이다. 세계관은 자연 철학 즉 근본적이고 실존적이며 규범적인 원리와 함께 주제, 가치, 감정 및 윤리가 포함될 수 있다. 자신이 사는 세계를 이해하는 방식을 의미한다.

INDEX